数字化学习

E-LEARNING

陆 芳 刘 广 詹宏基 张宁宁 编著

·广州·

图书在版编目（CIP）数据

数字化学习/陆芳等编著. —广州：华南理工大学出版社，2018.8（2020.12重印）
ISBN 978-7-5623-5799-5

Ⅰ. ①数… Ⅱ. ①陆… Ⅲ. ①计算机辅助教学-研究 Ⅳ. ①G434

中国版本图书馆 CIP 数据核字（2018）第 207920 号

数字化学习
陆 芳 刘 广 詹宏基 张宁宁 编著

出 版 人：卢家明
出版发行：华南理工大学出版社
　　　　　（广州五山华南理工大学 17 号楼，邮编 510640）
　　　　　http://www.scutpress.com.cn　　E-mail:scutc13@scut.edu.cn
　　　　　营销部电话：020-87113487　87111048（传真）
策划编辑：吴翠微
责任编辑：张 楚 陈 蓉
印 刷 者：广州市新怡印务股份有限公司
开　　本：787mm×1092mm　1/16　印张：19　字数：393 千
版　　次：2018 年 8 月第 1 版　2020 年 12 月第 2 次印刷
定　　价：48.00 元

版权所有　盗版必究　　印装差错　负责调换

前　言

人类社会已经全面进入信息化和知识经济时代。知识的产生、流动和消亡速度越来越快，知识量的指数式上升给学习者带来了前所未有的巨大挑战。面对知识时代的挑战，人类给出的应对之策就是变革我们的学习方式，其中最重要的是学会学习和终身学习。在这样的背景下，每个社会个体需要在学习理论的指导下，掌握基本的数字化学习方法和技术，以信息技术为手段，以数字化学习为主要形式，开展终身学习。

本书在此背景下编写，通过大量的案例及配套微视频的操作实践，阐述了数字化学习的基本理论和方法；信息技术支持的知识获取、存储与优化、创造与应用、共享与发布的个人知识管理方法与实践；MOOC 等互联网学习资源的应用；利用 MOOC、PPT、思维导图和微视频等资源和工具进行个人知识的积累、创造、应用和分享的方法与技巧等。书中的第 1 章和第 2 章阐述了数字化学习的基本理论、基本的学习方法及学习技巧；第 3 章从个人知识管理这一数字化学习的本质出发，结合理论和案例阐述了数字化学习过程中个人知识管理的理论及实践；第 4 章介绍了如何整合数字化学习资源开展数字化学习；后面的三章则重点关注数字化学习成果的输出，即个人知识管理中的知识整理、创造及分享。

希望通过本书的学习及实践，促进学习者的个人知识管理能力、信息素养能力等数字化学习能力的提升，促进良好的终身学习习惯和网络礼仪的养成，以及高效的数字化学习的发生，助力于打造"互联网＋"时代的个人核心竞争力。

本书第 1 章由张宁宁编写，第 2 章由张宁宁和詹宏基编写，第 3、5、6 章由陆芳编写，第 4 章由詹宏基编写，第 7 章由刘广编写。第 5 章的 5.8 节美化大师及部分案例由麻晓林编写。郑宏智、苏琳贵、张淑珩和曾理菁负责本书部分图片和资料整理工作。全书由陆芳、刘广负责总体策划和统稿。

本书可作为高等院校"数字化学习""互联网＋学习""媒介素养"等

相关课程的教材,以及高校教师信息化教学能力发展培训教材。使用本书作为教材的授课老师,请与本书作者联系(fanglucn@qq.com),获取配套授课PPT、案例、素材和教学微视频等资源。书中的40多个案例均已制作成微视频,在本书的相应位置注明了二维码,微信扫码即可观看,对照练习。

这是一本"互联网+学习"的指导书,适合对"互联网+学习"和个人知识管理感兴趣的读者阅读和使用。

本书的出版得到华南理工大学教务处及教育技术中心的领导们和同事们的大力支持,同时,参考了大量的资料,汲取了许多同仁的宝贵经验,在此一并表示感谢。

数字化学习的方法和技术层出不穷,加之作者的学识水平有限,编写时间仓促,书中难免有错误和疏漏之处,敬请读者批评指正。

作者

于广州华南理工大学

目 录

第1章 数字化学习概述 ... 1
1.1 什么是学习 ... 1
1.1.1 学习概念的演变 ... 1
1.1.2 我们是如何学习的 ... 6
1.1.3 你的学习真的"有效"吗 ... 10
1.2 迈入"互联网+"时代的学习 ... 14
1.2.1 什么是"互联网+" ... 14
1.2.2 "互联网+教育"是一个怎样的时代 ... 15
1.2.3 "互联网+"与数字化学习 ... 18
1.3 "互联网+"时代的学习新形态 ... 19
1.3.1 数字化学习的定义 ... 19
1.3.2 数字化学习的特点 ... 22
1.3.3 学习者所应具备的数字化学习核心素养 ... 24
1.3.4 数字化学习中如何进行有效学习 ... 26
参考文献 ... 36

第2章 "互联网+"时代的学习理论及模式 ... 38
2.1 数字化学习的基本理论 ... 38
2.1.1 连通知识的路由器——联通主义理论 ... 38
2.1.2 破镜也能重圆——新建构主义理论 ... 39
2.1.3 学习就要参与——活动学习理论和协作学习理论 ... 41
2.2 数字化学习的主要模式 ... 44
2.2.1 基于活动理论的体验式学习 ... 45
2.2.2 基于项目的协作参与式学习 ... 45
2.2.3 基于翻转课堂的混合式学习 ... 48
2.2.4 自主式学习,自觉掌握知识 ... 50
2.2.5 探究式学习,带着问题找答案 ... 51

　　2.3　数字化学习规划图 ·· 52
　　参考文献 ·· 54

第3章　个人知识管理 ·· 56
　3.1　知识概述 ·· 57
　　3.1.1　数据、信息、知识、智慧 ································· 57
　　3.1.2　知识的分类与内涵 ··· 60
　　3.1.3　知识的结构 ·· 62
　3.2　个人知识管理过程 ··· 63
　　3.2.1　个人知识管理的内涵 ······································· 64
　　3.2.2　知识的转化过程 ·· 65
　　3.2.3　个人知识管理的过程 ······································· 67
　　3.2.4　个人知识管理的原则 ······································· 69
　3.3　个人知识管理的案例 ··· 70
　　3.3.1　个人文档管理 ··· 70
　　3.3.2　个人收藏夹管理 ·· 76
　　3.3.3　个人网络空间管理 ··· 78
　　3.3.4　培养良好的信息素养 ······································· 78
　参考文献 ·· 87

第4章　数字化学习资源的整合 ·································· 89
　4.1　数字化学习时代的信息检索 ···································· 89
　　4.1.1　利用搜索引擎进行信息检索 ···························· 89
　　4.1.2　文献检索 ·· 98
　　4.1.3　文献管理 ·· 110
　4.2　数字化学习资源的获取与处理 ································ 118
　　4.2.1　巧用工具获取学习资源 ···································· 118
　　4.2.2　对学习资源素材的优化处理 ···························· 123
　4.3　数字化学习的必备神器 ··· 133
　　4.3.1　记录灵感——云笔记软件 ································ 133
　　4.3.2　告别零乱——桌面整理软件 ···························· 142
　　4.3.3　快速搜索——本地搜索软件 ···························· 146
　　4.3.4　随时随地学习——移动学习APP ····················· 151
　4.4　MOOC：走入学习新时代 ·· 158

4.4.1 MOOC 的历史追溯 158
4.4.2 MOOC 的定义、特征 159
4.4.3 国内常见的在线学习平台 161
4.4.4 国外常见的在线学习平台 164
4.5 数字化学习案例 165
4.5.1 基于微视频的自主学习——学做小程序 165
4.5.2 基于 QQ 群的 CNKI 网络学习社区 167
4.5.3 游戏化学习——编程语言教学 168
参考文献 172

第 5 章 运用 PPT 创造和分享知识 174

5.1 利用 PowerPoint 构建结构化思维和形象化表达 175
5.2 PowerPoint 概述 177
5.2.1 PowerPoint 中的几个重要概念 177
5.2.2 PowerPoint 的操作界面 179
5.2.3 PowerPoint 的视图 179
5.3 演示文稿的设计和制作思路 180
5.3.1 演示文稿的设计及应用的主要存在问题 180
5.3.2 演示文稿的设计原则及理论依据 181
5.3.3 应用金字塔原理搭建 PPT 的结构 184
5.3.4 结构化思维和形象化表达的 PPT 案例 187
5.4 PPT 中的主要元素及其设计 189
5.4.1 图片 189
5.4.2 图表 191
5.4.3 文字 193
5.4.4 线条 196
5.4.5 色块 197
5.4.6 网站资源 198
5.5 演示文稿的制作 198
5.5.1 分析目标受众和用途 199
5.5.2 制作演示文稿的模版 200
5.5.3 建立演示文稿的导航系统和结构框架，制作内容 205
5.5.4 统一排版和美化页面 212
5.5.5 设置动画 213

5.6 演示文稿的放映 ·············· 214
  5.6.1 排练计时 ·············· 214
  5.6.2 演示者视图放映模式 ·············· 217
  5.6.3 创建自定义幻灯片放映 ·············· 218
  5.6.4 录制幻灯片演示 ·············· 219
  5.6.5 联机演示幻灯片 ·············· 219
  5.6.6 演示文稿制作的常见问题及注意事项 ·············· 220

5.7 PPT 的应用 ·············· 222
  5.7.1 乔布斯演讲的六大特点 ·············· 222
  5.7.2 保护隐私的笔记本电脑与投影仪的连接模式：扩展模式 ·············· 223
  5.7.3 利用小测试保障 PPT 应用效果 ·············· 224
  5.7.4 PowerPoint 的输出 ·············· 225

5.8 从此我和他的 PPT 之间只隔了一个"美化大师" ·············· 226

5.9 其他制作 PPT 的必备插件 ·············· 233

参考文献 ·············· 235

第6章 利用思维导图整理知识，启发思维 ·············· 236

6.1 思维导图概述 ·············· 236

6.2 思维导图的用途 ·············· 238

6.3 思维导图的制作 ·············· 243
  6.3.1 思维导图的主要元素及术语 ·············· 243
  6.3.2 思维导图的制作思路及遵循的原则 ·············· 243
  6.3.3 与管理理念结合的思维导图 ·············· 244
  6.3.4 思维导图应用的常见误区 ·············· 246
  6.3.5 思维导图资源 ·············· 246

6.4 利用传统的画图方式制作思维导图 ·············· 246

6.5 利用思维导图制作工具制作思维导图 ·············· 247
  6.5.1 常见的思维导图制作工具 ·············· 247
  6.5.2 利用计算机绘制思维导图的两个常用按键 ·············· 248
  6.5.3 利用 Freemind 软件制作思维导图 ·············· 248

6.6 利用在线思维导图网站制作思维导图 ·············· 250
  6.6.1 常用的在线思维导图制作网站 ·············· 250
  6.6.2 利用百度脑图在线制作思维导图 ·············· 250

参考文献 ·············· 253

第7章 微视频——知识呈现与表达的利器 ... 255
7.1 微视频制作的基础知识 ... 255
7.1.1 微视频的起源与发展 ... 255
7.1.2 微视频的特点 ... 257
7.1.3 微视频的基本原理 ... 258
7.2 微视频制作的软硬件环境 ... 261
7.2.1 微视频制作所需的硬件 ... 261
7.2.2 微视频制作常用的软件 ... 264
7.3 微视频的教学设计与制作流程 ... 266
7.3.1 微视频的教学设计 ... 266
7.3.2 微视频的制作流程 ... 266
7.4 实景类微视频的制作 ... 268
7.4.1 实景类微视频概述 ... 268
7.4.2 实景微视频的类型 ... 270
7.4.3 实景类微视频的摄像器材 ... 271
7.4.4 实景类微视频的拍摄要点 ... 275
7.4.5 实景类微视频的编辑 ... 277
7.5 屏幕录像类微视频的制作 ... 283
7.5.1 屏幕录像类的微视频概述 ... 283
7.5.2 屏幕录像类的微视频类型 ... 283
7.5.3 屏幕录像类视频的制作器材 ... 284
7.5.4 屏幕录像类微视频的制作软件 ... 286
7.6 短视频的制作 ... 287
7.6.1 短视频概述 ... 287
7.6.2 短视频的拍摄 ... 289

参考文献 ... 292

第1章 数字化学习概述

作为促进社会生产发展的强大动力,教育的重要性毋庸置疑。在经历了由简单到复杂、由低级到高级的漫长演变历程之后,教育的理论体系日渐丰富,结构层级日趋完善,功能影响日臻深远,对个人的意义也愈加不凡。对于大多数人而言,谈及学习,必然不觉陌生,从传统的家庭教育到各级各类的学校教育,从术业有专攻的职业教育到伴随我们始终的终身教育,学习以其日渐常态化的步伐改变了当今知识更新的理念与方式。

互联网的出现为我们开启了一个全新的"人人时代",科学技术的进步与革新推动着各行各业发生巨变的同时,教育领域也无一例外。当教育迈入"互联网+"时代,各类信息和知识急剧增长,知识更新与传播的方式愈加多元,因而学习者对于学习的理解也须及时更新,学习方式亦不该陈旧僵化,理应随之产生创新性的改变。

1.1 什么是学习

谈及学习,或许并不是一件简单的事。自从学习活动产生以来,教育研究者们对学习的内涵及外延的探索便从未停止,在经历了一个由现象到本质、由片面到全面的发展历程之后,伴随着学习活动的不断演进,我们对于学习本质的认知亦逐步深化。学习,这一为人熟知却又难以捉摸的名词,逐渐被揭开了神秘的面纱。

1.1.1 "学习"概念的演变

"学习"是什么?这是学习理论和教学理论无法规避的基本问题,也是古今中外众多学者争相讨论的热点所在。由于所处的历史环境不同,研究角度不同及所依据的学习理论不同,研究者们关于"学习"概念的论述也存在着较大的差异。

1.1.1.1 古代学者眼里的"学习"

由于历史发展的需要,我们最初的学习活动往往是在实际生产和生活中进

行的，是一种有赖于直接经验的学习。通过学习，个体获得对周遭世界的认知、宝贵的生存技能及对社会环境的适应能力。因此在我国古代，对于"学习"的理解与生活实践有着极大的相关性，通常是将"学"字与"习"字分开使用，其意义也各有不同。"学"字用于表达获取知识，亦含有勤思之意，主要指各种直接与间接经验的获得。"习"字用于表达为了巩固知识，熟悉和掌握技能，培养德行等而表现出来的实践行为，含有温习、见习、练习之意。

据考证，"学习"一词最早出现在《礼记·月令》中，该文记载"季夏之月……鹰乃学习"，"学"即效仿，"习"即鸟频频飞起[1]。该词将"学"与"习"的本义归并结合，原意是指小鸟效仿大鸟反复学飞，引申之后可泛指人或动物上行下效，反复练习、模仿或效法任何事物。而当"学习"专用于人时，则特指后知者对先知者的模仿学习，强调榜样的力量，要求学习者要自觉反思自身的不足之处，向楷模看齐，努力效仿楷模的行为举止，反复练习与楷模类似的行为，并以此来获得与楷模相近的知识经验与行为方式，力求品行兼优，最终成长为近乎楷模的样子。

通过总结我国古代学者关于"学习"概念的论述可以发现，古代学者所认为的"学习"大致包含以下几个方面的含义[2]。

（1）学习是一个广阔的领域，我们所熟知的日常生活需要、生产技术本领、科学实践知识、道德修养要求、行为规范准则等都属于学习的范畴。孔子在《论语·宪问》中以"下学而上达"阐述了学习的本质，他认为学习是在天地间的广阔领域里通过实践活动进行的，真正的学习应从掌握最基本最平常的事物事理（即"下学"）开始，逐步达到能透彻了解并掌握很高深的道理（即"上达"）的程度。

（2）学习是课内学与课外习相互贯通的活动。"学习"二字从根本上考究，并不是一个复合词。"学"的基本含义，是指课内从书本或师授中获取前人积累的知识技能，并通过仿效达到"觉"的目的，是从"未知未能"中实现"求知求能"的过程；"习"的基本含义，是指学习者在课外开展的实践活动，是通过复习演练达到对"已知已能"熟练巩固的目的，并将其转化为能力习惯，进而用于实践的活动过程。

（3）学习的实质是"致知力行""知行统一"。"致知力行"是指通过"学"使其"觉"与"知"，通过"习"使其"熟、能、用"，达到"致知力行而已"，正所谓"穷理以致其知，反躬以践其实"。"知行统一"也称"学行统一"，一方面是指要把获得的知识、技能、学问等运用到实际生活与道德品行的践履之中，使二者有机地结合起来；另一方面是指亲身实践获得的知识、技能或学问，是"行"的结果，还要通过"学"上升到理论高度，获得普遍的带有规律性的认识。

（4）学习是在智力因素和非智力因素共同作用下进行的。学习既需闻见感知、思索熟察、明辨是非、判断推理，又需情感、意志、态度等多种因素积极参与到认知活动的过程中去。也就是说，智力因素是学习的基础，而学习过程必然也离不开非智力因素的积极参与，只有二者紧密配合，协同促进，才能帮助学习者顺利完成各类学习任务。

1.1.1.2　现代研究中关于"学习"的定义

现代研究中关于"学习"概念及本质的探讨多见于各大心理学派中，其中，行为主义学派、认知主义学派与人本主义学派所持的观点最具代表性。虽然目前各个学派对"学习"的解释众说纷纭，但他们对"学习"却又有着某些相同的认知。例如在这些学习理论中所提及的"学习"一般泛指有机体因经验而发生的行为的变化，它不仅包括人类的学习，也包括动物的学习。

1. 行为主义学派对于"学习"的界定

行为主义自产生以来，经历了从经典行为主义到新行为主义的蜕变。在以华生为代表的早期行为主义者眼里，学习是指促使有机体形成"刺激—反应"之间的联结。在以托尔曼、斯金纳等人为代表的新行为主义者看来，学习是指在有效的强化机制中不断巩固刺激和反应之间的联结，进而塑造有机体行为的过程。

行为主义学派开启了人类对于学习本质的科学探索，但由于其忽视人的学习具有主观能动性和内省性，忽视学习的社会性，过分强调环境刺激与外界强化对于学习行为的决定性作用，因而该学派对于"学习"的定义也受到了众多心理学家的质疑，研究者们试图对"学习"进行新的定义。

2. 认知主义学派对于学习的界定

认知主义学派心理学家探讨学习的角度恰巧与行为主义者相反。在他们看来，学习是个体作用于环境，而不是环境引起人的行为。环境对于学习者而言，只是提供一种潜在刺激，至于这些刺激是否受到注意或者被加工，都取决于学习者内部的心理结构。

因此，以布鲁纳、奥苏贝尔为代表的认知主义学派心理学家认为，学习的基础是学习者内部心理结构和认知结构的形成和改组，而不是"刺激—反应"联结的形成或行为习惯的加强或改变。对于学习，认知主义学派心理学给出的定义为：学习是指个体经由练习或经验引起的认知结构相对持久的变化，其中，"认知结构是否改变"是判别学习是否发生的重要标志。

3. 认知—行为主义学派对于学习的界定

认知—行为主义学派提倡的学习理论亦称为折中主义学习理论，该理论融合了认知主义学派和行为主义学派这两个学派的观点来解释学习。一般认为，这种理论既赞同行为主义学派的基本假设，同时又对认知主义学派所关注的思维、认知和情感等领域做了某种程度的探索。

作为认知—行为主义学派的代表人物，班杜拉在他的社会学习理论中提出，学习是儿童通过观察、模仿榜样进而习得反应的过程。学习的结果是使有机体形成"刺激—反应"的联结，但个体的行为反应是由行为、个体（主要是认知等个人因素）和环境三者相互影响而决定的。

观察学习，又称为替代学习，是指通过对他人及其强化性结果的观察，在经历了注意过程、保持过程、动作再现过程和动机过程之后，一个人获得某些新的反应，或者矫正原有的行为反应。具体可分为直接的观察学习、抽象性观察学习及创造性观察学习。

4. 人本主义学派对于学习的界定

人本主义学派自诞生以来即坚持研究真正的关于人的科学，他们认为，心理学应该探讨的是完整的人，而不是将人的各个从属方面（如行为表现、认知过程、情绪障碍等）割裂开来进行分析。人本主义者坚信，每一个人都具有发展自己潜力的能力和动力，因此，他们特别关注人的自我实现。

人本主义心理学关于学习也有着自己的定义，在他们看来，真正的学习涉及到整个人，而不仅仅是为学习者提供事实，真正的学习经验能够使学习者发现他自己独特的品质，发现自己作为一个人的特征。从广义上来讲，成为一个完善的人，才是学习的本质与真谛。他们还认为，学习是个体经由练习或经验引起的自我概念的变化，其中，"自我概念是否发生改变"是衡量学习是否发生的重要标志。除此之外，人本主义学派还将学习分为无意义学习和意义学习两大类，其中，无意义学习是指只涉及心智、不涉及感情或个人意义，与完整的人无关，仅使学生学习没有个人意义的材料的学习；意义学习不是指那种仅仅涉及事实累积的学习，而是指一种使个体的行为、态度、个性、情感等与个人的未来发展方向联系在一起的学习，这种学习不仅使人增长知识，还可以与人的各部分经验都融合在一起。

参考以上理论学派对于学习的分析与定义，现代学习理论的研究者们还在不断地修订与完善学习的本质与内涵。例如我国著名的课程论、教学论、学习论专家施良方在《学习论》中将学习定义为"学习是因经验而引起的行为、能力和心理倾向的比较持久的变化。这些变化不是因成熟、疾病或药物引起的，而且也不一定表现出外显的行为。"美国著名教育心理学家罗伯特·加涅（Robert M. Gagné，1985）则提出了一个被人公认和普遍引用最多的定义，"学习是指人的心理倾向和能力的变化，这种变化要能持续一段时间，而且不能把这种变化简单地归结于生长过程。"[3]

通过以上分析不难看出，正如"一千个读者眼中有一千个哈姆雷特"一样，研究者们的视角不一，对于"学习"自然也就有了不同的见解。事实上，虽然不同理论学派对于学习的看法不尽相同，但学习的定义基本涵盖以下六个要点。

第一，获取信息和建构知识是构成学习的两种基本活动。对学习的正确理解无疑需要明确学习的本质属性，为此研究者们对学习的现象进行了深入的考察与探讨。经过大量的分析，研究者们发现，人的学习都具有获取外界信息的特点。学习者在获取外部信息时，对于以不同形式呈现的知识，学习者即会充分调动视觉、听觉、味觉与触觉等，显露出不同的外在表现。除此之外，人的学习又是一种建构知识的活动。人在学习时都将在大脑中对所获得的信息进行分析、综合、抽象、概括，并利用其进行逻辑推理等心理操作。

第二，学习既是一种内部认知过程又是一种获得结果的过程。学习是一种内部认知变化过程，这种变化根据学习者在学习前后所表现出来的外显行为的变化便可得到证实。同时，学习的目的也是为了获取某种结果，以此来引起人的外在行为和内在心理的变化，例如智慧技能、认知策略、言语信息、动作技能、态度等。

第三，学习的结果一般包含多种呈现形式。当学习作为结果存在时，常常表现为学习者外显的行为变化，但在很多情况下，学习者的学习通常是在潜移默化中进行的，即内隐学习。学习者在进行内隐学习时，学习者并没有明确的学习目的和任务，甚至对学习的结果也不能明确地感知，只有在某种特殊的条件下才能证明其存在，例如行为意向或行为倾向的变化、认知水平的提高、态度观点的形成等。也就是说，学习的结果既可以是外显的，也可以是内隐的，它们真实地存在，却以不同的方式影响着学习者的行为。

第四，学习所引起的变化是相对持久的。一般认为，学习发生时，学习者所产生的变化都必须要能持续一段时间，但具体的时限尚有待明确。因此，最佳的学习往往能够长时间地影响有机体，使之发生相对持久的变化，例如帮助有机体完善思维方式，习得技能或养成良好习惯等。

第五，学习者因学习而产生的变化都应是后天习得的。这些变化因经验而产生，是学习者通过参与学习活动过程而获得的反馈，而那些由先天因素、生长过程、药物或其他外力等引起的变化则不能称之为学习，这是对学习所包含范围的说明与界定。

第六，学习可以发生在各种环境中。大部分人对于学习最常见的理解，都会将学习看作是在精心设计的学习环境中发生，有细致周到的教学设计、特定的学习目标、能满足学习者需求的活动。但事实上，学习可以发生的环境并非仅限于此，若将经有意识地设计和安排来达到某些特定目标的学习环境称为正式的学习环境，那么任何正式环境外的学习便可被称为"非正式学习"，即在非正式环境中的学习。一般认为，非正式学习比正式学习更为普遍也更为重要，社会化的学习环境有益于学习者掌握某些隐性知识、理念及技能，尽管最易被忽视，但对于学习者而言却至关重要。

综上可知，作为一个心理学术语，"学习"有着非常丰富的内涵，在广义的概念里，学习是指人和动物在社会生活过程中获取知识和经验，掌握客观规律，进而指导个体身心发展，实现自我意识与自我超越的过程。而狭义的学习则是指学习者在各级各类学校或其他环境中，通过有目的、有计划、有组织的教育活动，帮助学习者掌握人类所积累的文化经验，发展个人的知识技能，形成符合社会期望的道德品质与价值观的过程。因此，我们传统意义上所指的"学习"应该都是学校教育情境中的学习，目前大多数关于学习的研究也都是基于此定义展开的。

1.1.2 我们是如何学习的

关于学习本质的探讨往往会引发我们对与"学习"相关的理论与实践性问题进行更加深入的思考。有研究者认为，真正的学习应该致力于学习者学习方法的改进、思维方式的改变、优化知识结构和清晰知识图示的形成，只有这样才能真正实现有效学习[4]。教育研究关注如何提高学习者的学习有效性，为此我们有必要对学习的过程有所了解，把握学习过程中的关键环节，以便促进有效学习的发生。

学习的过程是指学习者在教师的指导下，获取知识、同化知识、形成能力、发展思维、提高综合素质以及进行知识再创新的认知与实践过程。这一过程纷繁复杂，因而基于不同的分析维度，研究者们对学习过程的原理与结构也有着不同的见解。

1.1.2.1 学习过程的认知阶段性

在关于学习过程构成机制的探索进程中，有研究者从定性研究的角度出发，指出了这一过程所特有的阶段性。例如在我国古代，儒家学派的代表人物孔子就曾对这一过程进行了划分，他认为，学习的过程应分为"立志、博学、审问、慎思、明辨、时习、笃行"七个阶段，其中"立志"即激发学习动机，"博学"即多见多闻，"审问"即批判性思维、多疑多问，"慎思"即学思结合，"明辨"即形成明确的概念，"时习"即及时练习和复习，"笃行"即学以致用。

德国著名教育家、哲学家兼心理学家赫尔巴特在统觉论的指导下提出了教学过程/学习过程的阶段论[5]。他将学习过程分为"明了、联想、系统、方法"四个阶段，通俗地讲，我们可以将其理解为感知新知识→新旧知识建立联系→作出概括和结论→综合应用所学知识。后来，赫尔巴特的学生又对这四个阶段进行了扩充与改造，提出教学过程/学习过程的五阶段论，具体如下：①预备：引起注意并唤醒与所学知识相关的原有观念；②呈现：通过讲授或演示熟悉新知识；③联系：使新旧知识形成联系；④统合：在教育者的启迪下，进行抽象和概括，即逐步将思想里的新旧观念整合起来，找到其中的共同要素，更新自身知识体系，形成新的统觉团；⑤应用：借助练习、实操等方式应用、巩固新知识，解释与之相关的事实或问题。赫尔巴特学派关于学习过程的论述建立在心理学的基础之上，在19世纪末20世纪初曾流行于欧美，20世纪初传入中国，关于学习者的已有经验在知觉中的作用对于分析学习者的学习过程具有十分深远的影响。

1.1.2.2 学习过程的内在结构与机制

随着学习科学的兴起，信息论、控制论以及人工智能技术逐渐进入了认知心理学与教育心理学的研究视野，心理学家尝试用信息加工理论来揭示学习过程的认知结构，将外显的学习交互行为与学习者大脑内部的学习机制都囊括其中。

1. 加涅的学习与记忆的信息加工模式

美国心理学家加涅受"认知心理学"的影响，于1988年提出了涉及学习与记忆的信息加工模式，如图1-1所示。在他看来，学习的过程事实上即为信息加工的流程，信息加工模式是最典型的学习模式。

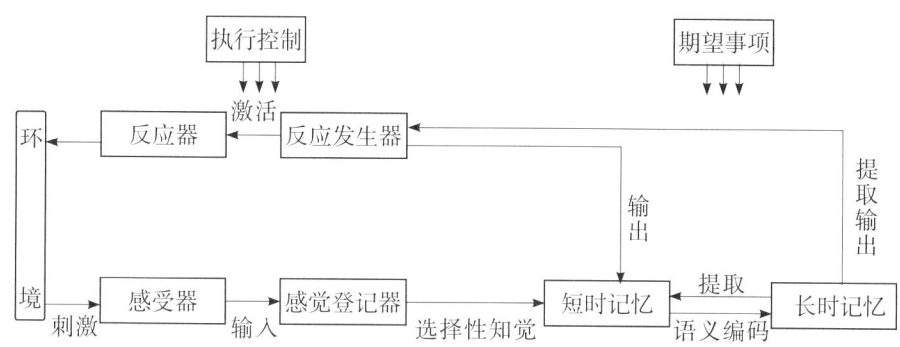

图1-1 学习与记忆的信息加工模式

通过这一模式不难看出，在学习的初始阶段，学习者首先要从环境中接受刺激，刺激作用于感受器（视觉、听觉、触觉等感官），经加工后转变为神经信息。神经信息随后便被送入感觉登记器（又称为感觉记忆，其容量无限，但信息在其中保持的时间很短）进行短暂登记，这是十分短暂的记忆储存（一般仅维持百分之几秒），但感觉登记器所记录的信息并非都可以持续到以后的加工阶段，只有那些可以引起注意的对象才能被知觉到，此即为选择性知觉。

感觉登记器中登记的海量信息经选择性知觉这一过程筛选后，有一部分将快速进入短时记忆，保持有限的时间，一般为20~30秒。短时记忆又称为工作记忆，其容量十分有限，能贮存的信息单位（组块）只有7个左右，且信息在其中保持的时间相对较短，若不及时采取复述的策略，信息极易丢失。

信息若想离开短时记忆进入长时记忆，必将经历编码这一过程。所谓编码，并非把有关信息简单地收集在一起，而是用某种方式将信息组织起来，赋予信息一定的意义，或根据已经习得的概念与原理对信息进行归类、简化及分析等。经过编码的信息被送至长时记忆中永久保存，此时便完成了"学"的过程。

通常认为，长时记忆的容量是无限的，信息可以编码的形式永久贮存在其中。当我们需要使用信息时，必须从长时记忆中检索，被提取出来的信息可以直接通往反应发生器，进而激活反应器（肌肉和腺体等），产生反应；可以再回到短时记忆，重新接受审视，最终结果可能是进一步寻找相关信息；也可能是经加工后再通向反应发生器，发出信号，推动反应器做出响应。当反应器被激活时，学习者即可产生可以被察觉到的行为表现，进而开展"习"的活动。

在此模式中，期望事项和执行控制主要负责激活和调节整个信息加工过程。其中，期望事项等同于学习动机，是指学习者期望达到的目标，影响着学习者对外部信息的选择性知觉过程，决定了教师所给予的反馈是否能够发挥强化作用。执行控制即认知策略，在学习过程中的注意、复述、编码、提取等关键环节都受其调控。二者作用于信息加工模式的各个阶段，对于学习结果达到预期有着非常重要的引导作用。

虽然"反馈"在上述模式中并未标出，但作为学习过程的最后一环，其作用也是不容小觑的。加涅在其关于学习过程的"八阶段"论述中对于反馈环节也单独进行了阐释，他认为教育者所给出的外部信息反馈或学习者根据已有经验给出的内部自我反馈可以帮助学习者明确他们是否达到了自己的预期目标，帮助学习者巩固和强化知识，同时也使得他们的学习兴趣和学习动机得到激发与增强。正如加涅所说："值得注意的是，强化主宰着人类的学习，因为学习动机阶段所建立的预期，此刻在反馈阶段得到了证实。"

2. 梅耶的多媒体学习的认知理论模型

美国当代著名教育心理学家、基于国际多媒体学习的认知心理学研究的开拓者和学术领袖理查德·梅耶以双重编码理论、生成学习理论、工作记忆模型以及认知负荷理论为基础，以双通道假设、容量有限假设和主动加工假设为逻辑起点，于2001年从信息加工的角度提出了多媒体学习的认知理论模型，如图1-2所示，对学习者在多媒体环境中的学习过程进行了分析与描述。

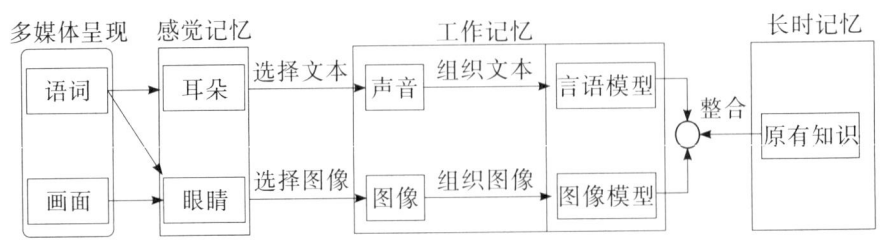

图1-2 多媒体学习的认知理论模型

如图1-2所示，在此模型中，梅耶认为多媒体学习涉及多种记忆及感知结构。图中最左边的圆角方框代表了来自外部环境中的多媒体信息，这些信息通常以语词和画面的形式呈现给学习者。其他三个方框表示记忆贮存，从左至右依次代表了学习者的感觉记忆系统、工作记忆系统与长时记忆系统。在这一模型中，梅耶明显区分了信息加工所涉及的听觉/言语通道和视觉/图像通道，这两个通道相对独立，可以分别加工处理文本信息和图片信息。除此之外，该模型还强调了学习中所包含的三种主要的认知过程，即选择、组织与整合。

（1）选择过程。

如图1-2中"选择文本"和"选择图像"所示，"选择"是指学习者在通过耳朵或眼睛所呈现的学习资料中选取相关内容给予注意，而后再将其从感觉记忆移至工作记忆，以便在相应的通道内进一步加工，完成知识表征的第一次转换。其中，"选择文本"这一步骤的注意对象是语词信息，输出的是语音的基本信息，即学习者在工作记忆中对所选语词形成的心理表征。如果语词是以听觉形式呈现（如音频），语词信息便会进入听觉通道；如果语词是以视觉形式（如屏幕文本或印刷文本）呈现，语词信息便会进入视觉通道。"选择图像"这一步骤的注意对象是画面信息（包括静态图形和动态图画），画面在眼中完成登记后，画面信息便会进入视觉通道，最终输出视觉表象的基本信息，即学习者在工作记忆中对所选图像形成的心理表征。在工作记忆中，尽管信息是通过一个通道进入信息系统，但学习者也可以转换表征方式，使得最初呈现给一个通道的信息在另一条通道中获得表征与加工。

（2）组织过程。

如图1-2中"组织文本"和"组织图像"所示，"组织"是指在工作记忆中将经过"选择"得到的无组织、片段式的语音或视觉表象等基本信息组织形成一个连贯一致的整体，或建立起信息内部的某种联系，使其形成一种具有结构性的表征模型。其中，"组织文本"这一过程最可能发生在听觉通道中，起始输入的是无组织的语音的基本信息，输出的是言语模型，即学习者在工作记忆中对被选择的语词知识片段形成的一致的或结构化的言语心理表征；"组织图像"这一过程在视觉通道中发生，输入的是表象的基本信息，输出的是图像模型，即学习者在工作记忆中对被选择的图像知识片段形成的一致的或具有某种结构联系的视觉心理表征。

（3）整合过程。

如图1-2中"整合"箭头所示，"整合"是指在工作记忆中形成的新知识与学习者在长时记忆中存储的原有知识之间建立联系。这一过程是意义形成的核心，起始输入是学习者当前建构的言语模型和图像模型，最终输出一个整合模型。整合模型以前两个模型为基础，在此模型中，来自某一模型的要素及要素之间的关系与另一个模型中的对应部分相匹配，言语模型与图像模型就此建立起联系，生成新信息。接下来，经组织形成的新信息再与长时记忆中的原有

知识进行联结，通过同化或重组，最终构建起一个系统的整合模型。需要注意的是，整合过程虽发生在工作记忆中，但整合的结果却是在长时记忆中进行编码存储。

梅耶的多媒体学习认知理论模型揭示了多媒体学习的内部认知机制，此模型涉及的五个关键步骤（选择文本、选择图像、组织文本、组织图像、整合）在整个多媒体呈现期间均可多次发生。如何在不增加学习者工作记忆认知负荷的前提下用促进生成的方式呈现学习材料，是改善多媒体学习效果的重要途径。

1.1.3 你的学习真的"有效"吗

学习使我们克服了自我认知的局限性，在帮助个体挖掘自身潜能、实现个人价值的同时，也推动了整个社会乃至人类文明的进步与发展。随着关于"学习"内涵及外延的研究不断深入，越来越多的研究者也开始关注学习方式对学习结果与学习质量的影响。在日常学习的过程中，面对纷繁复杂的学习内容和不充裕的学习时间，自问一句：这样的学习有效吗？从效率和收获的角度审视学习，或许我们会对这一疑问产生更加深刻的认识。

1.1.3.1 有效学习的内涵

"有效学习"源于 20 世纪上半叶，西方教学科学运动后国内外教育理论与实践对有效教学进行了研究，虽然目前学术界对这一概念尚未给出统一的界定，但研究者们普遍认为，对于"有效学习"的理解可以从学习时间与学习结果的角度入手。简单地说，有效学习就是指学习者在学习的过程中，能主动积极地调动起学习兴趣，用尽可能短的时间来掌握更多的知识，达成预期学习目标，取得优质、高效的学习效果。

具体而言，"有效"的内涵主要体现在以下几个方面。

（1）学前准备有效，即学习者具备一定的知识、经验基础，有良好的理解能力和逻辑思维能力。

（2）学习过程有效，即学习过程科学、学习方法得当、学习时间合理。

（3）学习结果有效，即意义建构科学，知识技能得以提升，情感态度与价值观得到改善，最终获得个体发展[6]。

在正式的学习情境（如课堂教学）中，有效学习取决于教师的讲授能力和学习者的学习能力，具体指在教师的专业指导下，学习者运用恰当的学习策略主动对学习内容进行加工，在一定的时间内完成学习任务、达成学习目标，实现自身发展的过程。在非正式的学习情境（如在线学习、自主学习）中，知识往往是由学习者主动建构而获得的，因而有效学习是指学习者通过自我管理，主动内化学习内容，在预期的时间内完成学习任务，达成学习目标的过程。

1.1.3.2 有效学习的特点

从严格的意义上讲，"有效学习"其实并不是一个专业的学术术语，它是相较于"无效学习""低效学习"或"机械学习"而言的。与广泛意义上的学习相比，有效学习具有以下六个显著特征。

（1）主体性。有效学习的主体是学习者本身，教师作为引导者，并不一定会全程参与到学习者的学习过程中，也未必会对学习者进行直接指导。因此，这就要求学习者在学习上要做到高度自律，实现对整个学习过程的自我管控，具体包括：保持注意并维持较强的学习动机，进行学前准备，选择适当的学习方法，合理调节学习进度，进行自我评价及内部反馈等。

（2）动机性。对于有效学习而言，学习动机的作用至关重要。适度激发和培养学习者的学习动机是实现有效学习的前提，动机水平的高低也直接影响着有效学习的质量。

（3）目标性。有效学习是一个有目的的认知过程。因此，在学习之初为学习者提供具体的学习目标，让他们带着明确的目标定向去学习，将更有利于促进知识的内化，提高学习效率，做到"有的放矢"。

（4）时效性。帮助学习者节约时间成本、提高学习效率是有效学习的基本要求，也是有效学习最显著的特征。当然，注重"时效"并不是一味地追求速度，确保学习者在有限的时间内完成既定的学习目标，关注学习结果，才是"时效性"的真正意义所在。

（5）建构性。"学习应当是一个由学习者主动探索和发现的过程"，这一观点对于有效学习同样适用。在有效学习中，学习者对新知的内化是通过认知建构来完成的，这种积极的意义建构要求学习者要结合自身经验，主动联系已有知识来对当前的学习内容进行分析与理解。

（6）交互性。有效学习既不是"闭门造车"也不是"孤军奋战"，它强调学习者要在学习的过程中超越自我认知，通过与老师及同伴的交流互动、沟通对话、合作协作，对知识产生更加深刻而全面的理解，进而实现情感的交流，思维的碰撞以及知识的迁移与分享。

1.1.3.3 有效学习的主要影响因素

根据认知心理学理论，有效学习的发生需要内部条件和外部条件的相互作用，因而影响有效学习过程及效果的因素也可以分为以下两种。

1. 影响有效学习的外部因素

影响学习者有效学习的外部因素有许多，主要包括学习环境、学伴群体、教师职业素养等，这些因素独立于学习者之外存在，但都会对有效学习的过程及效果产生一定的影响。

（1）学习环境。

环境对于心境的影响不言而喻，一个自由宽松的学习氛围，将更有利于激发学习者的学习兴趣，调动学习的主动性、积极性与创造性。以课堂教学为例，

在一个宽容、接纳的课堂里，师生、生生间建立起的是一种相互欣赏、相互认同的良性关系，学习者的主体地位也将得到认可，学习者之间的互动与分享也会更为高效。此外，这样的学习环境也更易于保持学习者的学习需要，强化学习者的学习动机，进而促进学习者的有效学习。比如，图书馆就是一个能创造浓厚学习氛围的学习环境。

（2）学伴群体。

近朱者赤近墨者黑。作为与学习者接触最密切的群体，学伴对于有效学习也有着十分深远的影响。首先，学伴群体之间的协作与合作可以激励学习者在互帮互学、共同进步的氛围中发散思维，主动学习，积极思考；其次，在与同伴交流的过程中还可以强化学习者的团队意识，提高群体协作能力，充分发挥学习者的智慧与优势，积极展示自我；此外，学伴群体的整体素质关乎学风建设，这也将对学习者的创新精神、实践能力、学习专注度等方面的培养产生重要的影响。

（3）教师的职业素养。

在课堂教学中，学习的有效性在很大程度上取决于教学行为的质量，教学效果的最优化既有赖于教师高效的"教"也有赖于学生高效的"学"。因此对于学习者而言，教师团队的职业素养便成了影响其有效学习的关键因素。这些职业素养主要包括：职业道德素养，即对待教育事业，对待学生的态度等；专业知识素养，即对教育理论知识、学科专业知识及科学文化知识的掌握程度等；专业能力素养，即教育教学能力，组织管理能力及自我反思能力等。俗话说"教学有法，教无定法，贵在得法"，教师在教学的过程中要学会灵活运用教学方法，有意识地培养学习者的学习兴趣，正确认识"引导者"的角色定位，尊重个性差异，努力调动并提高学习者的学习积极性，改变传统课堂氛围，可使"有效学习"真正得以实现。

2. 影响有效学习的内部因素

影响有效学习的内部因素主要来源于学习者自身，主要包括学习动机、多元学习能力、学前准备等。

（1）学习动机。

动机是激发和维持个体活动的内部动力，这一解释在学习过程中同样适用。学习动机来源于学习者的个体感知与期待，只有具备了学习动机，学习者才会表现出明确的行动意愿。作为影响学习效果的重要因素，学习动机是促进学习者有效学习的前提，对于学习者能否完成既定学习目标具有不可忽视的引导作用，正如美国著名教育学家泰勒在谈到"有效学习的十个标准"时所提到的那样："学习者的动机，即学习者自身积极卷入的推动力，是一个重要的条件。"[7]因此，为了促进学习者进行有效学习，无论是学习内容的编制还是学习活动的组织都应该充分利用学生的内在需求、兴趣及期待。

(2) 多元学习能力。

多元学习能力是学习者个体的综合素质在学习活动过程中所体现出来的一种个性心理特征，是通过各种渠道培养和完善起来的适应学习需求、完成学习任务所需要的有效方式，其中，认知技能、学习策略及对学习过程的自我监控是构成多元学习能力的主要因素[8]。一般认为，个体的多元学习能力是有效学习的重要保障，自主多元学习能力的强弱在很大程度上会对学习的效率及结果造成影响。教师在日常教学的过程中应有意识地培养学习者的多元学习能力，引导学习者运用科学的学习策略检索、获取、加工、利用、管理信息，通过团队协作或独立完成的方式，分析、解决各类实际问题[9]。

(3) 学前准备。

学前准备是指学习者已经习得的、完成新的学习任务所必需的知识和技能的程度及心理发展水平[10]，主要包括情感态度准备、原有知识准备及基本技能准备等。在谈及学习方法时，孔子说："温故而知新"；奥苏贝尔所提出的意义学习，即学习者将符号代表的新知识与认知结构中已有的相应的观念建立起实质性的和非人为的联系，就是在运用有关知识经验的基础上，把握事物内在、本质的联系，达到理解事物的目的。① 奥苏贝尔将"学习者将符号代表的新知识与认知结构中已有的相应的观念建立起实质性的和非人为的联系，即是在运用有关知识经验的基础上，把握事物内在、本质的联系，达到理解事物的目的"称为意义学习，"能够与学生已有的知识结构相联系"[3]是触发意义学习的先决条件，应当通过"先行组织者策略"来组织学习。同样，学前准备是否得当也将对有效学习产生一定的影响：作为实现有效学习的基础，情感态度准备激发了学习者的内在动力；原有知识准备为学习者提供了"物质"条件；基本技能准备则给予学习者掌握新知所需的实操技能及经验。三者相依相融，共同帮助学习者高效地完成知识的同化与顺应，进而达到新的认知平衡，最终实现个人知识体系的更新与重构。

注重效率、追求学习的最优化是一种理念，更是一种值得借鉴与推崇的学习观。与传统的学习状态不同，有效学习更加注重激发与调动学习者的内在学习需求；关注学习效果，即学习者所收获的知识、取得的进步以及在学习能力等方面所获得的发展；关注学习效用，即学习的应用价值与实践意义；关注学习效率，即学习的时间、方法和效益；关注情感体验，即"寓教于乐"，为学习者营造轻松愉悦的学习氛围，培养和激发学习兴趣，引导学习者进行主动探究。

---

① 百度百科：意义学习，https://baike.baidu.com/item/意义学习/7862081? fr = aladdin.

1.2 迈入"互联网+"时代的学习

科学技术的进步使得现代生活愈发多姿多彩,而当21世纪来临时,网络信息技术的发展也为教育领域带来了翻天覆地的变化。近些年来,随着移动终端设备及互联网的普及,知识信息呈爆炸式多元增长,为了适应这一深刻变革,以云计算、虚拟现实技术、增强现实技术、物联网、学习分析、大数据等为代表的新兴技术也在教育教学中扮演起了十分重要的角色。日趋成熟的现代信息技术推动着教育信息化不断向前发展,也促使教育领域成功迈入了"互联网+"时代,促使学习迈入了"互联网+学习"时代。

事物的更替总是伴随着变革与发展,同样,随着"互联网+"时代的来临,我们的学习也将面临前所未有的机遇与挑战。未来已来,"互联网+学习"这一新形态为我们的学习提供方法和途径。在这个日新月异、瞬息万变的发展时期里,该如何转变观念,调整策略,积极迎接这个全新的时代呢?

1.2.1 什么是"互联网+"

在我国,"互联网+"这一概念的产生最早可以追溯到2012年,而其真正兴起则是在李克强总理在第十二届全国人大第三次会议上提出制订"'互联网+'行动计划"之后,自此,以"跨界融合""创新驱动""重塑结构""尊重人性""开放生态"以及"连接一切"为特点的"互联网+"迅速走入公众的视野,引起了社会各界的广泛关注。

任何新事物的产生都不是偶然,对于"互联网+"也是如此。当互联网发展逐渐进入崭新的第三阶段,移动互联网的O2O时代促使互联网经济蓬勃发展,与此同时,互联网思维也愈发深入人心,越来越多的人开始有意识地对社会生态进行重新审视与思考。于是,在互联网高速发展的现实背景下,"互联网+"应运而生。一般认为,"互联网+"就是将互联网与传统行业相结合,促使传统产业在线化、数据化,进而推动各行各业产业发展[11]。这是一种发展理念,也是一种创新方法,它要求与互联网相结合的传统行业要能审时度势,充分利用信息通信技术及网络平台,促进互联网与传统行业的深度融合,进而创造新的发展生态。

不得不承认,互联网发展至今,其实早已不再是一个孤立的行业,随着移动互联、大数据、云计算及物联网技术的不断革新,未来"互联网+"将在潜移默化中渗透到社会生活的方方面面,对我们的生产方式、学习方式、行为方式等产生重大的影响。

1.2.2 "互联网+教育"是一个怎样的时代

在人类教育的演进过程中,曾发生过三次重大变革,第一次是从原始的个别教育过渡到个性化的农耕教育,第二次是从个性化的农耕教育过渡到班级授课式的规模化教育,第三次则是从班级授课式规模化教育走向生态化、分散化、网络化的个性化教育[12]。第三次教育革命延续至今,个性化教育其实早已进入了全新的发展阶段。在新形势下,"互联网+"这一标签已经为教育领域开启了全球范围内的知识创新时代。

1.2.2.1 如何理解"互联网+教育"

正确把握"互联网+教育"的内涵是网络时代重构教育教学、实现互联网与教育的深度融合、互联互通、共享共治的前提,也是影响到广大学习者如何提升其信息化学习能力的关键。虽然目前尚未形成统一的界定,但在关于"互联网+教育"其本质及内涵的探讨过程中,已经有许多研究者提出了自己的看法。

"互联网+教育"中的"+"含有"变革""重构"之意,例如有些学者从工具论的角度出发,认为"互联网+教育"是指"让未来的一切教与学活动都围绕互联网进行",最终目的是使受教育者能够通过网络享受到更为优质的教育。

陈丽教授指出:"'互联网+教育'即特指运用云计算、学习分析、物联网、人工智能、网络安全等新技术,跨越学校和班级的界限,面向学习者个体,提供优质、灵活、个性化教育的新型服务模式。"[13] 南旭光等认为:"首先,要把'互联网+教育'看作新常态下教育发展的新范式,它回答的是教育与这个时代背景下的社会发展需求之间如何进行'耦合渗透'和'互联互通'的;其次,应把'互联网+'的思维主动或被动融入教育教学全过程,它回答的是人才培养活动、教育教学活动如何实现'互链互补'和'互动互融'的;第三,'互联网+'的实质在于人才培养模式、学习模式以及办学模式的创新,它回答的是教与学、学校与社会、供给和需求之间如何实现'多维对接'和'立体协同'的。"[14]

基于这样的理解我们可以看出,"互联网+教育"是当今网络时代教育发展的新形态,这种全新的教育形态源于却又高于现阶段的教育信息化,在运用云计算、移动通信、智能互联、大数据等网络信息技术变革传统教育的过程中,它以开放、优质、共享、个性化为理念重构着教与学的各个环节,也势必将为教育领域打开全新的视野与空间。

1.2.2.2 "互联网+教育"对传统教育和学习的冲击与影响

在某种意义上,"互联网+教育"的产生是时代的产物,却也是教育发展

的必然选择。伴随着科技的进步,"互联网+教育"正在深刻地改变着传统教育的全貌,这种变革不仅仅是技术层面的推陈出新,更是对传统教育理念、传统学习模式、传统师生关系、传统教育要素等所有教育相关体的深远影响。

1. 教育理念的更新

传统教育以行为主义、认知主义及建构主义为理论基础,其中,标准化、集中式的班级授课制延续至今,仍是各阶段教育教学所采用的主要模式。伴随着"互联网+教育"的产生,这种全新的教育范式对于传统教育理念也产生了巨大的影响。在"互联网+"时代,以联通主义理论、混合学习理论为代表的网络学习理论正悄然兴起,这些理论不仅丰富了研究者们关于"教育""教学""学习"的认知,还使得教育目的发生了根本性的变革。也就是说,"互联网+教育"并不提倡知识的灌输和单向传授,而是尊重学习者的个性化成长,帮助学生学会学习,努力培养他们的创造力、信息素养、团队协作能力及实践应用能力,实现学习者的全面发展,这也是"互联网+教育"的最终目的。

2. 学习资源的拓展

在传统的教育环境中,学习资源相对集中,学习者获取信息的途径被局限于课堂、实验室、图书馆、资料馆等场所,数量有限,质量也参差不齐。网络时代,互联网以其强大的存储、交互、传递功能打破了传统教育资源的壁垒,赋予"网络原住民"更多的话语权。因而在"互联网+教育"这一新范式下,学习者将有机会接触到更多优质的、免费的在线资源,例如MOOC、微视频、电子书籍、博客等,力所能及之时,学习者自身也可以成为知识的传播者。与此同时,这些海量的优质资源也可以通过互联网实现跨校区、跨地区、跨国界的合理流动,让名师名课真正得到传播与分享。学习者要学会甄别资源,利用优质的在线学习资源开展终身学习。

3. 学习时空的重构

一直以来,教室,乃至学校都是传统教育教学的主阵地,而当"互联网+"时代来临之时,基于信息科技的"网络时空"却对传统教育的时间与空间分配造成了强烈的冲击。"网络时空"超越了物理时空的限制,为学习者搭建起便捷、优质、用户友好的学习平台,让学习者能够根据自身情况,合理、高效地规划自己的学习时间,调整学习进度,学习也不必拘泥于特定的环境。也就是说,"互联网+教育"突破了传统教育的时空局限性,重构与优化了学习时空,为学习者营造了更为多样、开放的学习环境;便于多主体间的交流与互动,在满足学习者个性化学习需求的同时,学习者可以在任何地点、任何时刻,以任何学习方式来获取所需的专业知识。"网络时空"功能强大,真正实现了。

4. 师生角色定位的转变

"师者,所以传道受业解惑也。"教师,一个神圣的职业,也是教育要素中不可或缺的部分，他们是知识的垄断者和传授者，也是教学的主导者和调控者。从古至今，他们凭借着自己独特的角色定位，影响着教育教学的各个环节。

在"互联网+"时代，教师的个人角色却发生了极大的变化。首先，伴随着网络知识信息的急剧膨胀，学习者获取知识的途径与方式也不断增多，因而教师不可能固守"垄断者"与"传授者"的地位，更多呈现的是一种教学相长的状态，通过相互学习、交流分享，促进知识的理解与内化。其次，"互联网+教育"强调发挥学习者的主观能动性，尊重学习者的主体地位，因而要求教师在具体的教学过程中要变"主导"为"引导"，为学习者提供辅助、搭建支架；教学也要由"填鸭式"的知识灌输向关注自我发现，关注互动对话，关注民主平等的知识传授体系转变。

作为学习者，同样需要做出改变。在校内的正式学习中，变被动学习为主动式、参与式学习；在校外的非正式学习中，以最大的学习热情掌控自己的时间，特别是碎片化的时间，利用各种数字化学习资源和工具开展终身学习，提升自己的核心竞争力。

5. 学习评价的多元化发展

传统教育中对学习结果的评价按照功能来分，大致可以分为以下三种，即诊断性评价、形成性评价和总结性评价。这些评价针对不同的学习阶段，大多以考试、测验、考核的方式进行，目的是了解学习者对所学知识、技能的掌握程度，判断学习者是否已达成预期的教学目标。虽然普适于大部分学科，但这种评判方式对于学习者在学习过程中的行为活动、创新能力等无法用成绩来衡量的指标却难以评价。"互联网+"为传统教育带来了新的生机，学习内容、学习方法、培养目标、学习策略等方面的变化显而易见，因而那些沿用已久的评价体系自然无法适应新型教育形态的需要，以"多元化""科学化"和"全面化"为特点的学习评价范式应运而生。

在"互联网+教育"中，基于互联网技术和大数据技术的学习评价体系在评价依据、方式和结果上都产生了较大的变化，具体体现在以下三个方面。①评价依据更为丰富、具体。各类在线学习平台除了拓展教育时空外，还可以为教育研究者提供学习者的学习过程数据、学习行为数据等，如此一来，研究者们便可以利用各类可视化数据挖掘方法，对学习者的学习习惯、心理倾向、认知风格等进行分析与判断。②评价方式更为全面、多元。在学校，除了传统的课程考试、书面评语外，教育研究者还可以借助在线学习平台，组织学生自评、同伴互评及线上线下综合评价等，以此来全面考察学习者的学习能力、行为表现、学习效果等。与此同时，教师还可以借助平台功能随时开展师生互评，及时了解学习者的学习需求。③评价结果更为科学、高效。"互联网+教育"坚持用数据说话，评价结果既有量化分析也有定性描述，可靠性和可参考性都得到了一定的保障。此外，网络技术的不断进步也使得评价反馈颇为及时，学习者可根据反馈结果快速调整学习策略，教师可据此制定下一步教学计划，调整教学进度，家长也可以借助"家校互联"平台，透过数据及时了解孩子的学习情况和学校的教育质量等。

伴随着国内外"互联网+"的浪潮，"互联网+教育"将迎来全新的发展契机。虽然新事物的诞生总是需要经过时间的锤炼，"互联网+教育"也面临着技术支持有待提高，政策保障有待加强，理论基础亟待丰富等各式各样的问题，但这并不妨碍我们对于未来教育形态的憧憬与探索。可以预见，在网络信息技术的助推之下，"互联网"与"物联网"技术将能够"连接一切"，"互联网+教育"也将促使混合学习逐步趋于主流化和定制化，引导教育管理逐步趋于智能化和数字化，促进教育资源逐步趋于共享化和公平化，坚持奉行"以学习者为中心""为学习服务""关注全人发展"的教育理念，为教育发展寻找创新生机，重塑包容、开放、融合的优质教育新生态，为学习者创造更好的学习新生态。

1.2.3 "互联网+"与数字化学习

随着移动互联技术的进一步推进和发展，"互联网+"已逐渐渗透到人类社会的政治、经济、生活、文化等各个方面，互联网思维也愈发深入人心，我们正在进入一个全面智能化的时代。如前所述，"互联网+教育"开启了教育领域的新纪元，各类新兴的数字化技术在重构教学的同时，也使得学习方式发生了前所未有的深刻变革，一种以数字技术、信息技术为主要支撑的学习方式——数字化学习应时而生。近些年来，关于数字化学习的理论探索与实践研究备受关注。如何提升各类教育信息化基础设施的建设质量、促进优质数字化学习资源的共享应用，更是引发了教育研究者们的热烈讨论。

从严格意义上讲，数字化学习并不是一个新名词，在互联网技术的不断助推之下，研究者们对数字化学习的理解不断更新，这一概念的理论文化与应用范式也历经变革，发生了许多变化。我们可以认为，没有互联网技术，数字化学习也就失去了赖以存在的基础。近些年来，互联网技术一直保持着蓬勃发展的态势，特别是在"互联网+"时代的冲击之下，以技术革新为主旨的Web 1.0早已过时，以交流沟通、服务创新为导向的Web 2.0已成隔年皇历，以大数据分析、智能互联、语义革命为基础的Web 3.0渐入佳境，甚至是Web n也正悄然兴起，相信不久之后便会正式走进大众视野。通过分析不难看出，网络信息技术的发展已经开始转型，现已由专注于技术革新向注重"用户参与"、鼓励"集体智慧"、推广"虚拟/增强实境"、强调"硬件与软件无关"转化[15]。升级之后的新技术不仅为自主学习、泛在学习、协作学习提供了有力的支持，也为传统的数字化学习模式带来了不小的冲击与挑战，于是，数字化学习也将逐步由1.0时代过渡到更为智能、便捷、高效的2.0时代。

1.3 "互联网+"时代的学习新形态

毫无疑问,"互联网+"已成为当今时代经济和社会发展的显著特征,网络信息技术的更新与发展,加速了传统教育数字化的进程,促进了学科课程与信息技术的深度融合,也推动了关于数字化学习的实践与探索。那么,数字化学习有着怎样的前世今生?数字化学习应当如何定义?数字化学习有什么与众不同的特点?数字化学习又包含了哪些要素,未来将呈现出怎样的发展趋势呢?

1.3.1 数字化学习的定义

1. 数字化学习的发展历程

百度百科中曾对"数字化"的含义做出过明确的界定,即"数字化就是将许多复杂多变的信息转变为可以度量的数字、数据,再以这些数字、数据建立起适当的数字化模型,把它们转变为一系列二进制代码,引入计算机内部,进行统一处理,这就是数字化的基本过程。"数字化技术的迅速发展为数字化学习的产生提供了重要支撑,尤其是20世纪90年代以来,该技术在数字通信、广播电视、网络信息处理等领域中均得到了广泛的应用和推广。

如前文所述,伴随着"互联网+教育"的改革浪潮,"数字化学习"虽然最近几年才越来越为大众所熟知,但事实上,关于这一概念的研究却早已开始。2000年5月,欧盟委员会在"设计明天教育"的倡议中首次提出了"数字化学习"的概念,认为数字化学习是一种"运用新的多媒体技术和因特网,通过更方便地获取资源和服务以及进行远程交流和协作以提高学习质量的新型学习方式"。[16]

2000年6月,美国教育技术首席执行总裁论坛(简称ET-CEO论坛)召开了第三次年会,年会主题为"数字化学习的力量:整合数字化内容"。会议对"数字化学习"做出了明确的解释,指出"将数字技术与课程教学内容相互整合的方式即可被称为数字化学习"。会议强调,在21世纪,建立健全最佳教育环境的关键,其实是通过课程将技术、连通性、内容和人力资源有机地整合在一起。为了实现整合目标,努力建设优质的数字化学习环境,开发丰富的数字化学习资源,寻找适宜的数字化学习方法,是所有学校、教师、家长和学生都必须采取的行动。[17]

2001年11月,以E-learning为主题的"教育技术论坛"研讨会在广州举行会上,北京师范大学何克抗教授做了题为《E-learning与高校教学的深化改革》的学术报告,引起了国内专家学者对于"E-learning"(即数字化学习)的内涵释义、学习目标、学习策略、学习方法及评价方式等方面的深入探讨。

2006年3月,由清华大学和麻省理工学院联合主办的"21世纪数字化学习"高峰论坛在清华大学召开，著名的未来学家和数字化大师尼古拉斯·尼葛洛庞帝带着他的又一个数字化预言来到了中国。早在1996年，尼葛洛庞帝在他的《数字化生存》一书中便预言，"人类未来将生存于一个虚拟的、数字化的环境中，在这个信息化的活动空间里，人们将应用数字技术（信息技术）从事信息传播、人际沟通、学习、工作等各类活动。"此次他又指出，未来十年，数字化技术在科技、教育和学习领域内的发展尤为关键，数字化学习的应用与推广也直接关系到儿童的未来，我们应该努力利用数字化学习来填补城乡儿童在受教育过程中所产生的"数字化鸿沟"。

随着时间的推移，越来越多的研究者加入到有关"数字化学习"的实践队伍中来，数字化技术推动了教与学的理论基础、软硬件环境及应用探索等方面的革命性变革与发展，种种迹象均表明，数字化学习开启了21世纪教育的创新新纪元。

2. 如何理解"数字化学习"

一般认为，"数字化学习"的英文全称即"Electronic Learning"，为了书写简便，我们通常将其缩写成"E-learning"。根据英文释义，"数字化学习"又可被称为"电子化学习"或"网络化学习"，虽然译法不一，但同时也从不同侧面说明数字化、信息化、网络化、多元化均可被认为是"数字化学习"的标志性特征，对于理解和把握"数字化学习"的含义至关重要。

作为一种新型的学习方式，E-learning现已在全球范围内得到了广泛的应用和关注，为了迎接信息社会的挑战，各国教育界都将数字化学习的普及和推广看作是优化学习质量、缩小数字鸿沟、提升国家竞争力的关键因素，积极开展与"数字化学习"相关的理论及实践研究。美国政府始终致力于推动联邦教育信息化的发展，通常会通过一系列教育技术规划报告来对教育信息化的目标计划、发展进度等进行规划与管理。2000年，美国教育部（United States Department of Education, ED）颁布了《教育技术白皮书》，其中对"E-learning"的内涵做了较为权威、细致、全面的论述，从不同的角度对"数字化学习"进行了解释与界定，具体内容如下[18]。

（1）数字化学习是一种接受教育的方式，包括新的沟通机制和人与人之间的交互作用。其中，新的沟通机制是指：计算机网络、信息搜索、远距离学习与网上课堂、电子图书馆、多媒体、专业内容网站等。

（2）因特网产业的兴起为数字化学习提供了可能，因而数字化学习即指通过因特网进行的教育及相关服务。

（3）数字化学习使得学习可以随时随地进行，使得教育不再局限于特定的年龄阶段，这便为终身学习提供了可能，需要注意的是，学生在数字化学习中是以一种全新的方式进行学习的。

（4）数字化学习将改变教师的作用和师生之间的关系，进而改变教育的本质。

（5）数字化学习是提高学生批判性思维和独立分析能力的重要途径。

（6）数字化学习虽能很好地实现某些教育、教学、学习目标，但不能代替传统的课堂教学。

（7）数字化学习不会取代学校教育，但会在很大程度上改变课堂教学的目的、功能与教学效果。

根据《教育技术白皮书》对数字化学习的分析，可将美国教育部对"数字化学习"的定义归纳为：E-learning是一种全新的、能够充分体现学习者主体地位的学习方式，该方式利用现代信息技术来创设理想的学习环境，旨在促进信息技术与课程内容、学习活动、课堂教学的有效整合，培养和激发学习者的主观能动性，不断提高学生的综合素质。

我国较为系统地开展数字化学习项目研究是在国家"现代远程教育"工程实施之后。在不断探索的过程中，国内也有不少教育研究者对"数字化学习"做出了独到的诠释。著名教育技术专家何克抗教授对"数字化学习"所下的定义是：数字化学习是一种通过网络或其他数字化内容进行学习与教学的活动，它充分利用现代化信息技术所提供的、具有全新沟通机制与丰富资源的学习环境，开启了一种全新的学习方式，这种学习方式将彻底改变传统教学中教师角色的定位以及师生之间的关系，从而从根本上改变教学结构和教育本质，培养更具创新能力的人才。[19]

李克东教授认为，数字化学习是指学习者在数字化的学习环境中，利用数字化学习资源，以数字化学习方式进行学习的过程。它包含三个基本要素：数字化学习环境、数字化学习资源和数字化学习方式。[20]

除此之外，还有学者认为，数字化学习是以现代信息技术为依托，使学习者在数字化学习环境中，借助网络信息资源及平台，应用网络技术手段与路径进行学习的一种新型学习方式，是继文字与印刷术发明后，人类文化教育发展的第三座里程碑。[21]

综合以上国内外专家学者的观点，我们可以认为：数字化学习是一种以现代信息技术和多媒体技术为依托，学习者在网络环境中充分利用数字化学习资源获取知识和技能的新型学习方式，在这一方式中，网络信息技术所独有的优势和特点，例如海量的教育资源，多样化的即时沟通机制以及便捷的学习管理功能等。作为一种现代化的学习方式，数字化学习重构了传统的师生关系及角色定位，为自主学习提供了便利，也使得终身学习不再只是希冀与愿景。

除了定义之外，理解数字化学习还需把握以下几个要点。

（1）数字化学习是一种学习方式，这种方式区别于传统课堂教学与学习，能够最大限度地调动学习者的主观能动性，促进教育资源的合理流动。"方式说"是关于数字化学习的本质界定。

（2）互联网只是数字化学习的平台与工具，数字化学习更重要的是要充分利用网络上的数字化学习资源，激发学习者的学习兴趣，在掌握专业知识的同时提高学习者的信息素养，培养他们的自主学习能力。

（3）"教师为主导，学生为主体"是对数字化学习中师生角色定位的重新定义。"主导—主体"模式既强调要发挥教师的主导作用，体现学习者的认知主体作用，又强调要充分调动教师和学生的主动性与积极性，促进师生之间的情感交流，进而优化学习过程和学习效果。数字化学习不同于传统课堂，因而也不再适用"以教师为中心"或是"以学生为中心"的教学模式，未来，单纯传授知识或是忽视教师主导作用的教学思想将逐渐被摒弃，师生之间将逐渐建立起一种平等、尊重、理解、和谐的新型师生关系。

（4）形成良好的认知结构，指导学生学会学习、学会思考，培养学习者的创新意识、创新能力是数字化学习的目标所在。在数字化学习的过程中，学习者的学习习惯均发生了较大的变化。例如在资源的利用上，由极度依赖书本向根据需要检索信息资源转变；在学习方式上，由依靠教师督促、死记硬背式的被动学习向自主发现、积极进行意义建构的主动学习转变；在学习路径上，由按部就班的线性学习向可自定步调、极具个性特征的非线性学习转变；在学习形式上，由各种形式的传统课堂学习向基于网络平台的在线学习转变。由此可见，在互联网技术和信息技术的双重支持下，数字化学习将为学习者开启一个"人人皆学、处处能学、时时可学"的新时代，培养出大批具有创新意识和创新能力的复合型人才，不断适应知识经济时代的发展需求，迎接机遇与挑战。

1.3.2 数字化学习的特点

数字化学习尊重人类认知的基本规律，重视学习者的个性发展，为学习者提供了十分广阔的网络化、数字化学习空间。学习者在进行数字化学习的过程中，不仅可以获取专业知识，培养学习兴趣，还可以不断提高自身的信息素养与数字化学习能力，实可谓"一举多得"。相较于传统学习而言，数字化学习具有许多鲜明的特点，这与它的定义及本质有关，也是数字化学习能够重构学习与教学，带来教育变革的重要因素之一。

数字化学习倡导"主导—主体"的教学模式，强调要在真正意义上实现"以学习者为中心"，最大限度地满足学习者的个性化学习需要。在数字化学习的过程中，学习者可以根据自己的学习风格自行选择学习内容、学习时间、学习地点，安排学习进度，采用正确、适当的学习方法，利用互联网等在线学习工具检索专业化学习资源，实现意义建构。在努力调动学习者主观能动性的同时，数字化学习还十分关注教师的角色定位。为了避免线上自主学习的孤独感、无助感与焦虑感，防止学习者迷失方向，数字化学习强调教师也要发挥其主导作用，与学生积极互动，辅助而不干涉，成为学生在线学习过程中的引导者、合作者与参与者。全新的数字化学习理念有助于激发和调动师生的主观能动性，更多的人文关怀在改善个人学习体验的同时，也使得数字化学习效果得到了优化与提升。数字化学习具有以下几个特点。

1. 私人订制的学习方法

与传统课堂教学中以聆听教师讲授为主的学习方法相比，数字化学习能为学习者提供的学习方法无疑是多样的。"互联网＋"时代为学习者们提供了种类丰富、功能强大的学习工具，学习者只需按照个人学习风格定制自己的学习方法，例如渐进式学习法、跳跃式学习法、多路径学习法、纲举目张学习法、合作学习法、协作学习法等。学习者可以选择安安静静地浏览网络上的数字化学习资源，也可以选择深度参与到其他类型的数字化学习中去，例如混合学习、翻转课堂、基于问题的学习、基于项目的学习、合作学习、协作学习、探究式学习、移动学习等。数字化学习方法与传统学习方法既有区别也有联系，学习者要学会积累经验，灵活运用，努力提高自己的数字化学习能力。

2. 海量的优质学习资源

知识经济时代，高效的分享促进了知识的传播与再生。作为书籍、报纸、期刊等纸质资料的重要补充，网络平台上以多媒体形式存在的纯文本、图片、音视频文件等数字化学习资源为学习者提供了十分便利的自学条件。互联网极大地加快了信息传播的速度，学习者可以快捷地查找、浏览或下载所需的专业教学课件、学术论文、电子图书以及片段式的音视频资源，也可以登录专业的在线学习平台，系统地学习各类在线课程，如MOOC、微课、视频公开课、资源共享课等。当前，MOOC浪潮席卷全球，国内外都在加紧课程资源建设，这种优质、开放、体系完备的在线课程受到了高等教育界的广泛关注和一致好评，未来也将得到更多学习者的赞扬与认可。

3. 学习可以无处不在

互联网技术的发展，在线教育的兴起，数字化学习资源的跨区域合理流动，各类即时通讯软件的普及，使得数字化学习所依托的环境与载体不再单一。从前，学习的标志还仅是校园里、课堂上朗朗的读书声，学习的场所也仅限于学校，但在"互联网＋"时代，数字化学习可支持学习者通过网络随时随地访问各类在线学习平台，加入虚拟学校、虚拟课堂，或将数字化学习资源与活动引入实体课堂中，实现混合式学习等。因此在数字化学习中，学习空间早已突破了国家、地域、时间的限制，其低门槛（连接网络）、无围墙、低成本、无边界的特点可以尽情满足学习者的求知欲，兼顾学习者在学习风格、认知方式等方面的个体差异，促进"泛在学习"的发生。此外，广阔的学习空间也在很大程度上提高了教育的开放性，为更多的学习者提供了接受教育的机会，有效地推动了教育公平的进程。

4. 成就每一个终身学习者

"我们所处的时代，是一个知识爆炸、信息超载的时代。知识具有以下四个方面的基本特征：第一，碎片化，即通过网络或其他渠道获取的知识，往往是零散的、不系统的，大多数是半成品，难以构成完整的知识体系；第二，去中心化，即知识不再只是由少数专家学者权威发布的，而是由众多网民共同构建的；第三，生成性，即知识不再是静止不变的，而是不断更新的，有自己的生命周期；第四，时效性，即知识只在某个时期、某个阶段有用，存在'半衰期'。"[22]的确，在"互联网+"时代，除了知识碎片化之外，信息、时间及学习也都呈现出了碎片化的特点。在这样一个特殊的时代背景下，传统的阶段性学习已无法适应知识快速更新的步伐，终身学习迫在眉睫。

终身学习是指社会每个成员为适应社会发展和实现个体发展的需要，贯穿于人一生的持续性学习过程。自20世纪60年代中期以来，在联合国教科文组织及其他有关国际机构的大力倡导、推广和普及之下，1994年，"首届世界终身学习会议"在罗马举行，终身学习自此在世界范围内达成共识。"互联网+"时代，终身学习已经作为一个极其重要的教育理念在全世界广泛传播开来。

数字化学习可以很好地满足终身学习"全民、终身、广泛、灵活、实用"的基本要求，从内容上看，"一劳永逸"的学习时代已经结束，学习者再也不能只通过一段时间的集中学习来获取终身受用的知识，而在线课程形式多样，内容丰富，学习者在进行数字化学习时可以按需获取各类知识与技能；从形式上看，便捷多样的数字化学习工具为终身学习提供了便利，即便离开了传统的学习环境，学习者也可以进行数字化学习，在移动端APP和在线学习平台间自由切换，即使没有网络，功能强大的离线学习系统及内容丰富的离线资源包也可以为学习者提供支持服务；从效率上说，现代社会的快节奏在很大程度上碎片化了我们的时间，为终身学习制造了许多障碍，而数字化学习却可以克服这一难题，引导学习者高效利用生活中的碎片化时间。俗话说"一寸光阴一寸金"，学会借助数字化学习管理碎片化时间，终身学习，事半功倍。

1.3.3 学习者所应具备的数字化学习核心素养

如何培养学生的"核心素养"是当今教育界探讨最多的议题，所谓"学生发展的核心素养"是指学生应当具备的，能够适应当今时代终身发展和社会发展需要的必备品格和关键能力[23]，是学生在知识、技能、情感、态度和价值观等方面的综合表现。数字化学习作为"互联网+"时代的一种学习常态，势必也会对学习者提出一些新的挑战与要求，学习者只有具备了某些关键能力和必备品格，才能适应知识互联互通、快速更新的步伐，在数字化学习的过程中有所收获。

1. 数字化学习方式的适应能力

在信息爆炸的时代，我们解决问题时不再单单依靠个人的能力和知识，更多的是依赖团队和协作，因而数字化学习首先要求学习者适应并掌握数字化的沟通与协作能力。基于各种终端的学习、社交类软件的出现，为学习者适应数字化形式的沟通和协作奠定了基础，与此同时，越来越多的文本协作工具、在线交流平台及知识管理软件等也使得团队协作可以不再被地域与时间所限，更加高效便捷。

此外，数字化方式的适应能力也包含学习者对数字化知识、信息的接受能力，这种能力是个体进行学习及问题解决时最为基础的能力，与数字化内容的友好性和可接受性高度相关。由于知识内容的不同，数字化学习方式的不同，个人认知风格、学习风格的差异，学习者对数字化信息的接受能力也千差万别。

因此，在数字化学习的过程中，学习者要有意识地培养自己适应数字化学习方式的能力，不断提高自身的信息素养，保持良好的数字化学习习惯，实现由传统学习到数字化学习的自然过渡。

2. 隐性知识的数字化处理能力

知识分为隐性知识和显性知识，显性知识能够被人类以一定的符号系统进行完整叙述和表达，而隐性知识则是相对难以表达的。同样，在数字化学习中，我们表达显性知识时可以借助多种形式，需要考虑的只是方法上的可操作性和呈现上的可接受性，但隐性知识的数字化处理却远没有那么简单。

那么，在数字化学习中究竟应当怎样处理隐性知识呢？首先，可以从认知结构上着手，利用数字化方式，如我们后文中提及的思维导图、PPT、微视频等形式，将自己同化隐性知识的认知过程显性化地表达出来，那么这种数字化学习的方式不仅对于自身大有裨益，对于其他的学习者来说也是极有参考价值和教学意义的。其次，情境化的知识往往更有利于接受与学习，隐性知识也是一样。在数字化学习的过程中，先通过数字化方式创设隐性知识的情境，再将隐性知识放入其中，有时更是一种"另辟蹊径"的数字化学习方式。

从某种角度上来说，学习其实就是一种隐性知识的显性化过程。在数字化学习中，丰富多样的数字化方式为隐性知识的学习提供了更为高效、实用的途径与方法，对于学习者而言，要想真正适应数字化学习，努力提高隐性知识的数字化处理能力显得十分关键。

3. 数字化的元学习能力

在学习过程中的自我认知和自我监控又称为元学习，在数字化学习中，这种元学习的方式对于学习者来说更加不可或缺。当元学习不再仅停留于意识层面，而是实实在在地以数字化形式表现出来的时候，才更能让学习者了解并掌控自己的学习过程，提高自身学习效率。配合于数字化学习，"互联网+"时代涌现出的一大批知识管理软件可以帮助学习者对所学知识进行数字化管理，与此同时，基于多终端的各类通讯软件也支持文件、语音等数字化信息的传输和存储，更有一些碎片化知识的管理工具提供了丰富的知识再造功能，让学习者不仅能将自己的碎片知识数字化、系统化，还可以对现有知识进行归纳总结和再创造。除此之外，时间管理类软件不仅对于工程项目具有统筹规划的作用，在数字化学习的过程中，该类软件同样实用。明确的时间规划不仅能够提高学习者个人的学习效率，在团队协作的过程中，还可以及时调整团队进度，确保成员步调一致，更好地配合完成各类学习任务。

数字化的元学习能力对于数字化学习而言具有非常重要的意义，学习者是否具备这种能力不仅关乎其数字化学习的效果，同时也将对其自主学习能力的培养与提升产生一定的影响，学习者应当予以重视。

1.3.4 数字化学习中如何进行有效学习

在本章第一节中我们介绍了"有效学习"，那么，如何利用数字化学习环境使我们的学习更有效呢？接下来，让我们来了解一下国内外学者如何看待有效学习。

华东师范大学余文森教授在《有效学习十讲》[24]一书中提到有效学习涉及以下教育教学原理：

①建构主义（旨在：教师指导下的自我学习）；

②信息加工心理学（旨在：寻找更有利于理解、记忆的方式让学生理解和存储知识）；

③从基础概念的建构到概念的综合应用（旨在：通过学以致用的训练，让学生理解知识之间的有机联系）；

④认知失衡原理，知识的同化与吸收，体验性教学素材库建立（旨在：为学生呈现更有体验感的学习材料）；

⑤学习风格的检测与应用（旨在：通过获取学习风格，提供学生更有利的学习方式）。

英国学者诺埃尔·恩特威斯尔带领的团队致力于"大学生学习的研究"，在"优化本科生课程的教学环境"项目中，他建立了影响大学生学习的模型，其中提到了影响大学生有效学习的因素主要有学习者的初始特征（先前知识、能力、学习风格、学习态度等）、学习者的学习观与学习方法、对学习环境的看法。[25]结合国内外学者的观点，我们可以得出结论：在数字化学习环境中，学习者若想实现有效学习，则更应该关注自身的学习风格，选择恰当的个性化学习方式，通过对自身学习情况的把握来不断优化数字化学习效果。

1.3.4.1 我属于哪一种学习风格

学习风格是个体在一定的生理特性基础上，受社会环境和教育的影响，在长期的学习活动中逐步养成的，学习者持续一贯的带有个性特征的学习方式，是学习策略和学习倾向的总和。有些学习策略和学习倾向可随学习环境、学习内容的变化而变化，而有些则表现出持续一贯性。那些持续一贯表现出来的学习策略和学习倾向，就构成了学习者通常所采用的学习方式，即学习风格。在数字化学习的过程中，要结合自身的实际情况，使用适合的学习方式，提升学习效率。正如乔伊斯和威尔在《教学模式》[26]一书中指出，"没有一种教学模式是为适合所有的学习类型或学习风格而设计的"，所以，不会存在符合所有学习风格和学习类型的学习模式。因此我们在学与教的实践中要学会综合运用多种学习方式，善于将数字化学习与传统学习或其他学习方式相结合，提高自己的数字化学习能力。

学习风格最早是西方心理学领域中的概念，自20世纪60年代逐渐受到教育领域专家的关注。而在我国，最早引入学习风格的代表人物是南京师范大学谭顶良教授。他认为"学习风格是学习者持续一贯的带有个性特征的学习方式，是学习策略和学习倾向的总和"。这里的"学习策略"指的是学生针对某一特定的学习任务而采用的一系列步骤，而"学习倾向"则包括更为广泛的内容，如学生对学习情绪、态度、动机、坚持性以及学习环境、学习内容等方面的偏爱。因此对于不同学习风格的学习者，我们可以从不同维度对其进行划分。例如，从感知方式的角度来分，可以将学习者分为视觉型、听觉型、触觉型等；从社会互动的角度来分，则可以将学习者分为合作型、竞争型、个人型等；从人格角度来分，则可分为概念型、经验型、理想型、传统型等。总之，对于学习者属于什么类型的学习风格这个问题，若从不同角度去回答，答案可以是多种多样的，这取决于我们对学习者的关注视角。

而在有关学习风格的分析量表中，最具影响力的是库伯学习风格量表及所罗门学习风格量表。

1. 库伯学习风格量表

每个学习者在学习过程中，都会倾向于四种学习风格中的某一种为主而进行学习。表1-1为库伯（Kolb）的学习风格量表，学习者可以使用该量表测试自己主要偏向哪一种学习风格。

库伯学习风格量表一共包含12道题目，各题目分别包含四个选项。学习者根据自己的实际情况对每个问题的四个选项按照契合程度以1、2、3、4进行排序（1=最不像你，2=第三像你，3=第二像你，4=最像你）。

表1-1 库伯学习风格量表

问题	选项	问题	选项
1. 当我学习的时候，	A. 我喜欢加入自己的感受 B. 我喜欢观察与聆听 C. 我喜欢针对观念进行思考 D. 我喜欢实作	7. 我学得最好的时候，是通过	A. 同学间的讨论 B. 观察 C. 学习理论 D. 实作及练习
2. 我学得最好的时候，是当：	A. 我相信我的直觉与感受时 B. 我仔细聆听与观察时 C. 我依赖逻辑思考时 D. 我努力完成实作时	8. 当我学习时，	A. 我觉得整个人都投入学习中 B. 我会在行动前都尽量准备妥当 C. 我喜欢概念及理论 D. 我喜欢看到自己实作的成果
3. 当我学习时，	A. 我有强烈的感受及反应 B. 我是安静、谨慎的 C. 我试着将事情想通 D. 我负责所有实作	9. 我学得最好的时候，是：	A. 我依赖自己的感受时 B. 我依赖自己的观察力时 C. 我依赖自己的观念时 D. 自己试做一些事情时
4. 我学习是利用：	A. 感觉 B. 观察 C. 思考 D. 实作	10. 当我学习时，	A. 我是个容易相信的人 B. 我是一个审慎的人 C. 我是一个理智的人 D. 我是一个能负责的人
5. 当我学习时，	A. 我能接受新的经验 B. 我会从各个层面来思考问题 C. 我喜欢分析事情，并将其分解成更小的问题 D. 我喜欢试着实际动手做	11. 当我学习时，	A. 我是个非常投入的人 B. 我喜欢观察 C. 我评估事物 D. 我喜欢积极参与
6. 当我学习时，	A. 我是个直觉型的人 B. 我是个观察型的人 C. 我是个逻辑型的人 D. 我是个行动型的人	12. 我学得最好的时候，是当我：	A. 接受他人看法、开放心胸时 B. 非常小心时 C. 分析想法时 D. 实际动手做时

注：①具体经验（CE）＝第一个选项（A）分数之和；
反思观察（RO）＝第二个选项（B）分数之和；
抽象概括（AC）＝第三个选项（C）分数之和；
积极实践（AE）＝第四个选项（D）分数之和；

②学习风格测试的每项分数都在12~48之间，如果分数在某一项是较高的，代表学习者更偏向该学习风格。

每种类型的学习风格都代表着学习者不同的学习喜好，具体如下。

（1）经验型学习者（具体经验，CE）：在学习过程中着重以敏锐的直觉及感受来体会事物，而非透过反思思考。举例而言，在某学科课程中学习沟通技巧，若组织角色扮演的学习活动，让学习者投入其中，直接感受其中的喜怒哀乐，学习者会对过程中的沟通技巧有所感受，体会其中的微妙之处，并表达出来。

（2）反思型学习者（反思观察，RO）：着重以细致的观察和客观描述来理解概念和场景，并以不同的角度或角色来引出多个片段场景，强调的是理解而不是实际应用。学习者通过一些问题，例如，在角色扮演中发生了什么事情？大家的表情是怎么样的？不同人有什么不同的观察？学习者能够从多角度思考问题，对概念有更深入的理解。

（3）理论型学习者（抽象概括，AC）：运用逻辑分析，解释事物间的关系，将具体的情况归纳为可普遍应用的概念，强调思考而不是感觉。学习者既可以在阅读书本知识时作出分析，也可以对经验作出整理。例如，在沟通活动中，你可能会留意到当你与对方距离十分近时，对方会自觉或不自觉退后。由此分析这些独立的行为之间的关系，再推论得到一个概念：适当的身体距离才会有助于沟通。这样的思考便是抽象思维的体现。

（4）应用型学习者（积极实践，AE）：善于将自己总结或他人总结好的概念运用在现实生活中，测试其可行性及实用性，并在需要时加以修正。强调的是实际行动而不是理解，在主动验证的过程中同时也取得了具体经验，这样下来一个学习循环便出现了。在上面沟通的例子中，提出来的"适当的身体距离才有助于沟通"的概念，是否真的如此？这时，学习者便可以在日常与人谈话的过程中进行尝试，并可能还会总结出大概多大的距离最为恰当，甚至通过调节双方的远近来影响彼此的沟通深度。而在验证的尝试过程中，学习者可能会再一次获得新的具体经验，然后又一次地反思。

2. 所罗门学习风格量表

20世纪80年代后期，所罗门从信息的加工、感知、输入和理解等几个方面深入调查和研究学习风格的问题，其团队把学习风格分为四对八种类型，分别是活跃型和沉思型、感觉型和直觉型、视觉型和语言型、渐进型和整体型。

在填写完成所罗门学习风格量表（表1-2）的选择后，根据相应的规则来分析填写者的学习风格。

首先，在表1-3适当位置填上"1"（例如第5题答案为a，则在第5题的a栏填上"1"，以此类推）；然后计算每一列总数并填在总计栏地方。这4个类型中每一总计都用较大的总数减去较小的总数，记下差值（1~11）和数目最多的字母（a或b），例如在"活跃型/沉思型"中，你有4个"a"和7个"b"，你就在那一栏的最后一行写上"3b"（3 = 7 - 4，并且因为b在两者中最

大）；又如若你在"感悟型/直觉型"中，你有 8 个"a"和 3 个"b"，则在最后一栏记上"5a"。如在"活跃型/沉思型"中，得到 4a 与 7b，那最后为 3b（7－4＝3，因为 b 数比 a 数多，因此最终得到为 b）。

字母代表学习风格的类型不同，若 a 代表的是活跃型，b 代表的是沉思型；数值代表程度的差异，数值越高表明程度越深。假如在活跃型/沉思型列中得到"9b"，表示测试者属于沉思型的学习风格，并且程度很深；如果得到"5a"，表示测试者属于活跃型的学习风格，程度一般；如果得到"3b"，表示测试者属于沉思型的学习风格，程度较低。

每种类型的学习风格都代表学习者不同的学习喜好，具体如表 1－4 所示。

表 1－2　所罗门学习风格量表

1. 为了较好地理解某些事物，我首先	（a）试试看 （b）深思熟虑
2. 我办事喜欢	（a）讲究实际 （b）标新立异
3. 当我回想以前做过的事，我的脑海中大多会出现	（a）一幅画面 （b）一些话语
4. 我往往会	（a）明了事物的细节但不明其总体结构 （b）明了事物的总体结构但不明其细节
5. 在学习某些东西时，我不禁会	（a）谈论它 （b）思考它
6. 如果我是一名教师，我比较喜欢教	（a）关于事实和实际情况的课程 （b）关于思想和理论方面的课程
7. 我比较偏爱的获取新信息的媒介是	（a）图画、图解、图形及图像 （b）书面指导和言语信息
8. 一旦我了解了	（a）事物的所有部分，我就能把握其整体 （b）事物的整体，我就知道其构成部分
9. 在学习小组中遇到难题时，我通常会	（a）挺身而出，畅所欲言 （b）往后退让，倾听意见
10. 我发现比较容易学习的是	（a）事实性内容 （b）概念性内容
11. 在阅读一本带有许多插图的书时，我一般会	（a）仔细观察插图 （b）集中注意文字

续上表

12. 当我解决数学题时，我常常	(a) 思考如何一步一步求解 (b) 先看解答，然后设法得出解题步骤
13. 在我修课的班级中，	(a) 我通常结识许多同学 (b) 我认识的同学寥寥无几
14. 在阅读非小说类作品时，我偏爱	(a) 那些能告诉我新事实和教我怎么做的东西 (b) 那些能启发我思考的东西
15. 我喜欢的教师是	(a) 在黑板上画许多图解的人 (b) 花许多时间讲解的人
16. 当我在分析故事或小说时，	(a) 我想到各种情节并试图把他们结合起来去构想主题 (b) 当我读完时只知道主题是什么，然后我得回头去寻找有关情节
17. 当我做家庭作业时，我比较喜欢	(a) 一开始就立即做解答 (b) 首先设法理解题意
18. 我比较喜欢	(a) 确定性的想法 (b) 推论性的想法
19. 我记得最牢是	(a) 看到的东西 (b) 听到的东西
20. 我特别喜欢教师	(a) 向我条理分明地呈示材料 (b) 先给我一个概貌，再将材料与其他论题相联系
21. 我喜欢	(a) 在小组中学习 (b) 独自学习
22. 我更喜欢被认为是	(a) 对工作细节很仔细 (b) 对工作很有创造力
23. 当要我到一个新的地方去时，我喜欢	(a) 要一幅地图 (b) 要书面指南
24. 我学习时	(a) 总是按部就班，我相信只要努力，终有所得 (b) 我有时完全糊涂，然后恍然大悟
25. 我办事时喜欢	(a) 试试看 (b) 想好再做

续上表

26. 当我阅读趣闻时，我喜欢作者	（a）以开门见山的方式叙述 （b）以新颖有趣的方式叙述
27. 当我在上课时看到一幅图，我通常会清晰地记着	（a）那幅图 （b）教师对那幅图的解说
28. 当我思考一大段信息资料时，我通常	（a）注意细节而忽视概貌 （b）先了解概貌而后深入细节
29. 我最容易记住	（a）我做过的事 （b）我想过的许多事
30. 当我执行一项任务是，我喜欢	（a）掌握一种方法 （b）想出多种方法
31. 当有人向我展示资料时，我喜欢	（a）图表 （b）概括其结果的文字
32. 当我写文章时，我通常	（a）先思考和着手写文章的开头，然后循序渐进 （b）先思考和写作文章的不同部分，然后加以整理
33. 当我必须参加小组合作课题时，我要	（a）大家首先"集思广益"，人人贡献主意 （b）各人分头思考，然后集中起来比较各种想法
34. 当我要赞扬他人时，我说他是	（a）很敏感的 （b）想象力丰富的
35. 当我在聚会时与人见过面，我通常会记得	（a）他们的模样 （b）他们的自我介绍
36. 当我学习新的科目时，我喜欢	（a）全力以赴，尽量学得多学得好 （b）试图建立该科目与其他有关科目的联系
37. 我通常被他人认为是	（a）外向的 （b）保守的
38. 我喜欢的课程内容主要是	（a）具体材料（事实、数据） （b）抽象材料（概念、理论）
39. 在娱乐方面，我喜欢	（a）看电视 （b）看书

续上表

40. 有些教师讲课时先给出一个提纲，这种提纲对我	（a）有所帮助 （b）很有帮助
41. 我认为只给合作的群体打一个分数的想法，	（a）吸引我 （b）不吸引我
42. 当我长时间地从事计算工作时，	（a）我喜欢重复我的步骤并仔细地检查我的工作 （b）我认为检查工作非常无聊，我是在逼迫自己这么干
43. 我能画下我去过的地方，	（a）很容易且相当精确 （b）很困难且没有许多细节
44. 当在小组中解决问题时，我更可能是	（a）思考解决问题的步骤 （b）思考可能的结果及其在更广泛的领域内的应用

表1-3 所罗门风格测试填写表

活跃型/沉思型			感觉型/直觉型			视觉型/语言型			渐进型/整体型		
问题	a	b	问题	a	b	问题	a	b	问题	a	b
1			2			3			4		
5			6			7			8		
9			10			11			12		
13			14			15			16		
17			18			19			20		
21			22			23			24		
25			26			27			28		
29			30			31			32		
33			34			35			36		
37			38			39			40		
41			42			43			44		
总计			总计			总计			总计		

备注："总计"填写：（较大数－较小数）＋较大数的字母。

表1-4 不同学习风格的不同学习喜好

学习风格	学习喜好
感觉型	注重具体、实际的体验过程
直觉型	注重概念、理论性信息
视觉型	偏向图形化信息,容易记住图表信息或操作过程
语言型	擅长文字记忆,容易通过读写来提高学习效率
活跃型	行动派,用实际行动获得知识,喜欢团队合作
沉思型	偏好三思而后行,喜爱独立思考
渐进型	喜欢自下而上,倾向逻辑性地寻找答案
整体型	喜欢自上而下,倾向系统性地寻求答案

1.3.4.2 如何让我的学习更有效

信息加工学习理论认为学习是信息加工的过程。学习的过程是学习者内部与外部信息的交流;学习者需要理解传递信息,而理解的过程便是学习的过程。如何才能有效降低学习难度,就是要寻找学习者易于理解传递信息的方法,即找准自身的学习风格。

库伯认为"最终的学习目的是在各种学习风格领域都得到均衡的发展",关键不是要学习者只沿着自己的典型风格去发展,而是要平衡各种学习风格。当学习者进入学习状态后,还要学会拓宽学习途径。

为了促进有效学习,从学习风格的角度看可以把学习过程分成两个阶段。

(1)初步学习新知识:在学习新知识的过程中,尤其是面对较难掌握的知识时,最佳的学习途径是了解自身的学习风格并使用适应的学习方式,这样才能有效降低学习难度,尽量避免遇到过多困难而丧失学习兴趣。

(2)逐渐掌握新知识后:当逐渐掌握新知识后,尝试对立的学习风格,采取其他学习方式,可以使学习者从不同的角度来看待所学知识,扩宽视野。

前文所提的四对八种类型的学习风格,在学习新知识和逐渐掌握新知识后的这两个阶段的学习方式如表1-5所示。

表1-5 不同学习风格在不同阶段的学习方式[26]

学习风格类型	初步学习新知识	逐渐掌握新知识后
感觉型	以注重具体、实际的体验过程为主	逐步关注理论知识,寻找支持事实的理论

续上表

学习风格类型	初步学习新知识	逐渐掌握新知识后
直觉型	注重概念、新颖和理论性信息为主	多关注于事实，不能仅仅关注于理论，同时可以尝试有意识的地记忆和理论等相关的数据。放慢学习过程的节奏，有意地分析一下细节
视觉型	从图形类、视频类的信息着手学习	多以文字形式记录所学知识，或通过语言向他人描述、解释一些相关的问题
语言型	以语言文字的方式学习，但学习方式较为传统	尝试通过音视频资料学习知识
活跃型	以行动为导向，容易获得结果，但如果在行动前没有进行深刻思考，容易做出错误的判断	逐步养成三思而后行的习惯，新知识需花时间消化并理解问题后才采取行动
沉思型	以思考为导向，往往在一个问题上考虑良久，能够进行仔细地思考但缺乏果断性，没有行动	不断采取措施尝试把自己的思考或判断转变为行动，将思考的问题多与实际相联系
渐进型	在引导下能够逐步解决小部分问题，但往往不知道该部分问题与总体目标的关系。如果把问题一次性抛给他们，可能就无从下手	强迫自己慢下来，明白为什么做这件事，并将它和总的目标联系在一起；问问自己眼下的行动对长远计划有什么帮助；如果想不出你做的东西有什么实际用途，暂停手中的工作，从一个更大角度来寻求答案
整体型	整体型学习者与渐进型学习者恰恰相反，能够把握大局，容易理清总体思路，但往往难以实施行动，没有从局部着手如何去实现目标	多点参与行动，与总体目标联系起来；总体目标拆分为小目标，解决实际问题

　　如前文所述，有效学习是相对于低效学习甚至无效学习而言的，是对学习过程、学习结果的一种价值追寻。"有效"可以理解为有效果、有效益、有效率，也可以理解为有实效、有成效，还可以理解为高效、多效。从认知风格的角度来看，学习风格就像人的性格一样，不同性格的人有着不同的行事方式，在学习上亦是如此。"有效学习"要求学习者找准自己的学习风格，应用不同的学习方式进行学习，这一特征在数字化学习中同样适用。

【参考文献】

[1] 辞海［M］. 上海：上海辞书出版社，2000：1360.

[2] 乔炳臣，潘莉娟. 中国古代学习思想史［M］. 北京：人民教育出版社，1996：6－7.

[3] 施良方. 学习论［M］. 北京：人民教育出版社，2001.

[4] 穆肃，张瑜. 促进学习的发展：互联网环境中教与学的理论和方法［M］. 北京：北京师范大学出版社，2017：36－39.

[5] 皮连生. 教育心理学［M］. 3版. 上海：上海教育出版社，2004：14.

[6] 傅钢善，佟海静. 网络环境下有效学习评价指标体系构建研究［J］. 电化教育研究，2016（08）：23－30.

[7] 杨珍，王爱玲. 学生有效学习的影响因素及实现路径［J］. 教育理论与实践，2016（10）：56－59.

[8] 杨素娟. 在线学习能力的本质及构成［J］. 中国远程教育，2009（05）：43－48.

[9] 毕华林. 学习能力的实质及其结构构建［J］. 教育研究，2000（07）：78－80.

[10] R. M. 加涅，等. 教学设计原理［M］. 皮连生，庞维国，等译. 上海：华东师范大学出版社，1990.

[11] 陈亮，冷跃进，尹志强，等. 一本书读懂互联网＋［M］. 北京：人民邮电出版社，2015：26.

[12] 周洪宇，鲍成中. 扑面而来的第三次教育革命［N］. 中国教育报，2014－5－2（007）.

[13] 陈丽. "互联网＋教育"的创新本质与变革趋势［J］. 远程教育杂志，2016，（4）：3－8.

[14] 南旭光，张培. "互联网＋"教育：现实争论与实践逻辑［J］. 电化教育研究，2016，（09）：55－60；75.

[15] 徐锦霞，钱小龙. 数字化学习的新进展：学习文化与学习范式的双重变革［J］. 远程教育杂志，2013（05）：58－64.

[16] 张妙华，武丽志，杨智业，等. 数字化学习［M］. 北京：高等教育出版社，2015：42.

[17] 教育技术首席执行总裁论坛［EB/OL］. http://www.jswl.cn/course/kczh/IT/IIS/llxx/gaishu/1/shuzihua.htm. 2012－03－10.

[18] 上海市教科院智力开发研究所. 美国教育部教育技术白皮书［R］. 2001.

[19] 何克抗. E-learning的本质——信息技术与学科课程的整合［J］. 电化教育研究，2002（1）：3－6.

[20] 李克东. 数字化学习（上）——信息技术与课程整合的核心［J］. 电化教育研究，2001（8）：46－49.

[21] 黄云龙. 数字化学习——人类学习发展史上第三座里程碑［J］. 成才与就业，2010（5）：36－37.

[22] 王竹立. 新建构主义教学法初探［J］. 现代教育技术，2014（5）：5－11.

[23] 中华人民共和国教育部. 教育部关于全面深化课程改革落实立德树人根本任务的意见

[Z]. 2014-04-08.

[24] 余文森. 有效学习十讲 [M]. 上海：华东师范大学出版社，2009.

[25] ENTWISTLEN. Approaches to Learning and Levels of Understanding [EB/OL]. http://www.ucd.ie/lsu/Entwhistle.pdf.

[26] 乔伊斯，威尔. 教学模式 [M]. 北京：中国人民大学出版社，2014.

[27] 能力邦. 定位自己的学习风格 [EB/OL]. http://www.xphabit.com/article/4508.html, 2013.

[28] 林慧敏，万代红. 信息化环境下的有效学习 [M]. 北京：北京师范大学出版社，2012.

[29] （美）迈耶. 多媒体学习 [M]. 牛勇，邱香，译. 北京：商务印书馆，2006.

[30] 陈智，皮秀云. 人的学习是什么 [J]. 佳木斯大学社会科学学报，2001 (6)：90-92.

[31] 王松涛. 网络教育时代的学习观与知识论 [J]. 中国远程教育，2006 (6)：19-25.

[32] 尼葛洛旁帝. 数字化生存 [M]. 胡泳，范海燕，译. 海口：海南出版社，1997.

[33] 曾琦，秦怡萌. 对"互联网+"时代下数字化学习的审视与思考 [J]. 课程·教材·教法，2017 (5)：65-70.

[34] 布鲁斯·乔伊斯，玛莎·韦尔，艾米莉·卡尔霍恩. 数字模式（第8版）[M]. 北京：中国人民大学出版社，2014.

[35] 张家华，张剑平. 学习过程信息加工模型的演变与思考 [J]. 电化教育研究，2011 (1)：40-43.

第 2 章 "互联网+"时代的学习理论及模式

2.1 数字化学习的基本理论

2.1.1 连通知识的路由器——联通主义理论

联通主义理论是 George Siemens 于 2005 年提出的，主要关注学习者在与外部环境相互作用的过程中所发生的学习。相比之下，建构主义学习理论则更加注重学习者个人对于知识的意义建构。我们生活在瞬息万变的"互联网+"时代，知识更新的速度不断加快，知识的质和量都呈爆炸式发展，学习者不可能拥有所有的知识，在进行学习和决策时也是依靠习惯和临时掌握的途径来获取知识。联通主义认为，快速学习的能力比掌握知识内容的能力更加重要。随着终身学习理念的渗透和发展，结合网络时代的特征，未来，"非正式学习""碎片化学习"等关键词将影响学习者的一生，过去强调个人专注知识内容学习的相关理论已经受到了挑战。

1. 联通主义的知识观与学习观

网络、连接和节点是联通主义知识论的关键词[2]。节点是指学习过程中可以连接任何人或物的元素，它可以是某位老师、某个校园图书馆，也可以是课本中的某道题目。连接是指节点之间的联通关系，影响连接建立的因素有：动机、情绪、暴露、模式、逻辑、经验。其中比较难以理解的是暴露，它是指一个节点与其他节点之间的连接程度，也就是说一个节点的暴露程度越大，其影响力也就越高。模式指的是节点之间连接的可识别程度。逻辑是指学习者评价和理解连接的方式。综上所述，联通主义倡导的是动态、多元化的知识观，该理论认为，知识在网络时代以碎片化的形式存在，这样不仅实现了知识的分布式存储，降低了单个节点的知识加工量，同时也能够便于某一节点连接更多的节点，保证学习者能够适应问题解决情境的变化性，以适应知识的各种连接、重组和再造。

联通主义认为学习就是构建学习网络的过程，即学习者通过学习来创建新的节点，并与外部节点之间进行知识交换，从而达到更新自己知识网络的目的。

这一过程主要关注的是知识的路径寻找和信息索引，而意义建构只是创建节点或连接的过程。

2. 联通主义的策略与方法

首先，联通主义者认为在网络时代任何人都不可能独占一部分知识，我们应该从关注学习者内部的认知加工和意义建构过程转向关注学习网络的构建方法和节点之间的连接途径。在此基础上，联通主义倡导全脑学习，即通过在左、右脑与外部资源之间建立连接，充分利用各种信息工具帮助我们分析、理解知识，进而实现最优学习。

其次，联通主义认为"管道本身比管道中的知识更为重要"[2]，这一结论是基于当前信息爆炸和个人无法独占部分知识等特征得出的，同时也是由当前在问题解决的过程中越来越多的跨学科、跨专业乃至跨文化现象导致的。由此，我们不难看出，联通主义所倡导的学习中，知识本身并不是最终目的，知识的连接才是目的。

2.1.2 破镜也能重圆——新建构主义理论

"建构主义"倡导利用学生先前的知识基础来意义建构新知识，教师不应该告诉学生任何事情，而应该以学生为中心，引导其发挥主动性和创造性，自主探索新知，完成对所学知识的自我建构。这种观点关注的重点在于学习者个人对于知识的意义建构，如果论联通主义关注外部学习、关注学习途径，而建构主义则关注内部建构、关注学习内容[2]。意义建构的过程事实上也是一个迭代的过程，新的意义建构是在原有意义建构结果（即原有知识经验）的基础之上进行的。若原有的知识基础出现问题，那势必会影响学生新的意义建构过程，这就是为什么老师常常教授孩子们"地球是圆的"时，无论怎样建构情境都收效甚微。的确，教师更应该关注的是学生已有的知识经验。学习是对原有经验的迁移，由于涉及先前经验，因此，一个人现有的知识自然也能成为学习新知的阻碍。当人们完全误解新信息时，所建构的信息连贯表征便会导致更大问题情境的产生。在这种条件下，学习者没有意识到自己没能理解新的信息，所以初始学习的数量和种类是决定专业知识发展和知识迁移能力的关键所在。

新建构主义学习理论由王竹立教授于2011年首次提出，建立在经典建构主义的基础之上，其核心理念可用"情境、搜索、选择、写作、交流、创新、意义建构"这七个关键词来概括。新建构主义主张"学习就是建构，建构蕴含创新，为创新而学习，对学习的创新，在学习中创新"[3]。与联通主义相比较，二者都是关于网络时代的学习理论，出发点相同，但研究侧重点不同。联通主义侧重于研究联通，认为联通比个人的内部意义建构更加重要，而新建构主义的学习策略则倡导知识联通与个人意义建构同样重要，"建构"还应包含知识的创新，学习者应当以包容的心态将二者有机地结合在一起，共同指导网络时代的学习。

2.1.2.1 新建构主义理论的知识观与学习观

传统的建构主义认为，知识不是依靠教师教授得到的，而是学习者在一定的情境中利用必要的学习资源，通过与周围环境的交互和意义建构所得。这种动态的知识观同时也被新建构主义所汲取，所不同的是新建构主义提出了知识的三级结构假说，认为知识可分为感性认识、理性认识和联想，三级知识结构构成了一棵有生命的榕树，这棵知识榕树可以生长和变化，也可以凋谢和死亡，新陈代谢是其特征[4]。

新建构主义认为学习是一个知识"嫁接"的过程，即将前人的知识"嫁接"到学习者的头脑之中。需要说明的是，首先，"嫁接"不完全等同于主动建构，而是带有一定程度的"接受"性质。其次，"嫁接"不是从头开始，而是在原有的知识基础之上进行创新和发展，另外，"嫁接"的内容也不仅仅是前人的知识，还包含了经计算机和网络加工处理过的知识，这种知识的加工不完全是个人的意义建构，更包括了群体意识的意义建构和网络的"自动加工"。最后，"嫁接"并不可能一次性完成，经典的知识结构是由无数专家和学者按照某种严格的逻辑体系精心构建而成的，同样，网络时代的知识也是"众人拾柴"，具有碎片化和渐进性等特征。

新建构主义倡导学习应该由金字塔形向蜘蛛网形转变，传统的学习都是从基础知识开始，按照制定好的学科知识体系按部就班地进行学习，而网络时代的学习则源于学习者的内在需求，是为了解决问题而产生的，不需要按部就班地从基础知识学起，但这并不意味着基础知识不再重要，在学有余力的同时，基础知识也是十分必要的。由此可见，在网络时代的学习中，每个人可以根据自身的需求，围绕特定的核心，建构属于自己的个性化知识体系。

2.1.2.2 新建构主义理论的学习策略与思维方法

1. 零存整取式学习策略[5]

新建构主义将零存整取式学习策略分为三个阶段：积件式写作、个性化改写和创造性重构。这种学习策略正是为了应对网络知识的碎片化，解决学习如何由"博"至"专"等问题而提出的。新建构主义将网络比作知识银行，"零存整取"的实质就是持续不断地积累知识碎片（即积件式写作），通过不断的改写、融合（即个性化改写），使碎片化的知识逐渐整合起来，并与个人原有的知识体系实现对接，从而达到化整为零的目的，最终通过将碎片化知识进行创造性重构而实现知识创新。其中，"零存"的关键在于学会选择，而"整取"的关键则在于不断写作。

网络时代的学习都是以学习者的内在需求为动机发起的，在解决问题的过程中，学习者在自我成长，在通过微博、博客等知识生成工具进行积件式写作、个性化改写和创造性重构的过程中，学习者完成了成长反思，同时也实现了知识的再造和创新。我们必须明确，零存整取是手段不是目的，实现知识的创新和知识的自我建构、动态更新，才是目的。当前基础教育阶段所倡导的一些"微课程""微视频"等碎片化教学方式及碎片化学习手段等，很多都是一些伪"零存"，没有以创新和发展为目的，这样的"零存整取"会将一些不应该碎片化的知识打碎，让学习者产生认知障碍，降低学习效率。所以，"零存"的同时按照自己的内在需求"整取"，才是零存整取式学习策略的真正意义所在。

2. 隐性知识的挖掘与包容性思考

新建构主义注重对隐性知识的挖掘与包容性思考，认为创新的很多成分源自隐性知识的部分，为此提出了内读法和深谈法[4]。这两种方式都可以看作是元认知的方法，即通过自我深度剖析，来将隐性知识显性化处理的过程。隐性知识的显示化处理首先在于学习者的动机和需求，若问题的处理情境要求学习者挖掘隐性知识，那么学习者通过调动自己的元认知监控和剖析自己的分析过程，是有可能将隐性知识显示化处理的。其次，隐性知识确实是创新的源泉，因为隐性知识大部分都是元认知知识或原理性知识；但挖掘隐性知识对于学习者来说，难度在于显性知识和隐性知识的界限不易被发现，且需要学习者具有一定的洞察力，若不借助具体的学习过程以及学习者本身所具有的元认知知识，隐性知识很难被挖掘。

新建构主义倡导的包容性思考是学习者把握各种知识之间的连接和知识创新的关键。具体而言，包容性思考是一种将信息与知识碎片整合在一起的思维方法，通过找到观点、观念"合理的那一面"，使各类信息共同组成一个完整立体的知识结构体系。

2.1.3 学习就要参与——活动学习理论和协作学习理论

1. 活动学习理论

维果斯基认为儿童认知能力的发展始于社会关系和文化，儿童的记忆、注意、推理能力的发展与社会实践有关。活动学习理论正是基于此把人的发展基础确定在主体对客体的主动实践活动上，认为"活动"和"社会交往"在人的高级心理机能发展中具有非常重要的作用。

活动学习理论认为学习不是孤立存在的，而是在一定的社会情境下，应用多样化的工具与群体的交互过程，学习活动是动态发展的过程，学习者通过积极参与活动，不断完善自己的认知结构[6]。

活动学习理论的基本单位是活动，活动系统包含了三个主要成分（主体、客体和共同体）和三个次要成分（工具、规则和劳动分工），它们之间的关系如图2-1所示。

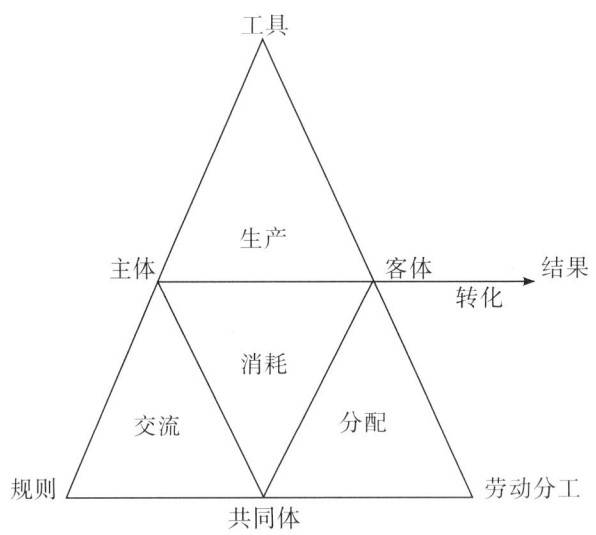

图 2-1　活动系统金字塔

2. 协作学习理论

合作学习与协作学习在英语中都可以译作"cooperative learning"或"collabrative learning",但二者还是有区别的。无论上述哪种学习理论,都是以学习活动为基础,但学习任务的完整性决定了二者的差异。具体而言,合作学习是指多人共同完成同一个学习任务,在共同完成同一任务的过程中交流学习;协作学习是指多人分工合作,完成同一学习任务的不同部分,通过协同工作,最终解决问题,达到目的。在活动学习过程中,协作学习意味着学习任务的分割与整合,学习者专业背景的多样性,学习者之间的交流与配合,而合作学习则意味着学习任务的单一和重复,注重学习任务的完整性,学习者在与他人的交流合作过程中可以不断重复概念、规则,从而达到学习的目的。

数字化学习过程中的协作学习如图 2-2 所示,具体包含以下几个方面。

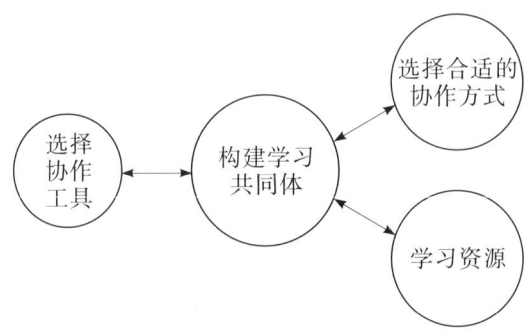

图 2-2　数字化学习中的协作学习过程

（1）构建学习共同体。

开展数字化学习的起点在于构建学习共同体。无论什么样的内容，传统的体系化学习方式都会从基础开始一步步由浅入深进行学习，直到可以解决问题为止，这样的学习方式类似于一种条件循环方式。但是数字化学习更类似于面向对象的学习，在当今知识爆炸的时代，每个人所掌握的知识都是有限的，问题解决更多地需要人际间的跨学科协作，"我只关注我擅长的部分，其他部分交给我的同伴"，这样一来，我们可以更加迅速地解决实际问题。由此可见，学习共同体从真正意义上解决了传统"人对机"学习模式所带来的众多问题，构建了"人对人"的新型数字化学习模式，但不得不承认，构建学习共同体也是有些难度的，需要恰当的协作工具、协作方式和学习资源的支持。

（2）选择自己的"万能钥匙"——协作工具。

在构建了学习共同体之后，共同体中的学习者面临着同样的问题，只有通过交流、讨论、探究，才能形成新的共性认识。此时，这里的每一个学习者都是知识的创造者，那么，如何选择一个合适的信息化环境及工具就显得尤为重要了。首先，信息化的环境及工具必须具有友好性，可以方便不同技术层次的协作者开展活动；其次，信息化的环境及工具不仅可以支持"人对人"的交互，更重要的是要具有自动记录、支持互评、及时反馈等功能；最后，信息化的环境及工具还需具有良好的可扩展性，这里的"可扩展"不仅仅是指嵌入式扩展，更普遍的是与其他工具的搭配使用，具有输入和输出系统的通用一致性。

（3）选择合适的协作方式。

俗话说"无分工不兄弟"，在协作和交流过程中，良好的分工会极大地刺激协作者的积极性，促使团队高效地完成任务。在细化协作方式的过程中，我们首先要明确时间线的分工，要有合理的时间规划，在面对任务及问题时，学会对拖延症"Say NO"！此外，明确每个协作者的具体目标以及协作者的目标切入点，将更有利于保证所有人的劳动成果可以准确地嵌入到整体任务当中，便于大家适时地修正自己所负责的部分，模块化团队学习成果。

（4）学习资源。

事实上，协作者在"集体备课"之外更需要利用碎片化的时间和可移动的数字化学习工具来进行学习，因此，协作学习的组织者需要为学习小组推荐学习资源。

3. 网络环境下的协作学习活动要素分析

活动理论从社会文化的角度定义了主体、客体、共同体及其关系，学习者是学习发生的主体，教学内容和教学环境是学习作用的客体，教师是学习共同体的主要组成部分。主体、客体和共同体共同构成了协作学习的环状部分。

作为数字化学习的重要表现形式，网络协作学习既是手段又是目的。网络协作学习以内在认知结构的更新，协作和创新能力的培养为核心，因而基于活动理论的协作学习评价体系也应该更加关注活动实施的过程和行动主体认知结构所发生的改变[7]。

2.2 数字化学习的主要模式

众所周知，大脑是人类学习的基础，神经元通过感官接收信息，然后通过突触进行传递，接着，神经元整合来自突触的所有信息并进行输出，这样的过程是人类认知的生理性基础。那么，环境对于大脑的发展有没有影响呢？在一些实验中，科学家设置为：第一组，将老鼠放置于充满物体的笼子中，模拟其赖以生存的复杂居住环境，这些物体能给老鼠带来充分的探究和玩耍体验；另外一个对照组则将老鼠放置于实验室单调的环境中。实验证明，在复杂环境中饲养的老鼠在青春期后比另外一组老鼠少犯错误并且在应对挑战时表现更加突出。显然，学习改变了老鼠大脑的状态，复杂的环境赋予了大脑新的连接[1]。

人的学习过程，可以看作是一种环状结构，这一结构具体是由三部分组成，分别是定向环节（输入系统）、行动环节（输出系统）与反馈环节（返回系统），如图2-3所示。定向环节始于外界环境的刺激作用，包括学习主体的感觉器官和中枢神经的一系列反应，它的作用在于帮助学习者认知新的环境、建立行为定向等，这在整个学习过程中起着主导作用。行动环节是在定向环节的支配下发挥作用的，它的任务主要是将定向映像付诸实施。反馈环节的作用在于对行动结果进行检验、调节和重定向，它的主要功能是校正。

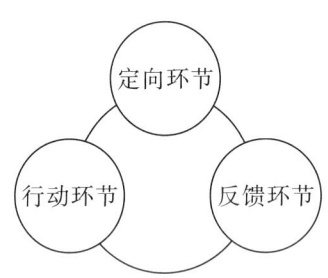

图2-3 人的学习过程

将学习过程数字化要明确几个要点。首先，数字化的是具体的学习过程，而不是资源和工具，当然资源和工具也确实可以包含在内。其次，数字技术通常被认为是能产生、存储、加工数据的计算机系统、电子设备和工具，广义上包含了社交媒体、在线游戏、多媒体应用、云计算、交互式系统、移动设备等，因此，数字化的学习过程就是要将以上技术恰当地嵌入到我们的学习环节之中，为学习和教学提供支持服务。最后，学习过程数字化对于学习者来说意义重大：从定向环节来看，它可以帮助学习者选择合适的学习情境；从行动环节来看，它可以促进学习者进行深度学习，完成经验的更新与组织；从反馈环节来看，它可以不断地修正和回顾经验，适时地校正已有的经验组织，帮助学习者构建最优化的知识结构体系。

著名教育技术学者李克东教授认为在数字化学习环境中，学习者的学习不是依赖于教师的讲授与课本的学习，而是利用数字化学习平台和数字化学习资源，在教师、学生之间开展协商讨论、合作学习，并通过对资源的收集利用、探究知识、发现知识、创造知识、展示知识的方式进行学习。

2.2.1 基于活动理论的体验式学习

基于活动理论，教学活动的设计和执行都是围绕教学目标来进行的，从学生的角度考虑其学习活动的开展则围绕学习目标进行的。为了实现客体（目标）、主体（学习者）需要利用工具（学习工具）和符号（学习材料和学习资源），基于规则（教学计划或学习计划）及由共同体（教师学习伙伴等及其他参与者）设计的教学环节/学习环节，经过自主和协作的学习活动，形成最终的学习结果。

在教学过程中，教师常用布鲁姆的教学目标分类法来界定教学目标和学习目标。布鲁姆将教学目标认知角度分为六个层次，分别是：记忆、理解、应用、分析、评价和创新。教师为达到不同层次的教学目标，或学习者为了达到不同层次的学习目标，可以利用现有的数字技术、网络信息技术等组织不同的教学活动/学习活动，让学习者在活动学习的过程中体验数字化学习的乐趣，进而促进学习者对知识的内化，在参与实践的过程中实现意义建构。

澳大利亚阿德雷德大学学习与专业发展支持中心的学习设计师阿兰·凯灵顿（Alan Carrington），综合布鲁姆的教学目标分类法、常用教学法、教学活动及移动学习APP，构建了教学法轮（Padagogy轮）[12]。

该教学法轮由4圈层构成，从里向外依次是目标、描述性动词、活动及iPad APPs。在中心圈层中的分类目标分别是：记忆/理解（remember/understand）、应用（apply）、分析（analyze）、评价（evaluate）及创造（create）。第二圈层中的描述性动词用来描述教学目标。第三圈层是具体的教学活动，其中包含了大量的数字化学习活动。第四圈层是iPad APPs，对应活动所用的资源和材料，这里介绍了多种APP用于支持学习活动的开展。在Padagogy轮的指导下，教师和学习者可以根据不同的教学目标与学习需求，结合常用的教学设备、平台、工具、资源等开展基于活动理论的数字化学习。

2.2.2 基于项目的协作参与式学习

1. 协作式学习，合作共同进步

数字化环境下的协作式学习是数字化学习形式中的一种。协作式学习是一种通过小组或团队的形式组织学生进行学习的策略。小组成员的协同工作是实现班级学习目标的有机组成部分。小组协作活动中的个体（学生）可以将其在学习过程中探索、发现的信息和学习材料与小组中的其他成员共享，甚至可以同其他组或全班同学共享。

一般来说协作学习有多种基本模式，主要有竞争模式、合作模式、伙伴模式等。

（1）竞争模式。两名或多名学习者在相同的学习内容和学习环境下参与学习过程，并有辅导老师参与。辅导老师会指定学习目标及学习内容，小组根据要求完成协作学习。竞争不单只是包含组间的竞争，有时候还包含组内成员的竞争。竞争模式有利于激发学生的积极性与主动性，但有时也会导致协作难以进行。

（2）合作模式。两名或多名学习者为完成某个学习任务而相互配合、相互帮助并进行分工协作。在完成任务的过程中，不同的协作者提出不同的观点，各种观点相互补充，以求圆满完成任务。

（3）伙伴模式。伙伴指的是为了完成某项学习任务而结成的伙伴关系。学习者根据自己的学习内容寻找正在学习同一内容的学习者，结为学习伙伴。当遇到问题的时候可以相互交流谈论，以求解决问题。"伙伴"可以是现实中的人物，也可以是网络中的人物。在数字化学习环境下，一般可以通过平台软件寻找伙伴，甚至伙伴可以由计算机来充当。计算机充当的学习伙伴需要人工智能的支持，具备高度的智能化，能够对学习者提出的问题提供解题思路或答案。

（4）角色扮演模式。这种模式是让不同的学习者分别扮演指导者与学习者，一般由学习者解答问题，指导者对学习者的解答进行分析，并在学习者遇到问题时解答学习者的问题。在学习的过程中，他们扮演的角色可以相互转换。在角色扮演的过程中可以增加指导者的学习成就感，激发学习兴趣与积极性，学习者则能够获得指导，增强学习自信心。

协作式学习模式[14]如图2-4所示。首先学生独立或在教师协助下确定协作式学习主题，并分成学习小组，教师根据学习主题或问题创设情境，为学习者的协作式学习提供条件，学习者以小组为单位进行合作探讨，共同完成学习任务。然后教师或学习者对结果进行评价，最后总结反思，以促进提高。协作式学习的学习环境必须能够支持师生或生生之间展开谈论、互相交换信息、一起解决问题、知识共享。尤其在数字化学习环境中，需为学习者的协作式学习提供必要的数字化平台或工具。

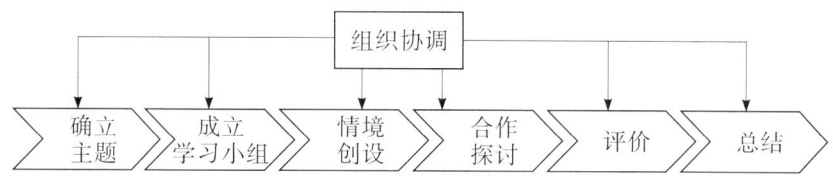

图 2-4 协作式学习模式

2. 基于项目的协作参与式学习

基于项目的协作参与式学习围绕某个具体项目。学习者根据项目学习的具体要求，自定主题，以小组为单位进行，通过选择和利用学习资源，在实践体验、内化吸收、调查实验中获得较为完整和具体的知识，形成技能并最终得到发展[13]。

基于项目的协作参与式学习主要包括内容、活动、情境和结果四个部分。

（1）内容：主要是指现实生活、真实情境中的非良构性问题（兼具复杂性和跨学科性），在设置问题时，我们需要考虑学习者的个人兴趣及学习能力。此外，在解决问题的过程中，还要尽量兼顾知识的完整性和系统性，引导学习者综合应用所学知识，而非支离破碎的知识片段；一个人的学习情境也是促进迁移的重要因素之一，仅在单一情境中建构的知识与在多样化情境中学到的知识相比更不利于迁移。身处多样化的情境中，学习者可以多角度思考问题，更有可能获取抽象概念的知识表征，获取更加弹性的知识表征，知识结构的包容性也会更强。

（2）活动：是指学习者采用一定的技术工具和方式方法来解决项目实施过程中所遇到的问题的一系列探究行动；问题的抽象表征对于学习同样重要，任务间的迁移能力与任务之间的共同要素高度相关，问题的抽象表征更能使得学习者抓住本质性的知识，这对于学习者顺利掌握新知识中所包含的概念性内容至关重要。

（3）情境：是指支持学生进行项目学习的环境，可以是物理环境也可以是数字化虚拟环境。

（4）结果：是指在项目学习过程中或学习结束时，学习者通过探究活动所掌握的与项目主题相关的概念、原理、操作、技能及方法等知识。

基于项目的数字化学习就是在项目学习活动的各个要素中嵌入合适的信息技术支持，如图 2-5 所示。

信息技术为项目式学习提供了海量的信息资源及文本、图像、动画等多媒体资源，使学习活动丰富而有趣，不再显得单调。此外，学习过程中引入学习平台还可以方便学习者之间进行沟通交流、作品展示以及活动讨论，这对培养学习者的协作学习能力，组建学习共同体有着至关重要的作用。

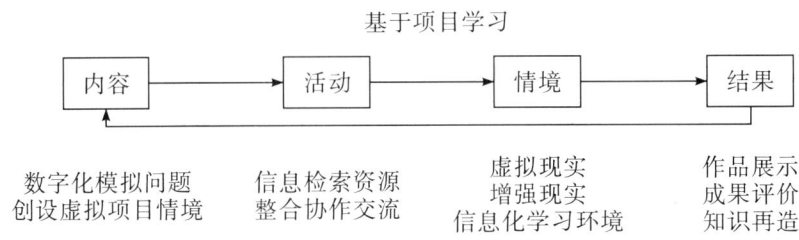

图 2-5　基于项目的数字化学习

2.2.3　基于翻转课堂的混合式学习

在教育领域的发展历程中，混合式学习（blended learning）原意是指在传统的课堂教学中，学习者除了应用各种基于教室的学习形式，还结合其他多种学习方式进行学习。后来随着互联网的普及与 E-learning 的发展，混合式学习也被赋予了全新的意义。结合国内外研究不难发现，在"互联网+"时代，混合式学习的内容主要包含以下几个方面。

首先，混合式学习是离线与在线学习的混合。这是混合式学习最基本的含义，其中离线学习通常指发生在传统教室环境的学习，而在线学习则指那些通过网络开展的学习。

其次，混合式学习是自定步调的学习和实时协作学习的混合。自定步调的学习是指完全基于个人学习需求的、学习步调自我控制的学习，而实时协作学习则是指在多个学习者之间动态交流、共同分享知识的学习。

此外，混合式学习还是结构化和非结构化学习的混合，多种教学资源的混合，多种学习环境的混合，以及多种学生支持服务的混合等。

总的来说，混合式学习其实就是将与学习相关的各种元素相融合的一种包容性学习模式，但必须明确的是，混合学习的重点并不在于混合哪些事物，而在于混合的方式，要知道，混合学习的最终目的在于达到最优的学习效果，帮助学习者自我实现[8]。

在数字化学习的过程中，基于翻转课堂的混合式学习最为常见，也是最容易被学习者接受的一种学习模式。翻转课堂（flipped classroom）又称为"颠倒课堂"或"反转课堂"，是一种将传统教学过程中的知识传授与知识内化环节颠倒重置的教学模式，也是一种全新的混合式学习方式。在翻转课堂中，知识的传授是通过信息技术的辅助在课前完成，即学生在课前通过教师发放的资料提前学习新知识；而知识的内化则是在课堂中经教师与学伴的协助来完成，即学生利用课堂时间，通过教师答疑及组间协作来解决问题。

翻转课堂使教学流程由"先教后学"转变为"先学后教"，实现了教学流程的逆序创新[9]。教学流程的逆序创新为学习者的自主学习提供了条件，我们可以认为，课前学习者通过微课、MOOC等教学视频资源实现的是一种"数字化先学"，而在课堂上与师生探讨问题的过程则是一种"离线协作互学"，这种新型的数字化学习模式将数字化学习与离线学习、自主学习与协作学习、多种学习环境与教学资源进行巧妙混合，在促进学习者内化知识，提高学习效率的同时，也培养了学习者进行数字化学习的综合能力，提升了学习者的信息素养。

以图2-6所示的移动环境下的高校翻转课堂教学模式为例，学生的学习过程分为课前、课中和课后三个部分。①

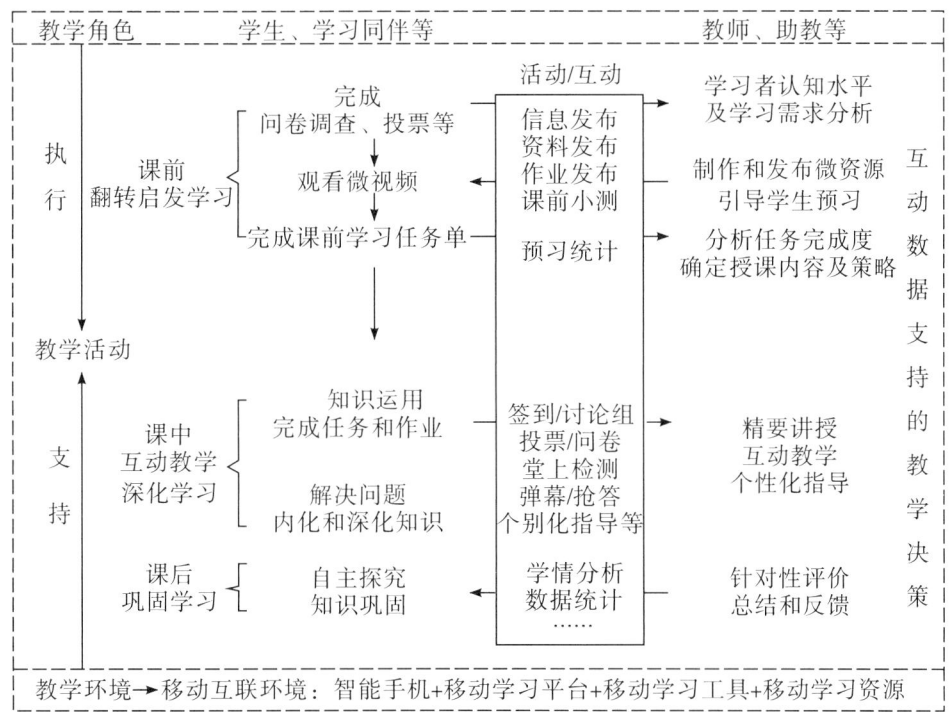

图2-6 移动环境下的高校翻转课堂教学模式

（1）课前：移动学习，掌握基础知识。

课前，老师以任务驱动和问题导学为指导，把重点、难点等部分知识的讲授以微视频等网络学习资源和课前小测等线上活动的形式放在课堂外，制订课前学习任务单，供学生在课前利用智能手机自定步调学习，理解新知识。教师根据学生的问卷反馈、视频观看率和任务完成度等统计数据收集学情，确定教学策略。

（2）课中：互动探究，内化知识，提升能力。

---

① 陆芳. 移动互联环境下的高校翻转课堂教学［J］. 高等工程教育研究，2018（04）：158-162.

课中，师生通过多种交互活动内化知识。教师走下讲台，走到学生当中，指导带着疑问走进教室的学生，借助手机互动工具，组织和参与基于互动的释疑、讨论、探究、协作、展示、对答和问题解决等活动，激发学生主动学习和创造性学习的积极性，深化学习，促进学生的知识建构和综合能力培养。例如，学生回答开放性问题的关键字被自动提取形成文字云图，实时展示在投影幕上，用集体智慧梳理出问题解决的概要，实现大课堂中的协作学习；学生回答问题的准确率和反应时间等信息即时反馈到教师手机上，帮助教师及时掌握教学动态信息，调整教学策略。

（3）课后：反思总结，巩固学习成果。

课后，教师分析互动统计等数据，帮助学生反思和总结，制作和发布移动学习资源延伸课堂，进一步巩固学习。

在这种翻转课堂学习模式下，学生需要充分地参与到学习中，主动学习。这样的学习方式，你准备好了吗？

2.2.4 自主式学习，自觉掌握知识

自主学习是与传统的接受学习相对应的一种现代化学习方式。以学习者作为学习的主体，学习者自己做主，不受别人支配，不受外界干扰通过阅读、听讲、研究、观察、实践等手段使个体可以得到持续变化（知识与技能、方法与过程、情感与价值的改善和升华）的行为方式。

在学习过程中，学习者自主确立目标、选择学习内容和学习工具进行自主学习。教师或有经验的同伴可以对学习者自主学习过程进行监督与评价。自主学习完成后，学习者还可以通过相应的测试来检测自己的学习效果，并通过与他人的讨论反思学习过程中存在的问题，总结学习情况，通过不断练习、实践来巩固已学知识。自主学习模式的基本结构[14]如图2-7所示。

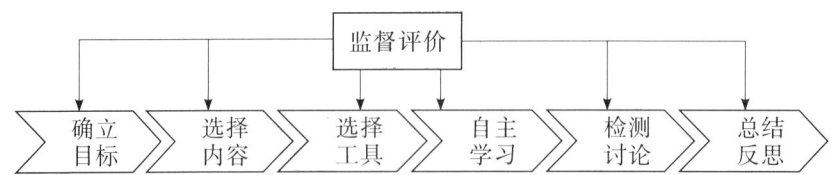

图2-7 自主学习模式

相较于传统的课堂"灌输式"教学，自主学习模式要求学习者具备较高的自主性、自觉性、目的性，简单来说，从正式学习与非正式学习的角度可以把学习者分为两类：一类是非正式学习，完全出于学习兴趣而学的学习者，如小茗同学对微视频制作感兴趣，希望能够学会制作微视频，他通过"数字化学习"的方式——MOOC，反复根据视频教学进行训练，并与其他同伴讨论学习，

努力提高自己的微视频制作水平;另一类是正式学习,以完成学分为目标的学习者,如小明同学按照他的老师要求,必须在"学堂在线"学习平台完成华南理工大学的"计算机网络"MOOC的学习,他通过老师录制的视频讲解进行基础学习,并登陆相关的练习平台完成课程练习,与其他同学进行反思讨论,最后完成课程的作业,最终教师结合学生的平时学习情况、练习情况及期末成绩给予学生成绩评定。

2.2.5 探究式学习,带着问题找答案

探究式学习(hands-on inquiry based learning,HIBL)是指从学科领域或现实生活中选择和确立主题,在教学中创设类似于学术研究的情境,学生通过动手做、做中学主动地发现问题、实验、操作、调查、收集与处理信息、表达与交流等探索活动,获得知识,培养能力,发展情感与态度,特别是发展探索精神与创新能力。它倡导学生的主动参与。探究式学习是一种积极的学习过程,主要指的是学生将自己所学知识应用于解决实际问题的一种学习方式。探究式学习的基本模式[14]如图2-8所示。

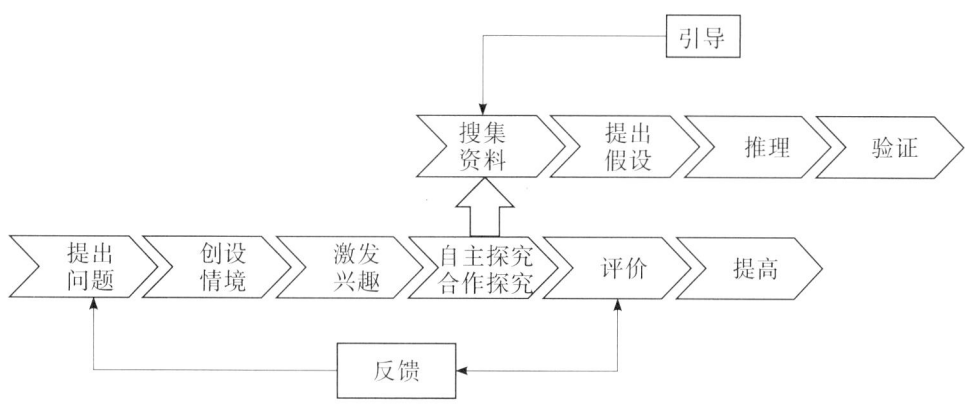

图2-8 探究式学习的基本模式

教师首先要根据研究主题提出问题,并为此创设情境,激发学习者的兴趣,引导学习者围绕主题进行思考探究。学习者可以自主探究也可以合作探究,探究的过程一般为:搜集资料—提出假设—推理—验证。最后教师和学习者共同对学习者的探究结果进行评价,并总结提高。

在数字化环境中,数字化资源为探究式学习提供了资源支持,虚拟化的学习环境为学习者的探究式学习提供了情境支持,同时强大的交互平台能为学习者的探究式学习提供协作与互动支持。

探究式学习有利于激发学习者的学习兴趣,提高学习者的学习主动性与积极性,培养学习者分析问题与解决问题的能力。

美国缅因州国家训练实验室的学习吸收率金字塔（图 2-9）的实验揭示，如果学生在课堂中只是听老师讲课，两周后，其所学知识的保持率仅有 5%；但如果在课堂中参与研讨、辩论、实践，甚至利用所学知识来教他人，变被动学习为主动学习，则其知识保持率将达 50% 以上。

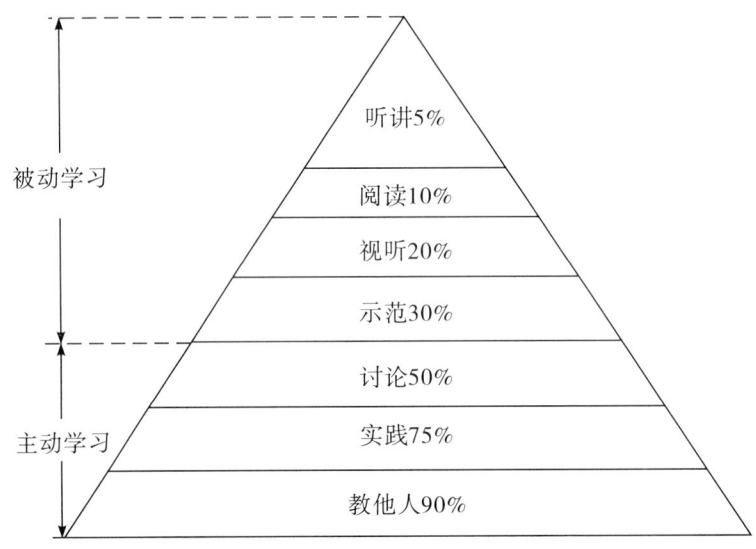

图 2-9　学习吸收率金字塔

中国学生从小形成的被动接受式学习方式延续到大学课堂，使得相当部分大学生不太愿意主动投入课堂互动，课堂参与度低。加之高校的课堂教学形式普遍以教师讲授为主，学生参与越深入的教学形式越少见，不利于学生对知识的掌握，更不利于学生思维能力和学习能力的培养[16]。因此，"互联网+"时代的学习者应具有较高的积极性，能主动地参与到学习过程中，变被动学习为主动学习，通过知识分享使学习吸收率达到最高，而这一点在前面所提到的数字化学习模式中均有所涉及。

2.3　数字化学习规划图

数字化学习规划图给学习者提供一系列关键性的问题，以便学习者能够规划准备自己的数字化学习，具体的指引细节详见图 2-10 数字化学习规划圈。主要内容包括以下几个部分。

（1）聚焦问题：是为了让学习者对于自己的数字化学习目标有一个清晰的认识，同时也能够有意识地回顾自己专业领域内的知识；

（2）收集材料：主要是指在对于问题和自我有了充分认识的基础上，学习者综合运用各种信息技术方法收集相关资源，收集的同时也应积极思考究竟该

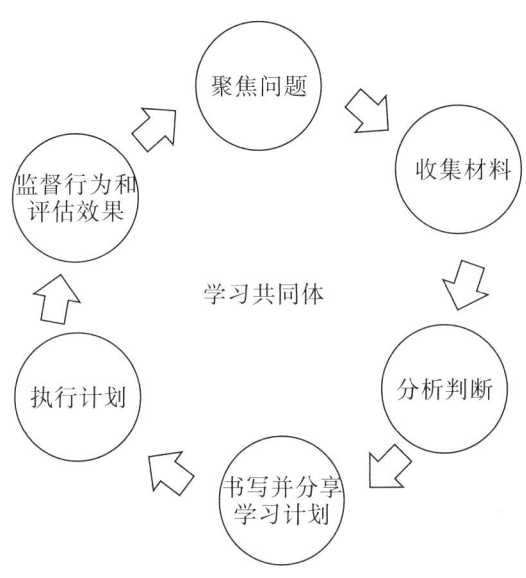

图 2-10 数字化学习规划圈

如何组织学习活动来学习知识；

（3）分析判断：主要是指对收集的材料进行筛选、分类和处理；

（4）书写并分享学习计划：主要是指针对材料做出思考，以学习共同体为单位进行问题解决的分工和协作；

（5）执行计划：主要是指根据制定的计划以协作学习的形式完成任务；

（6）监督行为和评估效果：主要是对学习过程的校正与调控，其中，监督行为是指在执行过程中不断修正问题解决的方向，及时修正及调整在整个数字化学习过程中所使用的协作方式和方法等，而评估效果主要是指在学习结束时，对学习共同体中每位学习者的学习情况以及整体的问题解决情况的评价与分析，当然，学习者也该借此机会反思自己的整个学习过程，不断积累经验，优化自我学习体验。

在数字化学习的过程中，学习者还应该注意以下几个方面：①兼顾先前的基础知识及学习经验；②学习者应当具有较高的积极性，能够主动地参与到学习过程中；③学习者之间应当具有充分的交流和高水平的交互；④学习参与者应当充分使用电子文档支持协作学习、评估和反思。

近来，一档综艺节目《创造101》引发了全民共选偶像的风潮，热度过后回归平静，背后的深意却值得我们深思，为何以这种方式出道的偶像会有如此大的影响力呢？这是由于节目的赛制事实上是一种全民参与式的造星体验，在整个比赛的过程中，每个人都是偶像的创造者，每个人都将随着偶像的进步而引发共鸣式的成长，这就是参与、共享的魅力所在。时至今日，数字化学习能够被越来越多的学习者所接受，其变革学习方式的成功之处也是如此，当学习者采用数字化的协作学习方式，人人都去积极参与知识的构建，那么最终成型的知识便是集体智慧的结晶，带有每位学习者意义建构的影子，这样的成就感是参与、协作的成就感，这样的成就感也是维持数字化学习动力的关键所在。数字化的学习方式将地域、时间等限制条件统统打破，给大家带来便利的同时也使得团队共享、共建知识成为可能。举例来说，近来QQ、TIM（QQ办公简法版）所推广的参与式协作文档，便是将原来分发文档进行汇总的协作模式转换成了每个人都可以在同一个文档上进行协作修正的"百度百科模式"，这一模式不仅有利于提高协作效率，同时也为集体智慧的碰撞与分享提供了技术支撑，受到广大学习者的一致好评。

数字化学习通常以学习共同体为单位进行，就是为了让所有学习者都成为学习利益的相关人物（key stake holders）或者说是"股东"，这样的参与式体验学习使得每一位学习者都有机会成为知识的"大主宰"。不得不承认，作为数字化学习的核心，共享、参与、交流贯穿于数字化学习的始终，而我们所熟知的每一种数字化学习模式也都恰如其分地体现了这一点。

【参考文献】

[1] 约翰·D·布兰思福特等. 人是如何学习的 [M]. 上海：华东师范大学出版社，2013：105-106.

[2] 付晓春，王晖. 联通主义学习理论述评 [J]. 广东职业技术教育与研究，2017（5）：46-49.

[3] 王竹立. 关联主义与新建构主义：从连通到创新 [J]. 远程教育杂志，2011，29（5）：34-40.

[4] 王竹立. 新建构主义的理论体系和创新实践 [J]. 远程教育杂志，2012，30（6）：3-10.

[5] 王竹立. 零存整取：网络时代的学习策略 [J]. 远程教育杂志，2013，31（3）：37-43.

[6] 毛刚，刘清堂，吴林静. 基于活动理论的小组协作学习分析模型与应用 [J]. 现代远程教育研究，2016（3）：93-103.

[7] 高扬. 基于联通主义的MOOCs模式对教学效果的影响研究 [J]. 中国电化教育，2016（7）：69-72.

[8] 田世生，傅钢善. Blended Learning初步研究 [J]. 电化教育研究，2004（7）：7-11.

[9] 祝智庭，管珏琪，邱慧娴. 翻转课堂国内应用实践与反思 [J]. 电化教育研究，2015（6）：66-72.

[10] 王红，赵蔚，孙立会，等. 翻转课堂教学模型的设计——基于国内外典型案例分析 [J]. 现代教育技术，2013，23（8）：5-10.

[11] 秦瑾若，傅钢善，乜勇. 基于Blackboard平台的翻转课堂教学模式研究——以"数字化学习资源设计与开发"课程为例 [J]. 中国医学教育技术，2016，30（5）：

497-501.
[12] 穆肃,张瑜. 促进学习的发展 [M]. 北京:北京师范大学出版社,2017:84-87.
[13] 穆肃,张瑜. 促进学习的发展 [M]. 北京:北京师范大学出版社,2017:250-251.
[14] 李刚生,李春荣. 数字化教学环境下教学模式的构建 [J]. 软件导刊(教育技术),2010,9(10):64-66.
[15] Learning Pyramid, National Training Laboratories Bethel Maine [EB/OL]. 2017 (12). https://www.fitnyc.edu/files/pdfs/CET_Pyramid.pdf.
[16] 陆芳. 移动互联环境下的高校翻转课堂教学 [J]. 高等工程教育研究,2018 (04):158-162.
[17] 百度百科:个人知识管理,https://baike.baidu.com/item/个人知识管理/6290596?fr=aladdin.
[18] 张金磊,王颖,张宝辉. 翻转课堂教学模式研究 [J]. 远程教育杂志,2012,(4):46-51.
[19] 何克抗. 从"翻转课堂"的本质,看"翻转课堂"在我国的未来发展 [J]. 电化教育研究,2014 (7):5-16.

第 3 章　个人知识管理

21 世纪，人类步入了知识经济时代，知识成为生产要素的最重要的组成部分之一。知识资本化、经济全球化、竞争白热化和创新加速化是这一时代的特征。人力资源和智力资源等无形资产成为主要资源形式之一，知识的创造、创新和分享成为这些资源价值的重要体现，知识管理成为个人和组织管理和发展的必由之路。

信息和知识的生产、分配和使用深刻地影响着社会、组织和个人的发展。知识资本化和经济全球化在信息技术这一加速剂和催化剂的作用下，使知识管理和终身学习成为这一时代个人发展和持续性打造个人核心竞争力的极为关键的途径。对知识的科学管理以及热爱并坚持终身学习的习惯将极大地影响一个人的发展。

与劳动和资本等传统生产要素相比，知识的赠送、买卖等转移和交换活动的进行，不需要知识离开其原始占有者，并且在这一过程中，知识不但不会被消耗掉，反而通过传播得以增值。数字化时代，借助于移动互联网，知识增长和流动的速度、范围和产生的影响已经是以往所远不可比拟的。

在知识爆炸的社会中，网络的出现和发展使全世界的信息成为一个巨大的资源库。社会学专家估计，最近 30 年产生的知识总量相当于过去 2 000 年产生的知识的总和，知识呈指数级增加，急剧膨胀，构成日新月异的知识海洋。然而人们经常会迷失在这个巨大的资源库中，觉得时间不够用，信息多得看不过来、记不过来，但使用知识时却还是觉得少、还是不够用。如何快速、准确、有效地获取、分析、处理、加工、利用和创造知识，如何进行有效的知识管理，对学习者的发展前景有着重要的影响。这其中最重要的是关注和掌握与自己最相关、对自己至关重要的知识，做到"我知道在哪里，我知道如何找到"，这就需要借助知识管理的方法和工具。知识管理能够帮助个人建立专业知识系统、完善个人知识架构、改变个人的能力，从而提高个人的核心竞争力，为个人可持续发展打下坚实的基础，使个人在社会竞争中处于有利地位。

当今信息数量庞大，问题背景的复杂程度日益提高，工作中所需要的综合性知识不断增加，很多人的工作都需要运用到各种高质量的知识和大数据。知识被公认为是这一时代财富的主要来源和加速器，是个人和组织的重要资源。

知识是学习活动中的流动性和生长性因素,是学习者活跃性的激发因素,应该说,所有的学习活动都是围绕着知识而组织的,学习的过程实际上就是个人知识和群体知识的产生、存储、传递和应用的过程。如果对个人的知识缺乏有意识的、系统的、有效的管理,将会造成工作效率和学习效能低下。数字化时代中,利用数字化学习理论和技术开展知识管理,无论是对于个体、组织,还是对于社会、国家,乃至于对于我们所处的这个时代,无论怎样强调都不为过。

3.1 知识概述

3.1.1 数据、信息、知识、智慧

1. DIKW 模型

诺贝尔文学奖得主艾略特先生在其 1943 年的 *The Rock*(《岩石》)一诗中,道出了信息、知识和智慧这三个知识管理的基本概念。

Where is the life we have lost in living?(生活中,我们消逝的生命,去了哪里?)

Where is the wisdom we have lost in knowledge?(知识中,我们舍弃的智慧,去了哪里?)

Where is the knowledge we have lost in information?(信息中,我们错过的知识,去了哪里?)

1982 年,Harlan Cleland 根据艾略特的这首诗,在《未来家》杂志上首先提出 DIKW 模型,明确了数据、信息、知识、智慧这四个知识管理过程的重要因素之间的关系(图 3-1)。

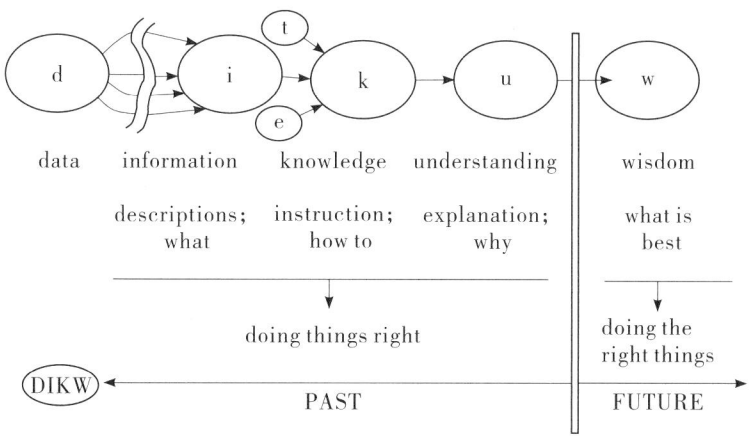

图 3-1 DIKW(数据、信息、知识、智慧)模型

DIKW 取自 data(数据)、information(信息)、knowledge(知识)和 wisdom(智慧)的首字母,该模型指出了信息、知识和对知识的理解是把事情做

对/做好的基础,而智慧是做正确的事情,是方向性的把控。纵向化 DIKW 模型,以数据为基础,自下而上,通过自觉或不自觉的知识管理,逐层提炼和收缩,形成如图 3-2 所示的数据、信息、知识、智慧的纵向结构关系。

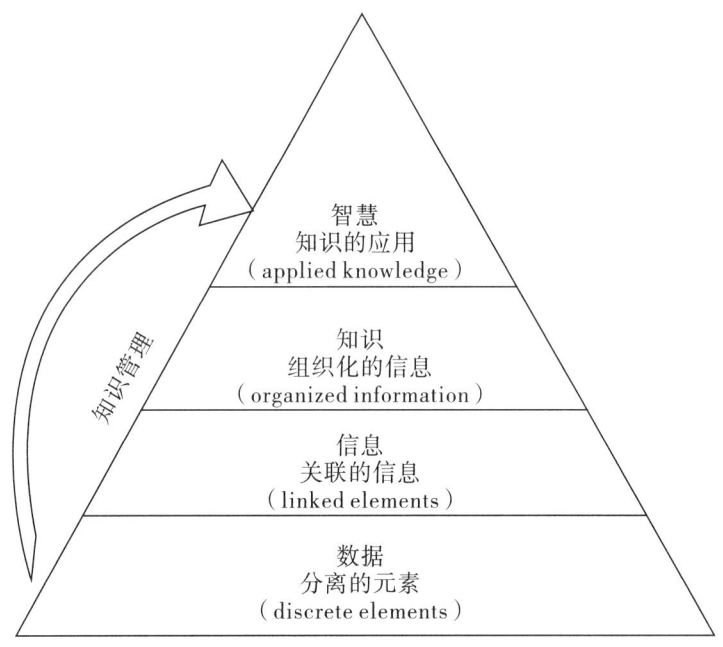

图 3-2　数据、信息、知识、智慧的纵向结构关系

2. 数据、信息、知识、智慧的含义

(1) Data,即数据,通常由观察、测量直接获得,如文本、规约、实践的记录等。在字典中,数据是指"已有的事实或事务,构成推论或计算的基础"。数据依赖于外部环境,有需要关注的,但多数是背景噪音,不但无用,还存在干扰。主宰了 50 多年的摩尔定律、电子元件的贬值效应、越来越多的可被数字化的内容、无处不在的移动互联网、梅特卡夫定律(一个通信网络的价值与系统内连接用户数的平方成正比),等等,这些都是当前数据呈指数级持续增长的催化剂。

(2) Information,即信息,回答数据的含义,如回答 who(谁)、where(哪里)、when(何时)、what(什么)等问题。

(3) Knowledge,即知识。

(4) Wisdom,即智慧,是对知识的应用,对事物能迅速、灵活、正确地理解和判断的能力。

表 3-1 数据、信息、知识、智慧的含义

过程	数据（Data）	信息（Information）	知识（Knowledge）	智慧（Wisdom）
定义	离散的、不相关的事实、文字、数字或符号，庞杂无意义，是不具情境脉络及意义的事实本身，如年龄和消费的数据	数据经过筛选、储存、整理与分析后，在特定情境脉络下的具体呈现，产生的有意义的关联，例如年龄与消费的关系是一种信息	信息与个人能力、文化背景、学习行为、经验等结合而成的共通道理，用于解决问题、创新知识和制定策略	基于个人价值与信仰的前瞻性想法与做法
举例	下雨	夏天午后常下雨	夏天出门要随身带雨伞	
	一手的未经修改的，例如某年的人口数	经过加工分析的数据，例如某年到某年10年间的人口增长率、其他影响人口增长率的统计数据	根据所得的信息，建立人口成长的数学模型，分析影响人口成长的因素，作为决策者的参考	

3. DIKW 案例

在《大数据》一书中有个"啤酒与尿布"的案例，讲述超市管理者通过大数据分析，发现每到周五，啤酒的销售与尿布成正比，进而改变销售策略，获得赢利。可以用 DIKW 模型解释该案例。

D（data）：一个超市每天、每种货物的销售量数据。

I（information）：汇总以上数据，形成货物的销售信息表，包括货物名称、销售量、日期等数据。

K（knowledge）：分析以上数据表，抽取规律，发现每逢周五啤酒与尿布的销售量成正比并远高于一周的其他天。挖掘这些数据关系背后的事实，发现其原因是全职太太们周五经常要外出聚会，多数丈夫们会带宝宝去超市买东西，然后留在家中，一边看宝宝，一边看电视喝啤酒。因此，尿布和啤酒是必需品。

W（wisdom）：超市管理者把知识转换为商业智慧，及时调整超市的货品布局，将最贵的尿布放在啤酒货架的旁边；于是对尿布价格不敏感的先生们，总是拿了啤酒、抓起尿布就付钱，因而尿布的销售额显著增加。

在这个案例中，我们不仅仅看到了知识是如何诞生的，也看到了聪明的商人如何把知识变成行动，从而赢利，这就是智慧。

再以医院近年来推行的电子病历为案例，病人在医院做完手术后，会形成住院记录、化验单、消费流水等离散的事实、文字、数字或符号等数据。筛选、

整理与分析这些数据，可得知这个手术怎么样，用了这套方法的效果如何等信息。再进一步，把这些信息与相关的背景、经验结合，分析为什么要这样做，得出以后哪类病症可以应用这类方法等知识。逐步积累，针对特定个体，预测最适合的治疗方法，提出前瞻性看法甚至预防措施等。因此，电子病历不但有利于医生查看以往病史，其重大意义还在于通过大数据进行知识管理，从数据中逐步产生智慧，促进人类健康的发展。

正如《商业智能理论与应用实践》的作者苏力萍所言："随着 DIKW 的提高，人们对客观世界的认识越来越深刻，企业能实现的价值也越高。智慧就是行动，就是将知识转化为企业的经营行为。"[3] 而个人知识管理有助于把数据和信息转化知识和智慧。

3.1.2 知识的分类与内涵

如果现在让你回答"什么是知识"，你的答案是什么呢？你对自己的回答满意吗？其实，我们对于日常中耳熟能详、耳濡目染的概念反而觉得难以阐述其特征，特别像知识，可以解释的角度太多了。

从古到今，对知识概念和内涵的阐述就没停止过，关于知识的含义在不断地演变。柏拉图认为知识是经过证实了的真的信念。被誉为世界最具影响力的十大管理大师、现代管理学之父、著名的知识管理专家彼得·德鲁克（Peter F. Drucker）认为知识是一种能改变某些人或某些事物的信息。《牛津大字典》中认为"知识是一种知晓状态或掌握事实，它让人理解、发现或学习加总，也可以从经验得来"。对知识比较公认的解释是认为知识是人类认识世界、改造世界过程中对经验、方法、技能、规律等的总结和提炼；知识是解决问题所需要掌握的经验和方法等，这些经验和方法多数来自于别人的传递或自己的顿悟、摸索、思考和总结。更多的学者和组织通过对知识的分类来解释知识的内涵。

1. 根据知识的内容分类

经济发展与合作组织（Organization for Economic Co-operation and Development，OECD）把知识分为以下四种。

（1）know-what：事实知识或陈述性知识，关于客观事实的知识，接近信息的含义。

（2）know-why：原理知识，关于自然界的原理和法则的科学知识。

（3）know-how：技能知识或程序性知识，关于做事的技艺或能力的知识。

（4）know-who：人际知识或经验型知识，关于谁知道的知识。

这些在前面的 DIKW 模型中已经体现出来。

2. 根据知识的归属者分类

根据知识的归属者的不同，知识可分为个人知识和组织知识。个人知识指存在于个人自身的知识，包括技能、经验、习惯、精神特质、价值观等。组织知识是指内含于组织实体系统的知识，多数是物化了的知识，如技术标准、规章制度、工作规范和流程、文档、数据库、组织的日常工作和行为标准、企业文化等，由员工积累而成，也是员工可从中学习的知识。

组织知识还被认为是支持组织内运作的知识，如来自产品内控标准、核心技术、生产流程、销售渠道和客服等知识，以及与组织自身发展密切相关的外部组织或个人的知识，如来自客户和供应商、合作伙伴、政府、媒体、权威机构、竞争对手和权威专家等的知识。对于组织的知识管理，目标是做好内部知识的管理、创造和保护，并尽可能获取更多的外部知识。

3. 从知识的字面上分类

从知识的字面上看，知识由"知"和"识"两个字组成，可以认为知识除了作为实体和知识管理对象的知识，还包括作为过程、即知识活动的知识，亦称为知识的波粒二象性，两者是不可分割的统一体，知识管理过程本身就是知识的学习、应用、共享和创新的过程。因此，知识管理包括对知识本身的管理，也包括对知识的鉴别、创造、获取、存储、共享、应用等知识活动的管理。

4. 根据知识的显示度分类

从知识的显示度和认识论角度区分，20世纪50年代，哲学家波兰尼（M. Polanni）把知识分为显性知识（explicit knowledge）和隐性知识（tacit knowledge）两大类。显性知识是能够用语言、文字、肢体等方式表达清楚的知识。隐性知识是知道如何做，但却难以告诉别人或写明白、说明白的知识。正如"书不尽言，言不尽意"所表达的意思一样，显性知识是隐性知识的冰山一角，大量的知识以隐性的形式存在。显性知识和隐性知识的区别如表3-2所示。

表3-2 显性知识和隐性知识的区别

特性	隐性知识	显性知识
本质	如创意或技巧，无法清楚说明，有自觉性，较主观	可编码呈现，可清楚说明，较客观
正式化程度	不容易被文件化、记录、传递和说明	能通过文字和图表等编码有系统地进行传播
形成过程	通过身体力行的实践，在不断试验中学习和积累	对信息的研读、理解、推理与分析
存储地点	人类的大脑	文件、资料库、网络资源等
媒介需求	需要丰富的沟通媒介和沟通技巧	可利用媒介，不需要太丰富、复杂的人际互动
重要运用	对于突发性、新问题的预测、解决和创新	可以有效地完成结构化工作

以中医这一职业为例，望、闻、问、切的过程主要依靠医生的经验，即隐性知识。医生开出的药方是医生隐性知识的显性化表现。老中医带着实习生，实习生需要从老中医的做事方法中不断领悟，很多时候就是从隐性知识到显性知识的转化，也就是我们经常说的潜移默化。

无论如何定义知识，普遍认为知识具有稳定性和更新性、抽象性和隐含性、价值性和相对性、增值性和共享性、资源性和垄断性、过程性和可管理性的特征。

3.1.3 知识的结构

涉及知识和个人知识管理，知识结构这一概念不可忽略。百度百科上认为，知识结构是指一个人经过专门学习培训后所拥有的知识体系的构成情况与结合方式，合理的知识结构是担任现代社会职业岗位的必要条件，是人才成长的基础；所谓合理的知识结构，就是既有精深的专门知识，又有广博的知识面，具有事业发展实际需要的最合理和最优化的知识体系。在李梓房所著的《知识结构与知识型企业成长》中提出以下三种常见的知识结构和知识结构的三种特性，可以指导个人知识管理的过程[4]。

1. 宝塔型知识结构

宝塔型知识结构又称金字塔型知识结构。当前，我国高等学校的专业知识体系基本按宝塔型知识结构进行设置，如图 3-3 所示，其主要构成如下。

（1）底层宽阔的塔基是宽厚、广博的基本的文化素养、基本理论和基础知识，要求扎实并具有一定的广度。

（2）中间较大的塔身是扎实的专业基础知识，体现出专业特色。

（3）顶层较小的塔尖是精深的专业知识和面向专业科技发展前沿的高、精、尖知识。

塔基、塔身和塔尖构成了一个人的知识量。不同的职业、职业中不同的岗位对塔基、塔身和塔尖的知识比例要求不同。例如，研究人员需要在顶端有一定的突破，拔高金字塔的高度。

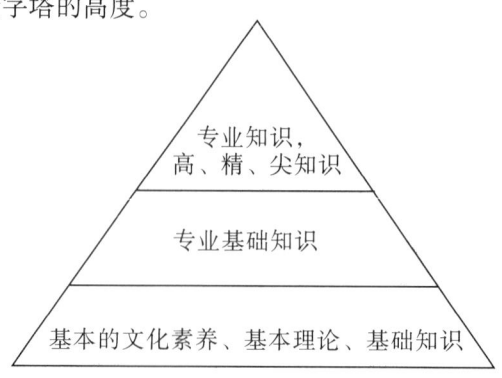

图 3-3 宝塔型知识结构

2. 蜘蛛网型知识结构

蜘蛛网型的知识结构以所学的专业知识为中心，联结与中心相近的、有较大相互作用的知识，建立纽结关系，适应性和适用性大，有利于复合型人才的培养，容易在交叉学科和专业中找出融合点和作用点，与"跨界融合"的互联网思维极为相似。

3. 幕帘型知识结构

幕帘型知识结构从组织对其组织成员的知识结构要求出发，根据组织成员在组织中所处的层次，提出不同的知识结构需求。以一个企业为例，需要财会、安全、商业、保险、管理、IT等方面的人才，需要个体知识结构与组织整体知识结构有机结合，个体要不断调整和优化自己的知识结构，增强就业后的适应性，促进组织的发展。

上述这三种知识结构给个人提供了个人发展的分析框架，无论哪种知识结构，都需具有以下三种特性。

（1）知识结构的整体性。一切事物都是有机的整体，组成整体的各部分之间，相互依赖、相互联系、相互作用、相互制约，知识结构亦然。如果知识结构只有数量的优势，而没有相互协调、互补、融会贯通，很难产生知识结构的整体优势。

（2）知识结构的异动性。知识结构不是静止的，是随着社会的发展而动态发展变化的。在社会的不发达阶段，知识结构相对而言较为简单，随着社会的进步，科学技术的日新月异，就需要根据社会需求，不断调整、充实、提高个人和组织的知识结构，否则难以适应现代社会的要求。

（3）知识结构的有序性。知识结构存着一个从低到高，从核心到外围的层次。由低到高是指从基础知识到专业技术知识，直至前沿科技知识，要求知识由浅入深积累，并逐步提高。从核心到外围是指在核心知识确立的情况下，将那些与核心知识有关的知识紧密地联系在一起，构成一个合理的知识结构，突出核心知识的中心作用。否则知识结构杂乱无章，主次不分，发挥不了知识结构的整体作用。

3.2 个人知识管理过程

很多人都有这样的困惑：我的电脑总是乱作一团，经常找不到需要的东西。如何更好地保存自己需要的知识？如何让别人知道我会什么？怎样通过数字化学习工具展现我的才能？如何通过合作提升个人的知识价值？这些都是关乎知识保存、知识创造和共享等个人知识管理的知识。

著名的未来学家托夫勒在其《权力的转移》一书中早就指出：人类历史上的权力，从权力、财富转移到知识，知识将颠覆全球的权力格局。比尔·盖茨

曾说过:"收集、管理和使用信息的方式,决定了你的输赢。"我们前面已经提及的著名的知识管理专家彼得·德鲁克认为:"没有人为你负责,除了你自己,而你唯一的资本就是知识。"

3.2.1 个人知识管理的内涵

1. 个人知识管理的含义

百度百科是这样解释个人知识管理的:个人知识管理(personal knowledge management,PKM)是一种新的知识管理的理念和方法,能将个人拥有的各种资料、随手可得的信息变成更具价值的知识,最终利于自己的工作、学习和生活。美国 Paul A. Dorsey 教授认为"个人知识管理应该被看作既有逻辑概念层面又有实际操作层面的一套解决问题的技巧与方法"[3]。

通俗来讲,个人知识管理就是个人在日常活动中搜索、收集、存储、整理和创造共享知识,并支持个人的工作、生活和学习的过程。通过对个人知识的管理,养成良好的终身学习习惯,增强信息素养,完善自己的知识结构,提高自己的能力和核心竞争力,为实现个人价值和可持续发展打下坚实基础。

有学者认为个人知识管理包括以下三层含义。

(1)对个人已经获得的知识进行管理;

(2)通过各种途径学习新知识,吸取和借鉴别人的经验、优点和长处,弥补自身的思维和知识缺陷,不断建构自己的知识特色;

(3)利用自己所掌握的知识以及长期以来形成的观点和思想,再加上别人的思想精华,实现隐性知识的显性化,激发新知识的创造和共享。

从总体上看,个人知识管理通过有针对性地积累和完善个人知识,避免知识因遗忘而流失;挖掘隐性知识,促进与显性知识间转化,减少个人时间与精力的耗费,提高工作效率,展现个人的学习能力;通过参与知识创新、知识交流,谋求更多的发展机会,持续性地学习并更新个人专业知识,从而,提高工作技能,提升个人价值和核心竞争力。个人知识管理的过程是一个通过不断地进行知识的获取与整理、存储与更新、创造与应用、交流与分享而建立自身知识体系和做出决策的过程。

2. 个人知识管理的重要性

随着智能手机和移动互联技术的普及,越来越多的时间被耗费在互联网上。很多人看似忙碌地在互联网上浏览网页,刷微信朋友圈,而实质只是看到大量的信息,并没为自己积攒知识,更别提能力的提升和知识结构的完善。联合国教科文组织的统计显示,人类近 30 年来所积累的科学知识占有史以来积累的科学知识总量的 90%,而在此之前的几千年中所积累的科学知识只占 10%。在信息爆炸的社会中,一个人穷尽一生,所看到的也只是沧海一粟。

每个人在学校学习期间都积累了一定的知识量,但这些知识不可能完全解决当前的问题,更不可能一劳永逸地解决一辈子碰到的问题。学校的学习只是让学生储备了从事某种职业的基本能力,需要个人在这基础上,紧跟社会的需求和变化,有目的性地学习知识、整理知识,创造性使用知识和共享知识。这个过程就是个人知识管理,也是保持竞争力和自我提升的过程,通过个人知识管理提升个人的核心竞争力。

3.2.2 知识的转化过程

1. 基于SECI模型的知识转化过程

日本知识管理专家野中郁次郎(Ikujiro Nonaka)提出SECI模型,解释了显性知识和隐性知识相互转换的动态过程,映射出个人知识管理的过程。

(1) 群化(socialization):也称社会化,通过社会化把隐性知识以言传身教的形式传递给学习共同体的其他成员。

(2) 外化(externalization):指组织内其他获取隐性知识的人将这一知识以显性的形式表达出来。

(3) 融合(combination),也称综合和组织化:指零散的显性知识转化为一个整体的过程。

(4) 内化(internalization):主要反映在获取知识的学习者将这些知识运用到现实工作中,通过知识的运用得到新的隐性知识,周而复始,知识在不断转化的同时不断增加新的知识。

1995年,野中郁次郎(Ikujiro Nonaka)和竹内弘高(Hirotaka Takeuchi)两位知识管理专家,在他们合作的《创新求胜》(*The Knowledge-Creating Company*)一书中,提出了知识场(ba)的概念(图3-4),并对SECI模型和知识转化过程进行了以下的更深入的解释。

(1) 起源场(originating ba):是个人分享经验、感觉、情绪和心智模式的场合,为知识的社会化提供共享的知识网络,为知识创造提供交流思想和促进灵感产生的场所,通过社会及成员间的个体交流和共同活动促成隐性知识之间的交流共享。

(2) 对话场(dialoguing ba):是提供团体分享心智模式与技能的场合,支持隐性知识到显性知识的知识外化的创新过程。对话和反思有助于形成良好的"外化"组织网络,把自己的观点和意向外化为显性知识。

(3) 系统场(systemizing ba):支持组合化的知识创新过程,使显性知识能以较便利或是书面的方式在整个组织间流通,把新的显性知识与已有的显性知识结合,继续生成新的显性知识,向复杂的显性知识系统转化。

(4) 行动场(exercising ba):为显性知识向隐性知识转化的"内化"过程提供便利的场所,在个人实践活动中,使学习者内化显性知识为自身的隐性知识,并付诸实践。

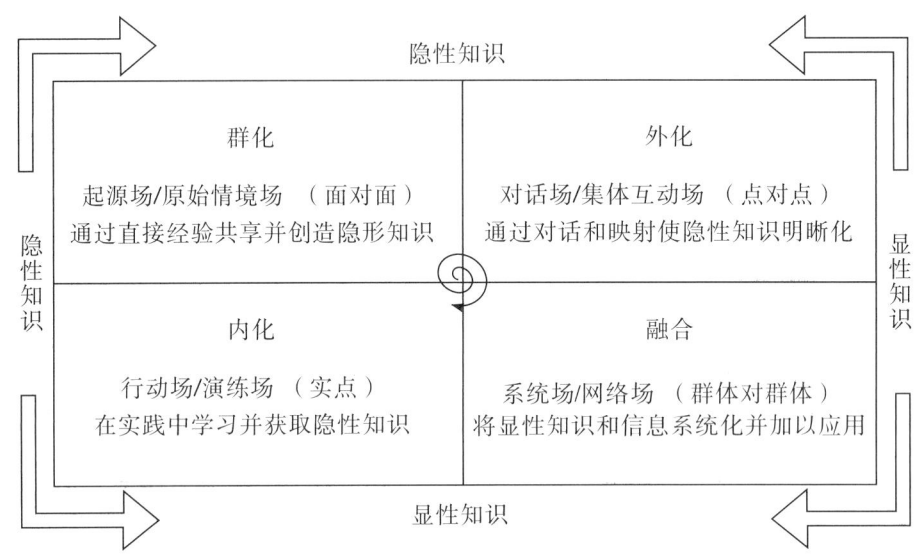

图 3-4 场与 SECI 模型

从 SECI 模型中可以看出，存储及隐含在个体和群体中的知识，需要在一定情境中转换和共享，才能得以增值。数字化学习工具和学习环境更有利于学习者发现知识、掌握知识、使用知识、创新知识和共享知识，为知识管理提供个人知识交流的场所，支持知识管理过程，促进知识流动，提高成员知识创新的积极性，加快知识共享和转移的速度。

学习者选择数字化学习工具时，利用工具所提供的服务的多向支持性（如博客和思维导图等既能支持隐性知识向隐性知识转化，也能支持显性知识向隐性知识的转化等），使服务覆盖知识管理过程的各个环节，促进存储在个体、群体和组织中的隐性知识和显性知识之间的转换，通过知识的社会化、外化、组合化和内化进行传递和互动。SECI 模式在知识管理过程中不断向外扩散循环，形成不断上升的认知螺旋，优化和完善个人和组织的知识结构。

2. SECI 模型的工作过程

野中先生以日本松下公司开发的家用面包机为例，解释 SECI 模型的工作过程[13]。

1985 年，松下公司全力开发一种新型的家用面包机。可是，让研发人员沮丧的是，尽管他们绞尽脑汁，机器仍无法掌握传统烤面包的"手艺"。工业化的大批量生产以牺牲手工制作的独特风味为代价，味道始终与手工面包相去甚远。研发人员甚至动用 X 光透视机器揉制的面团与手工面包师揉成的面团，进行对比分析，但还是不能获得任何有意义的数据。

就在这时，研发人员田中郁子决定，拜大阪国际饭店一位做面包闻名遐迩的大厨为师，向他学习"揉面"的手艺（隐性知识）。从身体力行的实践中，

田中逐渐掌握了这位师傅的揉面诀窍。（知识的群化，即 SECI 模型中的 S）

经过一年的反复实验，田中与项目工程师们合作，将这些秘诀转换为能够与面包机研发团队成员及松下公司其他人员进行交流的显性知识。（知识的外化，即 SECI 模型中的 E）

开发者把揉面团的知识同机器设计知识以及相关的其他知识综合起来，进行标准化加工，在机器内增添了特殊的肋骨状凸纹，最终形成了新的设计方案，从而成功地再现了她在饭店中学得的揉面技艺，保证了面包的风味，由此创造了松下公司独特的"麻花面团"技术。这种独特的面包机在问世的一年里，创下了新型烹饪器具销售的新纪录。（知识的融合化，即 SECI 模型中的 C）

通过创造新产品，田中及其团队伙伴乃至公司其他成员，丰富了各自的隐性知识。（知识的内化，即 SECI 模型中的 I）

在家用面包机设计的过程中，团队形成追求高品质的企业文化，潜移默化地传递给和影响着松下公司的其他员工，使得这一理念拓展到公司其他电器的生产中，启动了更高层次的知识螺旋，并把个人知识沉淀为组织知识。（知识的螺旋化上升）

3. SECI 模型对个人知识管理的启示

首先，要从互联网上的海量信息中找到对自己有用的显性知识，与自己原有的知识相结合，转化为自身的隐性知识。我们都是"站在巨人的肩膀"上进行学习，即学习前人的知识，借助于前人的成果，故一个人绝大部分的隐性知识是社会上的显性知识的内化。

另一方面，把自己的隐性知识显性化是让其他人认识到自己才华和能力的重要途径。那些最早将隐性知识显性化的人就是我们通常所称的专家、大师，他们实现了知识的创新，并最早让别人知道他们实现了知识的创新。第一个把某个领域的问题、某个问题的创新解决方案、某个理论等通过论文、博客、演讲、自媒体、互联网等形式表达出来的人，很有可能就成为这个领域的权威人士，甚至是大咖。

知识显性化的形式有很多种，有像微信推文、博文、PPT 演示文稿、微视频、回复论坛的帖子等较正式的且成果可视化的形式，能通过互联网快捷地、大范围地进行传播；也有非正式的形式，例如听讲座时主动提问、开会时主动发言、与人交往时主动表达自己的观点、回复朋友的咨询等口头表示方式。

3.2.3　个人知识管理的过程

个人知识管理是在不断明确自身知识需求和已建立的个人知识的基础上，在学习和实践的过程中实现对知识的获取与整理、应用与创新、共享与传播的知识管理过程，如图 3-5 所示。这一过程不断循环，周而复始地在一个个知识开发应用生命的周期中实现知识和知识管理能力的螺旋上升。

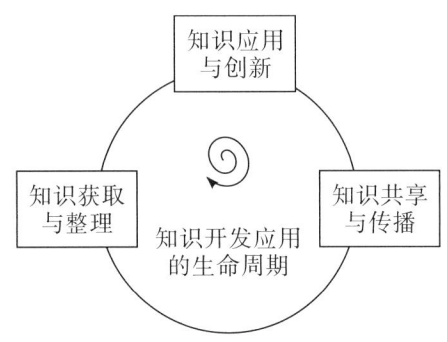

图3-5 个人知识管理的核心流程

从活动流程上看,个人知识管理活动可简化并归结为以下三个环节。

1. 知识获取与整理

知识获取与整理是知识管理的第一个环节,是对外部来源的需求进行知识的收集、分类和存储,增进已有知识的适用性和注入新的知识。上网时我们所看到的只是大量的信息,而不是知识,需要通过知识的整理把获取的知识按学习者的知识结构重新归整和融合,使知识结构化、书面化、格式化,并建立便利的存取、查询和扩散机制,为知识的应用与创造、共享与传播提供条件,这一过程是显性知识的内化和系统化。

2. 知识应用与创新

史蒂芬·柯维在《高效能人士的七个习惯》中提出:"任何事物都是两次创造而成的。我们做任何事都是先在头脑中构思,即智力上的或第一次的创造,然后付诸实践,即体力上的或第二次的创造。"

知识应用与创新是利用知识解决问题,并在知识的获取、存储、传播和应用过程中,追求新的发现,探索新的规律,积累新的知识;在知识的评价与反思中显性化隐性知识,扩充个人知识库和知识网络。让知识在应用中增值,是避免成为"两脚书橱"的最好方法,把个人知识的应用与自己的学习和工作相结合,发挥自己的长处和知识的价值,服务社会。

3. 知识共享与传播

在知识获取环节中,学习者多属于信息消费者,应尽可能多地聚集来自不同信息源的多种信息,经过标注和加工创造后,学习者角色转化为信息发布者/供应者。知识共享与传播是对知识的扩散,利用数字化学习工具把知识尽可能传播得更广,通过协作交流外化显性知识。

在这个已经充斥着大量信息的互联网时代中,人们对知识共享的抗拒程度已经大大减弱,但仍然有相当部分人不愿意进行知识共享,抱着"教会徒弟,饿死师傅"的想法,忽视在充分保护个人知识产权情况下的知识应用和知识共享的价值，不愿意进行知识分享，闭门造车。既无法让周边的人、组织发现自己的能耐，更无法吸纳在共享过程中的人与人交流所产生的火花和他人的意见、建议。

通过知识共享建立个人品牌已经成为品牌打造的常用方法，很多个人和团体通过建立和运营自己的微信公众号等自媒体，分享和传播见解，让其他人和组织看到自己的核心竞争力，并遇见更多更好的机会。罗振宇（自称"罗胖"）的"逻辑思维"微信公众号就是一个利用自媒体打造个人品牌的典范，每天早上6点坚持推送60秒的音频，让大家看到罗胖日积月累的坚持，以知识共享服务于社会的意识和行为，为个人打造了极具信任力和持续影响力的个人品牌。

简单来说，知识管理的过程就是知识的收集、整理、学习、应用、创新和共享的过程，如图3-6所示。通过学习、存储、加工、内化，通过应用和分享实现知识的显性化，从而形成自己独特的个人知识体系。

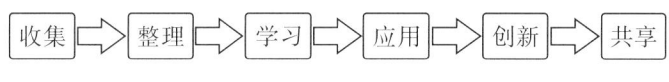

图3-6　知识管理的过程

陈永隆把知识管理分为三个阶段，1998—2006年的文档管理时期，2006—2009年注重以人为核心用隐性知识传递知识时期，以及充分利用各种网络工具开展知识管理的现阶段。在本书后面的章节中，我们将陆续讲述如何应用数字化学习工具帮助大家进行个人知识管理，如利用搜索引擎获取知识、利用思维导图整理知识、利用浏览器的收藏夹进行网络知识整理、利用PPT和微视频进行知识的交流与分享等。希望通过本书的学习，大家可以高效地管理自己的知识，以实现有效的知识应用并提升个人在知识经济时代和信息社会中的核心竞争力。

3.2.4　个人知识管理的原则

信息爆炸、知识碎片化、知识类型和存在环境的多样化态势，为知识管理带来了挑战，需要掌握基本的个人知识管理原则和技巧，提高效率，使知识变得活跃和流动。

（1）目标驱动原则。了解自己的知识资产，建立自己的知识负债表，在知识海洋中聚焦自己核心竞争力的提升。目标驱动来源于外驱和内驱，内外结合，以个人发展动机的内需为主，兼顾社会和工作等外驱需求，围绕着个人的核心竞争力和知识储备，有目的地持续改进，专注于个人的核心知识体系，积累广度，向深度发展，形成金字塔状的知识结构系统。

（2）理解消化原则。一味地复制粘贴是没有用的，需要定期整理和学习，融会贯通到自己的知识系统中。

（3）持续坚持原则。知识在不断地发展，不存在一劳永逸的知识结构。个

人知识管理是伴随终身的学习过程和行动,通过持续改进和反复迭代,在已有的知识结构中不断的淘汰旧知识、叠加新知识,不断重复从渐修到顿悟的螺旋上升过程,从量变到质变,让个人知识管理成为自然而然的习惯。

3.3 个人知识管理的案例

3.3.1 个人文档管理

人类不可能记住所有遇到过的知识。在《哈利·波特》小说中邓不利多教授可以用冥想存取大脑中装不下的记忆,但现实中我们只能求助于良好的个人知识管理习惯。计算机和互联网的出现为知识和作为知识原料的信息提供了无穷无尽的存储空间和极为快捷便利的提取方式。计算机就像我们的家一样,家里存放着日常生活的所需,计算机中存放着工作和生活所需的知识,需要每一位计算机拥有者更好地把这些知识组织起来,像一个有序的家一样,整整齐齐,可以随时找到想要的物品。

1. 避免无节制地保存,从个人发展角度分析并明确自己的需求,克服网络信息焦虑

古人以"家藏万卷书"来形容"有文化"的人,现在的人则是炫耀"家有万 G 书"。但是,贪婪下载的资料,疯狂收藏的微信朋友圈帖子,订阅的各种公众号,到最后有多少是阅读过的呢?更别提深度阅读了。反正在摩尔定律的作用下,计算机硬盘越来越大,价格越来越便宜,网络信息越发精彩和丰富,越能心安理得地尽情下载存储。物理上的拥有不同于实质上的拥有,有多少资料压根就没打开过,甚至没有解压缩过。

网上流行一句话:"焦虑是收割流量的利器,流量是艳红如血的人民币"。2006 年,一个大写的"YOU"和一台电脑成为美国《时代》周刊年度人物评选封面,宣告着一个充斥着自媒体的互联网时代的到来。从此,从呈指数级增长的信息中带来的焦虑,从朋友圈等社交媒体上倾泻而出的焦虑感,还有各种为知识付费等刻意激发和营造焦虑感的商业手段,让人不堪重负。网络上的付费课程、新的畅销书要赶紧买赶紧读,不然就会丧失职场技能;每天至少要刷几次"今日头条"和朋友圈,没刷完不睡觉,起床继续刷,不然就会与世界和朋友脱节,感觉这样才是登上时代快车的唯一方法。久而久之,我们变成了手机控和网络控,陪家人的时间越来越少,留给自己的时间越来越少,时间越来越不够用。生活变得像在手机和互联网主宰和操控下的提线木偶,外部信息汹涌而至,形成包围并强加在人们身上的茧,最终导致作茧自缚。

知识无法为我所用时,再多的知识也是无用。下载的显性知识,没有被阅读和思考过,就不可能成为自己的知识,并发挥对自己的作用,反而使自己陷

入知识漩涡中。没有目标的保存，没有良好保存和管理机制的保存，只会增加计算机硬盘中的垃圾，浪费时间去寻找和清理。在知识如此易于获得的互联网时代中，在断舍离的理念下以及信息唾手可得的情况下，没必要盲目地、无节制地存储大量的网络信息。

不学习肯定不行，但学习也不一定行。一个的兴趣远大于一个人的能力和时间，需要进行减法运算进而聚焦目标。分析自己的知识优势和劣势，制订知识资产负债表，明确需要学习和获取的知识。在个人发展的前期，拓宽知识的广度，但广而不深的知识通常是常识，因此，要在一定的广度上找到自己的发展方向，向深度发展，提升个人的竞争优势。

然后，根据个人发展和短板去保存信息。舍弃没有价值的知识，免得造成干扰。建立自己熟悉的规则，确保能快速便利地找到。对于要保存的知识，最好是保存之际就立即处理，如果不想打扰当前在做的事情，争取工作完毕后，在当天空余时进行阅读和思考，及时处理需要保存的知识。如果不能每天执行，至少每个周末，再次之就是每个月，留出时间进行知识的整理。人只会越来越忙，今天没时间看的文章，收藏起来后，如果这周还没空看，证明这个信息并不是那么重要，或者短时间并不会做这个事情。因此，少做收藏！并定期清理甚至清空自己的浏览器收藏夹和微信收藏。

计算机中存储的信息应该就像你的个人财产一样。每个人都很清楚自己的存折有多少钱、有多少不动资金，这些资金能做什么用。对于知识也是一样的，清楚自己保存了哪些知识，可以做什么用。明白了可能的用途或应用场景的知识才是有用的、有价值的知识。只有明确自己的需求，建立目标，才能形成正向积累进而获得竞争优势。

2. 建立个人知识存储的分类和命名规则

很多记忆训练，都认为应从人的记忆特点出发，对知识进行分类以有效提高记忆的效率。事实上，我们日常对事物的整理归类，也是根据这一定式来执行的。例如，在专用于存放衣服的衣柜里，还按衣物的不同分类，设置了长大衣、挂的衣服、叠的衣服、内衣、袜子、裤子等专用区域。虽然每次放衣服时的归类增添了一定的麻烦度，但物品看起来有序，一目了然，最重要的是日后使用很方便。

保持整洁有序的电脑文件系统已经成为个人在数字化时代的必备能力。越来越多的企业意识到员工的信息素养、知识管理能力，特别是对计算机内的知识的管理能力的重要性。某著名企业招聘骨干时，就要求应聘人员携带自己的手提电脑进行PPT演讲，并把求职者电脑桌面的整洁度、文件系统的有序度、打开自己PPT的速度列入考核指标中，予以打分。如果出现求职者打开错误的文档或搜索应聘PPT的情况，则一票否决，直接不予以录用。

李总是某互联网公司的总经理，他的个人知识管理能力和信息素养能力在业界颇具名望。其计算机的文件存放结构如图3-7所示，从图中以及对李总的访谈中，归纳了以下几个李总的计算机文件管理的习惯和方法。

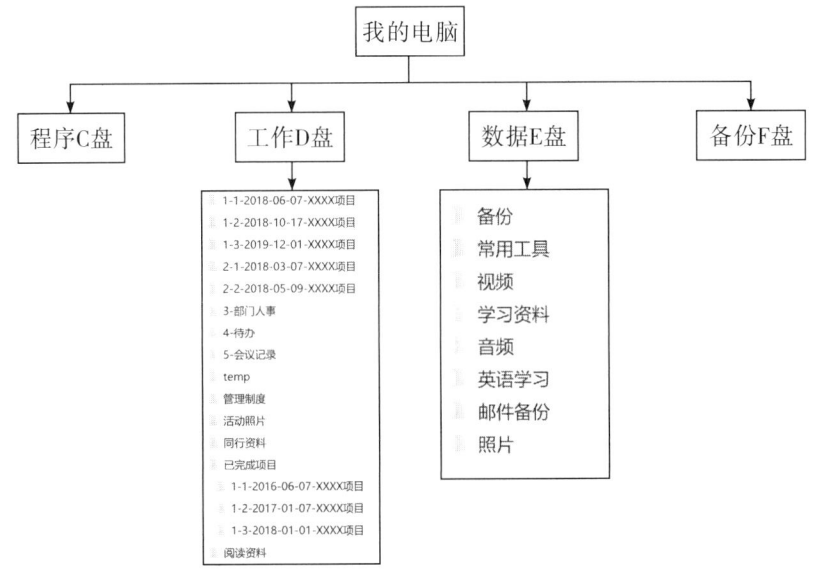

图3-7 李总的计算机的文件存放结构图

（1）根据功能划分磁盘区，容量和架构合理，保证最快的存储速度。李总的计算机硬盘共有3TB的容量，分为四个磁盘：C盘500G，用于程序安装；D盘最大，约1TB，用于存放主要的工作文档；E盘近1TB，用于存放各种数据；F盘近500G，用于存放系统的备份。

（2）根据自己的使用习惯和工作、学习需求，建立合适的文件夹命名规则，创建有意义的目录。

首先，用序号表示文件夹的重要程度，放置越重要或最常用业务文件的文件夹，序号越要靠前，以便于访问和存取文件。每次打开D盘，越是重要的事情就越显示在前面。

李总认为当前正在开展的项目的文件，是近期最重要且最经常需要存取使用的，因此，以"1"为开头字母命名文件夹。由于当前一共有3个项目正在执行，李总根据项目完成的进度要求，从早到晚，按顺序分别命名为"1-1""1-2""1-3"，在数字的后面紧接着是该项目的名称，如图3-7所示。

李总把他认为第二重要的事情，即当前正在投标或决策是否要做的项目，以"2"为开头字母进行文件夹命名。同样，如果有多个项目在决策中，就用"2-1""2-2"……进行区分，数字后面同样紧接项目的名称。一旦这些项目获得批准，如图中的"2-1-2018-01-22-XXXX项目"，其文件夹名称重命名为"1-4-2020-01-22-XXXX项目"，时间修改为该项目的完成时间。

李总的这种命名规则除了有序，还能有效地提醒自己什么事情是最重要的，一打开电脑就进行工作事情的强化，有利于李总更快地投入工作以及更专注于自己的工作。

（3）两级以内的文件夹深度。

计算机文件夹的深度就像网页的层级一样，应低于三层，两层即可，即文件夹→子文件夹，尽量不要出现"孙"文件夹（三级文件夹）。李总的文件夹一般都不会设置三级文件夹，最多只有二级。

（4）文件的命名有律可依。

如果说文件夹是大树的枝干，必须分明有序，文件的命名则是枝干的枝叶，同样重要，且更多更琐碎。李总一般这样命名文档：文档名字－日期，文档名字一般为该文档的标题，如果标题较长，则提取关键字和关键事情，如日期是2018年8月30日，则命名为180830。

文件命名时，特别要注意同一文件不同版本的命名。通常一份文档需要经过多人多次的修改才能形成最终版本，中间形成的不同版本的文档的命名和保存尤为重要。如果同一天内产生一个以上的文档，李总会用 Vx 作为版本号进行区分，如V2表示是当天收到的第二个版本。产生最终版本后，中间版本的文档可删除，或根据需要选择性地归入"过程"的子文件夹中保存，以备查用。

李总非常重视下载文件的管理。在网上下载的文件，其命名方式多由上传者或系统等提供，不能完全吻合自己的文件命名规则。因此，无论是从企业OA系统上下载的文件还是从互联网下载的文件，李总都把下载文件纳入自己的命名规则系统，在保存时就及时修改文件名并放入相应类别的文件夹中，而不是图方便乱存乱扔；需要临时阅读和处理的文件，暂时放桌面，但保证当天清理完毕。这一时的麻烦能为日后这些资料的有效检索和利用提供极大的便利。不要想着等以后有空再来修改，因为以后只会比当前更忙，而且会忘记。很多一开始没有进行合理分类和命名的文件，保存下来，日后多数也不会去看，或没在需要的时候被发现和使用，反而成为计算机中的冗余数据。

看了李总的案例，是不是应该抽出半天的时间，好好检查自己的计算机，梳理自己的工作、生活和学习的事情，归类和整理电脑中的文件夹和文档，制订自己的文件保存规则呢！每个人的工作内容和习惯不尽相同，应根据自己工作、生活和学习的习惯以及兴趣制订自己的保存规则。每个人的计算机文件的命名规则和管理都是在下意识的情况下逐步形成和不断更新的，需要长期坚持和不断改进以适合自己的工作、生活和学习习惯，进而保持最高效的文件管理。

3．快捷访问程序或文件

大家发现李总到办公室后，很快就能进入工作状态，开始工作。李总的助理小王仔细观察了李总的习惯，发现他一来办公室就启动电脑，输入电脑用户名和账号后，就没有做任何计算机的操作。而是先快速浏览一下当天报纸，再进入电脑时,没有启动任务程序,就马上进入工作状态,进行邮件回复、浏览公司OA、撰写文档等工作。小王百思不得其解,于是向李总请教。

李总把他的招数教了给小王:在启动Windows操作系统的同时,启动每天都必须用到的程序和文件。并问小王,这样做有啥好处?

小王马上醒悟,认为这样做至少有两个优点:一是省去了每次开机一个个打开程序的重复性操作;二是这段较长的启动等待时间可以用于处理启动工作前的杂事,如看报纸、倒茶水、收拾桌子、放置个人物品等。李总笑了笑,说:"不愧是我的助理!不过,还漏了一个同样重要的,就是能让你很快地进入工作状态!"

小王趁热打铁,问道:"李总,我只知其原因,但还不得法,能具体些告诉我吗?"

李总把电脑展示给小王,指了指已经准备好了的电脑系统,说道:"你来分析一下,能找到哪些有用的方法?"

映入小王眼帘的任务栏上的程序,分别是傲游云浏览器、Word、PowerPoint、资源管理器、QQ、微信等。小王心领神会,冲着李总,笑说:"哦,原来是把这些程序放在Windows的开机启动项!"

扫一扫,观看"快捷访问程序或文件"

李总点头同意:"是的!我一上班,首先需要看OA有没新的通知和邮件需要处理,因此,打开的第一个程序就是浏览器;接着,可能是准备今天会议的PPT或浏览下属发来的资料;还有,修改文档等需要用到Word;当然,少不了资源管理器和QQ、微信这两个必不可少的社交应用。因此,这些程序是我上班必须要用到的,干脆就设置为一开机就自动打开。"

机灵的小王接话:"我看还不止这么简单,您还把OA、邮箱、百度、新浪科技、咱们企业网站等常用网页设置为傲游云浏览器的首页(设置方式如图3-8所示),这样,一启动浏览器,就自动打开这些网页,一网打尽,对不?"

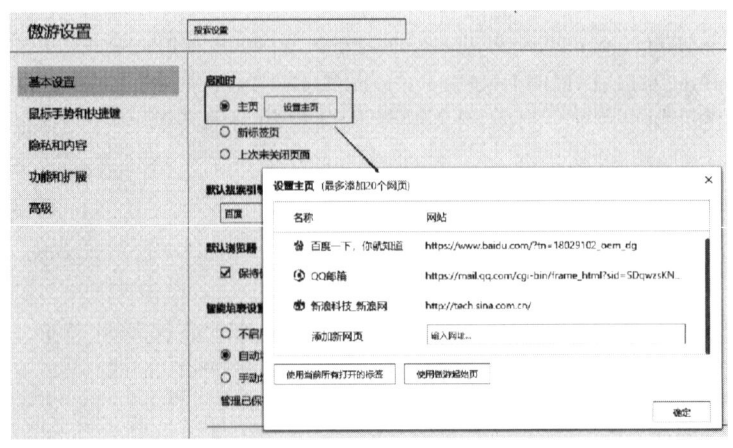

图3-8 设置浏览器首页

李总笑说:"想留一手都不行,是啊,这样就可以避免在网上神游,专注于自己在网上想处理的事情了。我再教你一手吧,把近期最常用的文件固定到程序的访问列表中,像这个月,我们主要是在做健身 APP 项目,我就把这个项目的计划、工作进度等项目文档固定到 Word 的访问列表中,每次打开 Word 时就可以快速地定位到这些文件中(如图 3-9 所示)。好了,今天聊了好多,到此为止了,开始好好干活了。"说着,李总结束谈话,把打开的程序最小化,露出了电脑桌面。

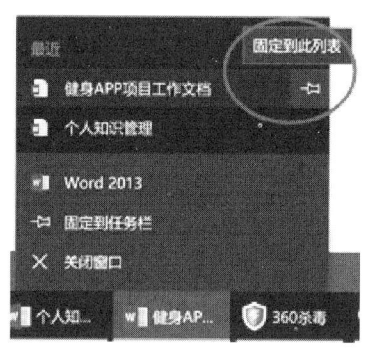

图 3-9 把"健身 APP 项目工作文档"固定在 Word 的访问列表中

小王瞅住最后的机会,盯住李总的桌面,发现李总的电脑桌面如同其工作桌面般整洁,只有微信、QQ、我的电脑、日程提醒、360 浏览器(与傲游浏览器一起兼容性使用)、"待办"文件夹、回收站共 7 个程序或快捷方式,即便面对同行时,桌面也不会泄露任何的商业秘密;任务栏上固定着记事本、万能五笔输入法两个常用的程序。小王默记心中,回到自己的电脑上,赶紧按照李总所用到的四大法宝:桌面快捷方式、浏览器主页、电脑快速启动、任务栏,设置好自己的电脑,开启高效电脑应用新时代!

4. 定期清理文件和整理电脑桌面

我们居住的家需要定期打扫和清理,清除垃圾和无用的东西,让物件整齐有序,看起来舒服,用起来方便。计算机也同样需要定期清理。利用 360 安全卫士等系统维护软件,每周执行系统清理程序,删除计算机系统产生的临时文件,如系统临时文件、浏览器缓存文件等临时文件、回收站垃圾,软件临时安装包、软件垃圾、上网的网络浏览痕迹等,删除经常很少使用的程序,给计算机给做个"断舍离"处理。

我们观察了许多应聘者、销售、学生,甚至包括管理人员、教师等的电脑桌面,发现越是看上去综合素质高和能力强的人,越是对自己要求高的人,其电脑的桌面越是简洁。借助于第 4 章会提及的 360 桌面管理助手等工具,可以高效地管理桌面。

5. 对人的信息的管理

除了管理好文档,对人的信息的管理也是很重要的。常言道:成功=20%的知识+80%的人脉。人习惯于群居生活,一个人的身边总围绕着不同角色的形形色色的其他人,对人的信息的保存和管理显得非常重要,相关的工具非常多,主要看个人的使用习惯。手机通讯录、邮箱通讯簿等传统的计算机通讯媒体以及微信、微博、Facebook 等社交媒体仍然是保存人的较全面和常用的工具,多管齐下,做好备份即可。在数字化学习中,知道去何处寻得"贵人"相助,这种"知道谁知道"的基本能力是必需的。例如,在 RearchGate 和 Linkin 网站上比较容易找到专业人才的信息,与百度百科的词条一样,都是建立个人展示网站的好去处。

6. 对密码的管理

随着网络应用、网络服务、APP 越来越多,密码变得越来越多;同时,随着网上支付等数据采集的深度和广度的不断拓展,密码也变得越来越重要,特别是密码的安全性。

李总的企业特别重视信息安全,跟很多的公司一样,都要求员工每三个月就需要修改自己电脑的开机密码和 OA(办公自动化系统)的登录密码。小王自从当了总经理助理后,为便于交流和提升个人知名度,在领英(LinkedIn)这个全球职业社交网站上建立了个人网页。小王想起来自领英用户 Mauricio Estrella 分享的密码的修改方法,把当前最重要的事情或想坚持的习惯等,编码为由大写字母、小写字母、数字、特殊符号四个部分组成的开机密码,一来很安全,二来提醒自己应该聚焦在什么事情上。例如,Mauricio Estrella 用 Save4trip@thailand(省钱去泰国)作为开机密码,提醒自己要努力,实现去泰国旅游的梦想,结果三个月后,真的实现了;过了三个月,用 Sleep@ before12 作为开机密码,提醒自己晚上 12 点前睡觉,真的坚持下来了;用 Facetime2mom@ sunday 作为开机密码,提醒自己每周日和妈妈 facetime 视频聊天,后来一直坚持每周和妈妈聊两次天!①

这不,还有一个月就是情人节了,于是,小王想送条项链给女朋友,便把开机密码设为 Save4@ necklace,一个月后,小王真的省下了给女朋友买项链的钱。这种用正确的心态写下的密码已经逐步流行,激励着人们坚持好的习惯,实现新的目标。

3.3.2 个人收藏夹管理

小王的工作能力、学习能力与沟通协作能力强,作为李总的助理,具有较

---

① LinkedIn. 他改了密码,姑娘说了"Yes, I do" [EB/OL]. https://mp.weixin.qq.com/s/lN-SPIGoPI5Grwzt7wV7sQ,2016-2)

高的胜任力。但李总的工作节奏快，要求员工效率高。小王在工作中碰到的最大的瓶颈就是李总要求提交的方案总是很急，根本没有时间查找和搜寻需要的资料。

自从在超星尔雅平台上学习了"数字化学习"MOOC（第4章的学习内容）后，小王掌握了个人知识管理的基本理论和方法，采用了以下的方法：建立学习目标，根据自己的工作领域，锁定学习主题，空闲之余提前学习，利用金字塔原理（第5章的学习内容），把先进的理念和方法记录下来，以备不时之需。在年终的工作总结和计划大会后，小王预计了下一年度可能会开展的主要工作。在春节期间，走亲访友之余，小王搜集一些下一年度可能会碰到的问题，阅读了很多网上资料，大年初八信心满满地开工。

果然，小周末一过，老总就安排小王要在三天内完成一个方案。小王一看，心中一喜，这不正好就是春节期间自己准备过的一个题目！这下，可以很快完成，不用苦苦加班了！可是，一开始写时，才发现，之前看的资料在脑海中已经印象模糊，另外，以前写的内容还需要注明出处，但之前的材料没做好归类和保存，也不知道在哪里了。小王所在企业属于发展非常迅速的高新企业，需要的信息大部分都是从互联网上获得的快速更新的宏观信息和行业信息。小王只好重新搜索信息，面对一堆全新的资料，不得不重新阅读、思考和提炼。

小王总结了经验，不能把准备工作停留在搜索和阅读的层面，要进行有目的性的保存。俗话说"好记性不如烂笔头"，遇到有价值的内容，突然迸发的灵感，都要及时记录保存下来，以备不时之需。就像以前读纸质书的时候，看着看着，灵感一来，随手执笔，在字旁或另外的笔记本上写上自己的感言和疑问。现在，步入了屏读时代和屏记时代，很多的阅读都是在网上开展的，新材料和大数据的发展使屏幕无处不在，越来越多的面和材料成为屏幕，有些屏幕还能记录眼球停留时间，自动存储我们深度阅读的内容。互联网上存储知识的方法很多，有各种免费的工具、云服务、云存储空间等丰富的选择，数据的安全性和使用的便利性是两个重要的考量因素。在后面的章节中，会跟大家一起学习常用的个人知识记录工具。

同时，小王想起"数字化学习"MOOC视频中介绍过的方法，利用遨游浏览器的记事本随手记下思维的火花和感兴趣的网络文档的内容，把感兴趣的网页以收藏夹书签的形式保存下来。小王在以后的工作和学习中，逐步养成了按门别类添加收藏夹的习惯，同时，收藏时修改标题的名称，免得掉入标题党的陷阱中，忽略了实质性的内容。

扫一扫，观看"个人收藏夹管理"

收藏夹的使用还有很多小窍门，扫一扫二维码，看看MOOC中的视频吧！

值得提醒的是，对错过新知识的恐慌，让很多的学习者热衷于粘贴和收藏。

俗话说，收藏即封藏，粘贴即冷冻的。这种随手的收藏和粘贴，只会产生自欺的获得感，扪心自问，认真读过的不多，回头细读的更少。其实，"多鸟在林"还不如"一鸟在手"。

3.3.3 个人网络空间管理

小王的工作越来越高效和出色，第一个季度刚结束，李总就给小王新添了一台新的手提电脑和一部高性能的智能手机作为绩效鼓励。本来是件好事，可小王用了两个月后，却觉得平添了好些新的苦恼，他的文件管理出了点问题。

小王采用思维导图（本书第6章的内容）做了自我分析，主要原因是手头上有办公室电脑、手提电脑和智能手机三台设备，交叉使用，数据无法同步，版本控制混乱。至于解决方法，小王继续学习"数字化学习"MOOC，发现了云服务和云端存储可以解决以上问题。

小王对照着MOOC上的微视频，先是在三台设备上安装了傲游云浏览器，注册并登录账号，从以前的浏览器中导出已经整理好的收藏夹，导入到傲游云浏览器中。这下，无论在什么设备上登录，都可以随时随地找到存储在云端的收藏夹和随手记下的遨游笔记等知识，如图3-10所示，并且，启动傲游云浏览器时，所设置的主页也会自动启动。除此以外，利用有道云笔记（本书第四章的内容）、百度网盘、电子邮箱等可以存储和传送需要异地处理的文档。

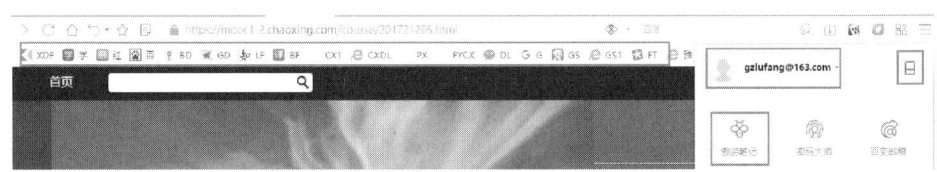

图3-10 小王的傲游云浏览器

3.3.4 培养良好的信息素养

信息素养和终身学习是21世纪人们在信息化时代的两张必备的"通行证"。其中，较高的信息素养是知识经济社会中人们实现终身学习的必要条件。信息素养已经成为当今社会对人才进行综合评价的重要指标之一。

美国前总统奥巴马早在2009年就把10月定为美国的国家信息素养宣传月，在他发布的总统公告中指出："每天，我们身边都充斥着大量的信息。24小时新闻周期和成千上万的全球电视和广播网络，再加上一系列巨大的网络资源，对我们一贯的信息管理的观念提出了挑战。所以我们不能仅仅拥有数据，我们还必须通过学习必要的技能来获取、整理和评估信息的任何情况。这种新型的素养还需要与技术沟通的能力，包括可以帮助在我们日常决策的计算机和移动设备……虽然我们可能知道如何找到我们需要的信息，我们还必须知道如何评估它。在过去的十年中，我们看到了一个现实危机的出现。我们现在生活在一个任何人都可以发表意见或观点的世界，无论真与假，我们都可以看到个人观念充斥着信息市场……我们国家的教育工作者和机构的学习必须意识和适应这些新的现实。除了阅读、写作和算术这些基本的技能，同样重要的是，我们的学生利用获取信息所需的工具从中获取信息。搜索、发现和解读信息的能力可以应用于无数生活举措，无论是金融、医疗、教育、安全……"

2016 年，世界教育创新峰会（WISE）与北京师范大学中国教育创新研究院联合发布的《21 世纪核心素养教育的全球经验》研究报告中指出，最受各经济体和国际组织重视的七大核心素养分别是：沟通与合作、创造性与问题解决、信息素养、自我认识与自我调控、批判性思维、学会学习与终身学习以及公民责任与社会参与。**21 世纪是信息化时代，在终身学习且数字化学习日益盛行的今天，良好的信息素养已经成为知识经济社会中人们实现终身学习的必要条件。**

时至今日，信息素养的重要程度及受重视度并没有因为人们能熟悉使用计算机、网络、移动设备而降低，反而因为身处数字化时代和"互联网+"时代而需要日益提高，互联网正在重塑世界，需要我们拥有更好的信息素养能力，社会也要求我们成为一个良好的数字公民。

1. 信息素养的内涵

信息素养是从图书检索技能发展和演变而来。其概念最早在 1974 年由美国信息产业协会主席保罗·柯斯基首次提出"信息素养是人们在解决问题时利用信息的技术和技能。"其后，随着信息素养研究的不断深入，对信息素养的界定也说法不一。其中比较权威的是美国图书馆协会于 1989 年给出的定义，即认为信息素养是个体能够认识到需要信息，并且能够对信息进行检索、评估和有效利用的能力。它包括文化素养、信息意识和信息技能三个层面。

1992 年，美国学者 Doyle 定义一个具有信息素养的人：能够认识到信息的需要；认识到正确的、完整的信息是做出决策的根本；能够形成基于信息需求的问题；能够确定可能的信息资源；能够展开成功的检索策略；能够访问信息，包括基于计算机和其他技术的信息；能够评价信息；能够为实际应用组织信息；能够将新的信息综合到现有的知识体系中；能够利用信息进行批判性思维和问题解决。

1998 年，美国图书馆协会和教育传播与技术协会共同制定了学生学习的九大信息素养标准。这一标准分信息素养、独立学习和社会责任三个方面表述，进一步丰富了信息素养的内涵。

标准一：具有信息素养的学生能够有效地和高效地获取信息。

标准二：具有信息素养的学生能够熟练地和批判地评价信息。

标准三：具有信息素养的学生能够有精确地、创造性地使用信息。

标准四：作为一个独立学习者的学生具有信息素养，并能探求与个人兴趣有关的信息。

标准五：作为一个独立学习者的学生具有信息素养，并能欣赏作品和其他对信息进行创造性表达的内容。

标准六：作为一个独立学习者的学生具有信息素养，并能力争在信息查询和知识创新中做得最好。

标准七：对学习社区和社会有积极贡献的学生具有信息素养，并能认识信息对民主化社会的重要性。

标准八：对学习社区和社会有积极贡献的学生具有信息素养，并能实行与信息和信息技术相关的符合伦理道德的行为。

标准九：对学习社区和社会有积极贡献的学生具有信息素养，并能积极参与小组的活动探求和创建信息。

我们可以这样理解，具有信息素养的人是"那些学会了如何学习的人，他们知道信息是如何组织的，知道如何找到所需要的信息，知道如何利用这些信息，使得自己和别人可以从中受益"。

2. 信息素养的组成要素

1974年美国提出的"信息素养"概念包括三个层面：文化层面（知识方面），信息意识（意识方面），信息技能（技术方面）。经过一段时期之后，正式定义为："要成为一个有信息素养的人，他必须能够确定何时需要信息，并已具有检索、评价和有效使用所需信息的能力。"

随着信息素养研究与实践的不断深入，事实证明信息道德也是信息素养较为重要的一方面。因此信息素养主要有四个组成要素，分别是信息知识、信息意识、信息能力、信息道德。信息素养的四个要素共同构成一个不可分割的统一整体，其中信息知识是基础、信息意识是先导、信息能力是核心、信息道德是保证。

（1）信息知识。

知识具体包括基础知识和信息知识。信息素养所具备的基础知识是指学习者平日所积累的学习知识和生活知识，基础知识起着一种潜移默化的作用。信息素养所涉及的信息知识是指与信息技术有关的知识的了解，包括信息技术基本常识、信息系统的工作原理、信息技术新发展问题。

（2）信息意识。

信息意识指个人平时具备的自我知识积累的意识，具有信息需求的意念，对信息价值有敏感性，有寻求信息的兴趣，具有利用信息为个人和社会发展服务的愿望并具有一定的创新意识。意念决定行动，信息意识的提高是塑造信息素养的先决条件。

第一，自我知识积累的意识。具备这方面素质的人会有意识地在平时学习和生活中积累各方面感兴趣的有价值的知识，丰富自己的视野和头脑。

第二，有意识地运用身边的信息技术手段与资源。信息的不完全性决定了我们对信息的认识只能是从某个侧面或多个侧面去认识，要想对信息了解更加全面及时，就得有意识地去运用身边的各种先进的科学技术，来辅助我们对周边事物的认识。

第三，对信息价值的敏感性。能够意识到哪些信息对自己的学习和生活以及社会发展有价值，能够从海量的信息中选取自己需要的信息。

第四，具备创新意识。信息技术飞速发展，一些新技术、新产品的更新速度也在不断地加快，掌握一种信息技术已经不再是一劳永逸的事情了，这就要求学习者要创造性的尝试应用一些新技术、新软件、新方法来辅助自己解决问题。

（3）信息能力。

信息素养中的信息能力隐含着对问题的解决能力，无论我们如何研究信息素养，最终的落脚点都应该是使学习者通过利用信息技术来提高对问题的解决能力，这才是最实实在在的目的。信息素养主要表现为以下 8 个方面的能力。

①运用信息工具：能熟练使用各种信息工具，特别是网络传播工具。

②获取信息：能根据自己的学习目标有效地收集各种学习资料与信息，能熟练地运用阅读、访问、讨论、参观、实验、检索等获取信息的方法。

③处理信息：能对收集的信息进行归纳、分类、存储记忆、鉴别、遴选、分析综合、抽象概括和表达等。

④生成信息：在信息收集的基础上，能准确地概述、综合、履行和表达所需要的信息，使之简洁明了，通俗流畅并且富有个性特色。

⑤创造信息：在多种收集信息的交互作用的基础上，迸发创造思维的火花，产生新信息的生长点，从而创造新信息，达到收集信息的终极目的。

⑥发挥信息的效益：善于运用接受的信息解决问题，让信息发挥最大的社会和经济效益。

⑦信息协作：使信息和信息工具作为跨越时空的、"零距离"的交往和合作中介，使之成为延伸自己，同外界建立多种和谐合作关系的高效手段。

⑧信息免疫：浩瀚的信息资源往往良莠不齐，需要有正确的人生观、价值观、甄别能力以及自控、自律和自我调节能力，能自觉抵御和消除垃圾信息及有害信息的干扰和侵蚀，并且完善合乎时代的信息伦理素养。

（4）信息道德。

信息道德是指在信息的采集、加工、存储、传播和利用等信息活动各个环节中，用来规范其间产生的各种社会关系的道德意识、道德规范和道德行为的总和。它通过社会舆论、传统习俗等，使人们形成一定的信念、价值观和习惯，从而使人们自觉地通过自己的判断规范自己的信息行为。

互联网的发展，使得一个全新的网络社会开始产生并逐渐繁荣，成了人们物理生活社会之外的另一个虚拟生活社会。更重要的是，网络社会在人们生活和社会发展中的趋势是不容置疑的。它对人们的工作、学习、生活的意义日趋重要，对社会经济、政治、文化发展的影响也逐日提升。但是在网络社会中，知识产权、个人隐私、信息安全、信息共享等各种问题也纷纷出现，使得传统的社会伦理道德在网络空间中显得苍白无力。为了规范和管理网络社会中的各种关系，伦理道德的手段被引入其中。目前，信息道德的研究和实践已经引起国内外的普遍重视。

3. 信息素养的培养

信息素养不是天生俱有的，而是通过后天培育而成的，像读、写、算等文化修养一样，通过教育和自己的努力获得，并以社会实践效果来衡量。

信息素养是一种基本能力，也是一种对信息社会的适应能力。美国教育技术 CEO 论坛 2001 年第 4 季度报告提出 21 世纪的能力素质，包括基本学习技能（指读、写、算）、信息素养、创新思维能力、人际交往与合作精神、实践能力。信息素养是其中一个方面，它涉及信息的意识、信息的能力和信息的应用。

信息素养更是一种综合能力。信息素养涉及各方面的知识，是一个特殊的、涵盖面很宽的能力，它包含人文的、技术的、经济的、法律的诸多因素，和许多学科有着紧密的联系。信息技术支持信息素养，通晓信息技术强调对技术的理解、认识和使用技能。它是一种了解、搜集、评估和利用信息的知识结构，既需要通过熟练的信息技术，也需要通过完善的调查方法、通过鉴别和推理来完成。信息素养是一种信息能力，信息技术是它的一种工具。

桑新民教授等国内研究学者提出了三个层次的信息素养能力的内涵和培养方法。

（1）第一层次：高效获取信息和批判性评价、选择信息的能力；有序化地归纳、存储和快速提取信息的能力；运用多媒体和网络表达信息、创造性使用信息的能力。

（2）第二层次：将以上一整套驾驭信息的能力转化为自主、高效地学习与交流的能力。

（3）第三层次：培养和提高信息文化新环境中公民的道德、情感、法律意识与社会责任。

这三个层次既指出了信息素养的内涵，又是个人信息素养的培养和评价标准。

21世纪，随着信息技术与课程的融合，数字化学习已经成为当今学习的趋势。信息素养是与读、写、算等一样重要的基础能力，只有不断提升自己的信息素养，丰富信息知识、提高信息意识、提升信息能力、加强信息道德的培养，我们才能更好地立足于信息化时代，提升自我，实现目标。

4. 养成良好的网络礼仪

数字化改变了文化的结构，重新定义了社会规范。网络礼仪是人们在使用互联网时应共同遵守的、约定俗成的一些规则、社会行为和方式，是一个人内在修养和素质的外在表现，体现着个人的网络形象。网络礼仪（netiquette）由网络（network）和礼仪（etiquette）构成。作为一个数字公民，良好的网络礼仪既是必备的能力，又是良好的信息素养的体现。

笔者于 2017 年曾在某大学开展关于网络礼仪的匿名调查，收集了 38 份样本。其中一题为，请列举出 2~3 个比较不喜欢的网络行为，通过统计得出的结果是：辱骂他人、键盘侠、垃圾广告、标题党、转发无聊信息等五类行为位列前茅。又如，当问到"微信聊天时，你喜不喜欢对方给你发微信语音？"时，41% 的被访者表示不喜欢，6% 的被访者表示喜欢，剩余的表示要视情况而定。可见，虽然网络礼仪并没有相对完整和一致的说法，但对于基本的网络礼仪，大家还是有比较集中的倾向。

下面是几个在网上比较通用的行为准则。

（1）记住别人的存在。网络上的行为会烙印在互联网上，全世界的网民都看得见。因此，要记住网络上有来自全世界的人，尊重他人是尊重自己的体现。

（2）尊重别人的时间和带宽。以微信语音为例，眼睛一分钟看字 668 个字，说话最快一分钟 250 个字，阅读比说话几乎快 3 倍。加之，有些语音没有经过思考，边想边说，有很多语气词、停顿、错误的纠正等，非常浪费听者的时间。

人民日报的微信公众号，在 2018 年 1 月 17 日曾转载了来自 Wechat Moments 的一篇推文《如何在微信里正确地回复'在吗？'这波操作我服！》网民们表示收到"在吗？"的信息后，都会脑补接下来可能进行的一场尬聊。例如有的网民认为，收到这种零信息量且提高沟通成本的信息，直接忽略不回复。接着通常有两种情况发生：要么对方憋不住，把事情说出来；要么对方忘记说或其实没啥事，直接了结了。

时间是最公平的，给予每个人同样的一天 24 小时或 1440 分钟或 86400 秒，如此宝贵！别当朋友是百度，提问题之前，自己先在百度上搜索一下，对问题有个基本概念，再咨询他人。态度诚恳，尽可能不要浪费他人的时间。在微信上，有事不一起说，一句一句的发，也是让接收方浪费时间，打扰接收方的行为。

（3）给自己留个好的网络形象，做到网上网下行为一致，别当键盘侠。

（4）切忌一时冲动，平心静气地争论，遇事宽容，换位思考。发帖、发信息前检查用词，注意泼出去的水收不回来。

（5）尊重/不透露他人的隐私。

（6）甄别是非。转发和评论时"慢半拍"，想想是不是假的，这正是对信息的思考和质疑。

(7) 注意不同国家、地域间的文化与习惯差异,线上同样也要尊重线下的礼仪。例如,近些年,男女平等意识在英语单词上有所体现,主席从 chairman 变成 chairperson、商人由 businessman 变成了 businessperson、警察由 policeman 变成了 police officer、人工的多用 artificial 而不是 manmade,人力资源是 human resources 而不用 manpower 等,在使用英文交流时需要注意措辞。

(8) 不传播不实的"八卦消息";不转发过分低级庸俗的内容和图片(因为你所传播的内容是你自身品味的客观反映);不随意发广告链接和产品推广,尤其是虚假和过度夸张的广告。不可强制别人转发你的作品,比如:转了将走大运、发大财,不转将会如何如何……这是微信交流中的大忌。

(9) 不能随意发表未经他人同意、带有个人隐私性质的内容和图片,这涉及侵犯肖像权、隐私权等公民权利。

(10) 涉及国家和工作单位机密的内容决不能发,这些内容哪怕一对一发也不妥,网络信息时代,互联网上的传播都有被记录和泄密的可能。

微信不仅是交流方式,还是生活方式,于是出现了"微德"这一概念,指微信上表现出来的品德,在一定程度上反映了一个人的情商和教养。微信已经成为当前主要的交流方式,我们很多时候都是通过微信去了解一个人,特别是线下见面和交集较少的人,基本都取决于其在微信上的表现。微信也有一些比较集中的日常行为规范:

(1) 少问"在吗",有事直接说;

(2) 一条消息能说明白的事,就不要分成好几条;

(3) 加别人好友,如果不是熟悉的,最好说明你是谁、要干啥,如果没通过,就别再加了;

(4) 别随便拉人进群,尤其是购物或者活动群,邀请链接发一遍对方没反应,就别再发了;

(5) 珍惜经常给你朋友圈评论的人,如果你不是特别反感 ta,最好也在对方的朋友圈有个互动,或统一回复谢谢关注等;

(6) 工作上的事情尽量不要在非工作时间说,一定要说的话先表达歉意,如果要拜托别人做什么事,要用敬语;

(7) 尽量别把跟朋友的私人对话截图到朋友圈,特别想截的话,要么取得别人同意,要么遮盖掉朋友姓名,确保不会给朋友带来困扰;

(8) 不要在别人朋友圈评论中说涉及人家隐私的事情,朋友圈是一个现在及未来都可能被圈里人看到的生活圈子;

(9) 重要的或紧急的事情,比如借钱等,在微信中留下记录,再补充打个电话确认会更好;

(10) 别让微信绑架你的生活:微信是把双刃剑,把握好尺度才能让微信更好地服务我们的工作和生活,绝不能成为低头一族,影响工作、生活和健康。

多换位思考，培养好的"微德"，愿大家成为受人欢迎的微信达人。

5．案例：使用电子邮件的礼仪

由于电子邮件较正式，且可以记录、转发、抄送来往信息，是商业来往、确定重要事务的最通用的交流方式。俗话说"礼多人不怪"，有恰当礼仪的电子邮件中就像有礼貌的人一样受欢迎。下面我们以电子邮件为例，从电子邮件发送的基本过程来介绍网络交往时应注意的基本礼仪。

扫一扫，观看"使用电子邮件的礼仪"

（1）把电子邮件地址放置在合适的位置。

邮件的收件人分三种：收件人指该电子邮件的主要受理人和回应人；抄送（carbon copy，即 cc）指需要知道邮件所指的事情、不一定需要但也可以对该邮件进行响应的收件人；密送（blind carbon copy，即 bcc）是发件人不想其他收件人知道该邮件还发给了他们，则应把相应的邮件地址归入密送地址栏中，秘密发送。如果同一收件人中，存在多个收件人时，一般按职位由高到低排列。

比较约定俗成的规则是，只有收件人中的联系人才是邮件真正发送的对象和邮件中的事情的诉说对象；抄送栏中的联系人，只是旁听者的身份，一般是收件人的上下级，需要对提及的事情有所知晓，或是因为在邮件中被提到，加入抄送一栏以示礼貌。

存在多个收件人时，根据收件人对事情的负责任程度高低以及职位高低，按顺序放置到相应的收件人位置中。

（2）群发邮件注意隐私。

例如，给参加商务会议的代表发送群邮件，应采用"分别发送"的方式，每个收件人将只收到单独发给他/她的邮件，认为该邮件是唯一指向他/她的，看不到其他收件地址；或采用密送的方式，隐藏收件人地址，保护与会人员的隐私。

（3）采用清晰简洁的邮件标题。

邮件标题是邮件的提纲挈领，便于收件人权衡轻重缓急。不要使用空白标题，这是最失礼的；用简洁的词语较完整地表述邮件的目的和内容。经过多次回复的邮件，邮件标题会自动加上"回复"，变成"回复回复……"，标题栏通常不够位置显示出原来的标题，应删除多余的"回复"，或使用更能表达当前邮件主要内容的新标题。

（4）采用恰当的开首敬辞（openings salutation）和问候（greetings）。

得体的开场白能获得对方的好感。如何称呼对方取决于收件人与发件人的关系，应恰当地称呼收件者，拿捏好尺度。邮件的开头对收件人的恰当称呼，既彰显礼貌，也明确提醒某收件人，此邮件是面向他/她的，要求给出必要的回应。在存在多个收件人的情况下，可以称呼：大家好、Dear all。称呼一般是在

第一行显示，顶格书写。

（5）正文逻辑清晰、通顺。

正文应简明扼要地说清楚事情。行文通顺，多用简单词汇和短句，准确清晰地表达。ABC法则是用于提高电子邮件质量的常用的内容框架，可帮助发件人把信息放到电子邮件的正确位置，即把信的主体分成三个部分：行动简述（action summary）、背景（background）和结尾（close），以便于把事情以最简洁的形式呈现给收件人。

（6）结尾致语（closings alutation）有礼貌且恰到好处。

中文的公务性书信，一般在结尾写上"祝好""敬上""祝工作顺利""此致敬礼"等。在非常正式的场合应完全使用信件标准格式，如"祝"和"此致"紧接上一行结尾或换行开头空两格，而"顺利"和"敬礼"需要再换行顶格写。

英文的电子邮件结尾通常使用的敬辞为 Sincerely yours 或 Sincerely, With best regards, Best regards, Regards 等表示对收件人敬意和尊敬的用法也是比较安全的。

（7）签名。

QQ邮箱等邮件收发软件一般都具有个性化签名编辑功能，可针对商务、朋友等用途制作具有不同信息的签名。商务上的签名包括姓名、职务、公司、电话、传真、地址等必要信息，还可以把座右铭、公司的宣传口号等作为签名档，以4~6行为宜。

（8）附件。

当电子邮件带有附件时，应在正文中提示收件人查看附件，并对附件内容作简要说明，特别是带有多个附件时；如果附件是特殊格式文件，应说明其打开方式。附件文件应恰当命名，名字最好能够概括附件的内容，方便收件人下载后管理。如果附件数目超过4个，打包压缩成一个文件夹发送。

上面所提及的注意事项是按电子邮件发送过程进行分析，除此以外，以下几点也是需要注意的内容。

（1）电子邮件可被永久保存，并能轻易地被转发，与在网络上的言论一样，也要注意电子邮件的言论。

（2）不能期盼收件人像看小说一样看电子邮件，没分段的长篇大论显得没有礼貌。因此，当正文内容较多时，最好列几个段落进行清晰明确的说明，每个段落简短，不冗长。

（3）最好在一封邮件中把相关信息全部准确表达清楚，避免有错误和遗漏，免得之后再补发"补充"或者"更正"之类的邮件，让人感觉不专业。

（4）在邮件发送之前，务必仔细阅读一遍，反复检查行文是否通顺，尽可能避免拼写错误和错别字。

（5）在邮件回复礼仪方面，尽量及时回复重要的电子邮件；对于优先级别较低的邮件，可集中在特定时间处理，但一般不要超过 24 小时；对于无法及时和确切回复的电子邮件，可以回复："收到了，我们正在处理，将尽快回复"等；出差或休假时，可设定自动回复功能，提示发件人，以免影响工作；回复收件人发来的问题时，采用针对性回复，把相关的问题逐条复制到回信中，附上答案，提高交流的效率。

（6）对于有抄送的电子邮件或群邮件，要区分 Reply（单独回复）和 Reply All（回复全体）。一般，如果需要对发件人提出的要求作出结论或响应，应该回复全体，让大家都知道；如果对发件人的电子邮件内容不清楚或有不同的意见，应与发件人单独沟通，否则过多的回复，对无关人员产生信息垃圾。总之，点击"回复全部"前，要三思而行！

（7）不要向领导上司频繁发送没有确定结果的邮件。

（8）主动控制邮件的来往，避免无谓的回复，产生垃圾信息，降低效率。例如，对于无须对方回复的电子邮件，可在文末添上以下语句："告知而已，无须回复""仅供参考，无须回复"等。

在现实工作生活中，有很多人每天花好几个小时阅读和回复电子邮件，占用了大量的时间。高效管理邮件已经成为信息时代人们必备的技能。邮件只是工具，要学会高效使用，让自己成为邮箱的主人而不是奴隶。不要让收件箱占据我们过多的工作时间，而要让它帮助我们更好地完成工作。

这个时代，从不缺低效的埋头苦干，最缺乏的是科学高效的方法和目标精准的方向。机会只留给有准备的大脑，利用数字化学习的方法和工具通过高效的个人知识管理，促进数字化学习的效率和质量，提升执行力和行动力，通过优化决策，培养强健的网络精神体能，在"互联网＋学习"时代尤为重要。

【参考文献】

[1] 成甲. 好好学习：个人知识管理精进指南［M］. 北京：中信出版社，2017.
[2] 尼克·米尔顿，帕特里克·拉姆. 知识管理 为业务绩效赋能［M］. 北京：人民邮电出版社，2018.
[3] 苏力萍. 商业智能理论与应用实践［M］. 北京：中国科学技术出版社，2012.
[4] 李梓房. 知识结构与知识型企业成长［M］. 北京：经济日报出版社，2008.
[5] 阿肖克·贾夏帕拉. 知识管理：一种集成方法［M］. 2 版. 北京：中国人民大学出版社，2013.
[6] 卡拉·欧戴尔等. 知识管理如何改变商业模式［M］. 北京：机械工业出版社，2016.
[7] 梁林梅，孙俊华. 知识管理［M］. 北京：北京大学出版社，2011.
[8] 葛新红，黄斯涵. 跟我们做知识管理［M］. 北京：北京大学出版社，2014.
[9] 竹内弘高，野中郁次郎. 知识创造的螺旋知识管理理论与案例研究［M］. 北京：水利

水电出版社,2012.
- [10] 申恩平. 知识管理与组织学习——提升企业合作创新能力的内蕴性支撑 [M]. 浙江:浙江大学出版社,2017.
- [11] 郑晓东. 工程设计领域的知识管理——从信息化到知识化的实践智慧 [M]. 南京:东南大学出版社,2018.
- [12] 佚名. 知识管理:原理与实践 [M]. 北京:北京大学出版社,2009.
- [13] 田志刚. 你的知识需要管理 [M]. 辽宁:辽宁科学技术出版社,2010.
- [14] 迈尔·舍恩伯格,库克耶. 大数据时代 [M]. 浙江:浙江人民出版社,2013.
- [15] 彼得·德鲁克. 卓有成效的个人管理 [M]. 北京:机械工业出版社,2014.
- [16] 罗振宇等. 罗辑思维:我懂你的知识焦虑 [M]. 北京:中国友谊出版公司,2017.
- [17] 百度百科:知识结构,https://baike.baidu.com/item/知识结构/10787827.

第4章 数字化学习资源的整合

数字化学习资源数量庞大，但质量参差不齐，若要高效地利用，我们需要对其进行资源整合。这里所说的数字化学习资源的整合，是指针对学习者个人而言，在互联网海量资源中检索、管理、优化和应用数字化学习资源。本章围绕文献、云笔记、MOOC等重要学习资源，阐述检索、处理、利用学习资源的方法和技巧，并结合具体的数字化学习案例，带大家一起体验数字化学习的资源整合和应用，提升个人知识管理能力和信息素养。

4.1 数字化学习时代的信息检索

数字化学习是信息时代学习的重要方式，身处信息时代的我们必须顺应时代的潮流做一名合格的学习者。同时，数字化学习对学习者提出了更高的要求，要求学习者具有终身学习的态度和能力，要求学习者具有良好的信息素养。掌握信息检索的方法是具备信息素养的基础，学会通过搜索引擎进行信息检索、学会文献的检索与管理是数字化学习的必备基础。

4.1.1 利用搜索引擎进行信息检索

1. 搜索引擎的概念与工作原理

百度百科认为，信息检索（information retrieval）是用户进行信息查询和获取的主要方式，是查找信息的方法和手段。狭义的信息检索仅指信息查询（information search），即用户根据需要，采用一定的方法，借助检索工具，从信息集合中找出所需要信息的查找过程。广义的信息检索是信息按一定的方式进行加工、整理、组织并存储起来，再根据信息用户特定的需要将相关信息准确地查找出来的过程，又称信息的存储与检索。一般情况下，信息检索指的就是广义的信息检索。

利用搜索引擎是信息检索的重要手段之一。搜索引擎（search engine）是指根据一定的策略、运用特定的计算机程序从互联网上搜集信息，在对信息进行组织和处理后，为用户提供检索服务，将用户检索相关的信息展示给用户的系统。

搜索引擎起源于传统的信息全文检索理论，即计算机程序通过扫描每一篇文章中的每一个词，建立以词为单位的排序文件，检索程序根据检索词在每一篇文章中出现的频率和每一个检索词在一篇文章中出现的概率，对包含这些检索词的文章进行排序，最后输出排序的结果。搜索引擎的基本工作原理与此相似，首先在互联网中发现、搜集网页信息；同时对信息进行提取和组织、建立索引库；再由检索器根据用户输入的查询关键字，在索引库中快速检出文档，进行文档与查询的相关度评价，对将要输出的结果进行排序，并将查询结果返回给用户。

搜索引擎的基本工作原理如图4-1所示。

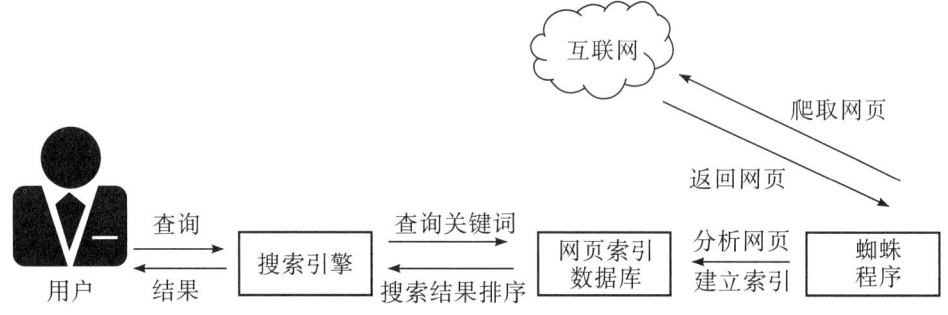

图4-1 搜索引擎的工作原理图

（1）抓取网页。

搜索引擎利用能够从互联网上自动收集网页的蜘蛛程序，自动访问互联网，并沿着任何网页中的所有URL爬到其他网页，不断重复这过程，把爬过的所有网页收集回来。

（2）处理网页。

搜索引擎的蜘蛛程序遍历Web空间，能够扫描一定IP地址范围内的网站，并沿着网络上的链接从一个网页到另一个网页，从一个网站到另一个网站采集网页资料。它为保证采集的资料最新，还会回访已抓取过的网页。蜘蛛程序采集的网页，还要有其他程序进行分析，根据一定的相关度算法进行大量的计算建立网页索引，才能添加到索引数据库中。

（3）提供检索服务。

真正意义上的搜索引擎，通常指的是收集了因特网上几千万到几十亿个网页并对网页中的每一个词（即关键词）进行索引，建立索引数据库的全文搜索引擎。当用户查找某个关键词的时候，所有在页面内容中包含了该关键词的网页都将作为搜索结果被搜索出来。在经过复杂的算法排序后，这些结果将按照与搜索关键词的相关度高低，依次排列，并把排序后的链接信息返回给用户。

2. 常见的搜索引擎

互联网上的搜索引擎站点非常多，各个搜索引擎在内容、检索方法上都不尽相同，用户在查找信息的时候，一般只需要用到几个主要的搜索引擎进行搜索即可。以下是目前市场占有率较高的中英文搜索引擎。

（1）中文搜索引擎。

①百度（http://www.baidu.com）。百度是全球最大的中文搜索引擎，2000年1月由李彦宏、徐勇两人创立于北京中关村，致力于向人们提供"简单，可依赖"的信息获取方式。"百度"二字源于中国宋朝词人辛弃疾的《青玉案·元夕》中的词句"众里寻他千百度"，象征着百度对中文信息检索技术的执着追求。而其主要的优势在：PC端和移动端是最大搜索入口，市场份额占绝对优势；PC端及移动端整合最好的搜索引擎，商业产品体系最健全；积极打造"技术+服务"的互联网生态圈和未来商业平台。

②360搜索（https://www.so.com）。360搜索属于元搜索引擎，是搜索引擎的一种，是通过一个统一的用户界面帮助用户在多个搜索引擎中选择和利用合适的（甚至是同时利用若干个）搜索引擎来实现检索操作，是对分布于网络的多种检索工具的全局控制机制。

③神马搜索（https://m.sm.cn）。神马搜索是UC和阿里巴巴在2013年成立的合资公司推出的移动搜索引擎。神马是一支创业团队，由全球用户量最大的移动浏览器UC与中国互联网行业领军企业阿里巴巴共同发起组建，并由来自微软、谷歌、百度、360等国内外IT公司的资深员工所组成，神马专注于移动搜索用户的刚需满足和痛点解决，致力于创造有用、有趣的全新移动搜索体验。

④搜狗搜索（https://www.sogou.com）。搜狗搜索是搜狐公司于2004年8月3日推出的全球首个第三代互动式中文搜索引擎。搜狗搜索是中国领先的中文搜索引擎，致力于中文互联网信息的深度挖掘，帮助中国上亿网民加快信息获取速度，为用户创造价值。

（2）英文搜索引擎。

①Google（https://www.google.com）。谷歌搜索引擎是谷歌公司的主要产品，也是世界上最大、应用最广泛的搜索引擎，由两名斯坦福大学的理学博士生拉里佩奇和谢尔盖布林在1996年建立。

谷歌搜索引擎拥有网站、图像、新闻组和目录服务四个功能模块，提供常规搜索和高级搜索两种功能。

②Bing（https://cn.bing.com）。微软必应（英文名：Bing）是微软公司于2009年5月28日推出，用以取代Live Search的全新搜索引擎服务。为适应中国用户使用习惯，Bing中文品牌名为"必应"。

Bing搜索的最大特点在于，与传统搜索引擎只是单独列出一个搜索列表不

同，Bing还会对返回的结果加以分类。在Bing搜索页面，直接显示国内版与国际版的搜索。

③Yahoo（https://www.yahoo.com）。雅虎是最老的"分类目录"搜索数据库，也是最重要的搜索服务网站之一。雅虎有英、中、日、韩、法、德、意、西班牙、丹麦等12种语言版本，各版本的内容互不相同。提供目录、网站及全文检索功能。目录分类比较合理，层次深，类目设置好，网站提要严格清楚，网站收录丰富，检索结果精确度较高。

3. 垂直搜索引擎

垂直搜索引擎是针对某一个行业的专业搜索引擎，是对网页库中的某类专门的信息进行一次整合，定向分字段抽取出需要的数据进行处理后再以某种形式返回给用户。垂直搜索是针对相对于通用搜索引擎的信息量大、查询不准确、深度不够等问题提出来的新的搜索引擎服务模式，并为某一特定领域、某一特定人群或某一特定需求提供有一定价值的信息和相关服务。其特点就是"专、精、深"，且具有行业色彩，相对于通用搜索引擎的海量信息无序化，垂直搜索引擎则显得更加专注、具体和深入。

由于垂直搜索引擎为用户提供的并不是上百甚至上千万相关网页，而是范围极为缩小、极具针对性的具体信息，因此特定行业的用户更加青睐垂直搜索引擎。

垂直搜索的应用方向很多，比如图片搜索、音频搜索、视频搜索、地图搜索、购物搜索、文献搜索……几乎各行各业各类型的信息都可以进一步细化成各类的垂直搜索引擎。以下列举部分常用的垂直搜索引擎。

（1）图片搜索引擎。

①百度图片（https://image.baidu.com）

②昵图网（http://www.nipic.com）

③千图网（http://www.58pic.com）

（2）音频搜索引擎。

①站长音效素材（http://sc.chinaz.com/yinxiao）

②网易云音乐（https://music.163.com）

③QQ音乐（https://y.qq.com）

（3）视频搜索引擎。

①优酷（https://www.youku.com）

②腾讯视频（https://v.qq.com）

③爱奇艺（http://www.iqiyi.com）

（4）地图搜索引擎。

①百度地图（https://map.baidu.com）

②高德地图（https://www.amap.com）

③腾讯地图（https://map.qq.com）

（5）购物搜索引擎。

①京东（https://www.jd.com）

②淘宝（https://www.taobao.com）

③天猫（https://www.tmall.com）

（6）文献搜索引擎。

①中国知网（http://www.cnki.net）

②百度学术（http://xueshu.baidu.com）

③万方数据（http://www.wanfangdata.com.cn）

4. 利用搜索引擎进行搜索——以百度为例

百度是全球最大的中文搜索引擎，在中国地区范围内来说市场占有率和使用率都是最高的。百度拥有数万名研发工程师，这是中国乃至全球非常优秀的技术团队。这支队伍掌握着世界上最为先进的搜索引擎技术，使百度成为中国掌握世界尖端科学核心技术的中国高科技企业，也使中国成为美国、俄罗斯、和韩国之外，全球仅有的4个拥有搜索引擎核心技术的国家之一。

（1）输入关键词简单进行搜索。

相信大部分上过网的人都使用过百度进行搜索，打开百度网页，在搜索框里输入关键词，"百度一下"后搜索引擎在相应的索引数据库中查找相关的信息，与关键词相关的网页将以一定的排序通过浏览器页面显示出来。这种搜索方式是使用最普遍的搜索方式。一般的搜索步骤如下。

扫一扫，观看"输入关键词简单搜索"

①打开浏览器（IE浏览器、360浏览器、搜狗浏览器等）；

②在浏览器地址栏输入百度的网址http://www.baidu.com，按下回车键进入百度网站页面；

③在百度搜索框中输入搜索关键词，如"数字化学习"，鼠标单击"百度一下"，浏览器页面就会把百度搜索引擎所找到的网站按一定的排序显示出来，鼠标单击网站标题可链接到相应的网站。

（2）输入关键词进行高级搜索。

百度的高级搜索是通过百度已设定好的搜索规则进行搜索，使用户搜索的结果更符合用户的需求，使搜索的结果更准确。目前百度高级搜索包含以下几种方式。

①搜索结果包含以下全部的关键词：与百度首页的直接输入关键词搜索一样。

②搜索结果包含以下的完整关键词：限定关键词为完整搜索，不进行拆分搜索。

③搜索结果包含以下任意一个关键词：搜索关键词时可以将关键词进行拆分搜索。

④搜索结果不包括以下关键词：搜索关键词时排除指定的关键词。

⑤限定搜索的网页时间：如搜索最近一天、最近一周、最近一月等发布的网页。

⑥搜索网页格式：限定搜索的网页文档格式为 pdf、doc、xls、ppt 等。

⑦查询关键词位置：如网页的任何地方、仅网页的标题中、仅在网页的 URL 中。

⑧限定要搜索指定的网站：仅仅在限定的网站内搜索关键词。

扫一扫，观看"输入关键词高级搜索"

（3）结合搜索语法进行搜索。

搜索引擎可以帮助学习者在互联网上找到需要的信息，但同时在搜索的过程中也会返回大量的无关信息，大大降低资源获取的效率。结合搜索语法进行搜索，可以提高资源获取效率。

扫一扫，观看"结合搜索语法进行搜索"

①使用双引号精确查询。

给要查询的关键词加上半角双引号，这种检索方式要求搜索引擎要精确匹配关键词，不能包含演变形式，实现精确查询。例如在搜索引擎的文字框中输入"翻转课堂"，搜索引擎会返回网页中有"翻转课堂"这个关键字的网址，而不会返回包含"翻转式课堂"之类的网页。

②使用双括号任意查询。

给要查询的关键词加上半角双括号，这种检索方式要求搜索引擎要任意匹配关键词。例如在搜索引擎的文字框中输入（数字化学习资源），搜索引擎会返回网页中有"数字学习资源""数字学习""学习资源"等任意关键字的网址。

③使用布尔逻辑"与"进行搜索。

布尔逻辑"与"的符号为"&"，表示用"&"连接的两个关键词必须同时出现在查询结果中，例如，"移动学习＆泛在学习"的检索式要求查询结果中必须同时包含移动学习和泛在学习。

④使用布尔逻辑"或"进行搜索。

布尔逻辑"或"的符号为"｜"，表示用"｜"连接的两个关键词中的任意一个出现在查询结果中，例如，"移动学习｜泛在学习"的检索式要求查询结果中可以只有移动学习，或只有泛在学习，或同时包含移动学习和泛在学习。

⑤使用布尔逻辑"非"进行搜索。

布尔逻辑"非"的符号为"-",表示用"-"连接的两个关键词中保留第一个关键词并排除第二个关键词,例如,"移动学习-泛在学习"的检索式要求查询的结果中只包含移动学习,不包含泛在学习。其中要注意"-"与第一个关键词之间必须有空格。另外,为了确保搜索的准确性,还可以进行更精确地搜索,如"移动学习-(泛在学习)",代表第二个关键词是任意组合或拆分都不进行查询。

⑥限定搜索文件格式——filetype:文件格式。

filetype的主要功能是限定搜索结果的文件类型,即通过该搜索语法可以搜索特定格式的文件。互联网上除了网页格式文件之外,还提供了各种类型的文件格式,比如doc、pdf、ppt等文件。例如,"filetype:ppt 掌握学习理论",搜索"掌握学习理论"带有ppt文档格式的网页。

⑦把搜索范围限定在特定站点——site:站名。

site的主要功能是在某特定的网站中检索信息。例如,"site:wenku.baidu.com 信息检索",是限定在百度文库网站内搜索关于信息检索的网页。

⑧把搜索范围限定在网页标题中——intitle:标题。

intitle语法的主要功能是:只返回网页标题包含关键词的页面。网页标题通常是对网页内容的归纳,根据网页标题的内容进行检索,有时也能获得良好的效果。例如"intitle:数字化学习",搜索网页标题含有"数字化学习"的网页。

5. 检索并阅读微信公众号的文章

随着移动互联网的发展,我们获取信息的渠道越来越多,国内使用最多的社交软件就是微信。由于微信的影响力巨大,许多专家、学者都会在微信上开设公众号用于发布文章。在微信公众号上阅读文章,一般来说可以点击查看他人转发的文章链接,还可以关注自己喜欢的公众号从而针对性地浏览阅读。利用手机来阅读文章,最大的优点就是可以随时随地进行阅读,但同时也有许多缺点,例如手机屏幕小不适宜长时间阅读、文章难以作为素材来利用等。因此,这时候我们需要寻找其他更好的检索与阅读途径。

(1)利用微信电脑端检索微信公众号的文章。

第一种是最原始的方法就是使用微信电脑端来检索微信公众号的文章,具体的操作步骤如下:

①打开微信电脑端并扫码登录微信

②鼠标单击微信搜索框,在下拉列表中选择"搜一搜"

③在"搜一搜"搜索框中输入检索关键词,如图4-2所示。

数字化学习

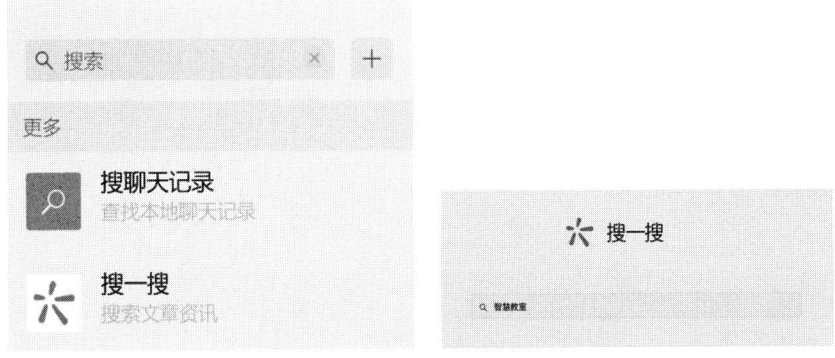

图4-2 微信电脑端的文章检索

④搜索出的文章按默认排序,也可选择按发布时间排序,如图4-3所示。

图4-3 微信电脑端的文章检索结果排序

(2) 利用搜狗微信检索微信公众号的文章。

搜狗微信搜索是搜狗在2014年6月9日推出的一款针对微信公众平台而设立的搜索引擎。相对于微信电脑端,搜狗微信功能更全面,具体的操作步骤如下:

①打开浏览器,输入搜狗微信的网址 http://weixin.sogou.com;

②网页搜索框中输入检索关键词,可搜文章名或公众号,如图4-4所示。

第4章　数字化学习资源的整合

图4-4　搜狗微信文章检索

③搜索结果可以限定发布时间及所属的公众号，如图4-5所示。

图4-5　搜狗微信文章检索结果

（3）使用讯飞有声APP"听"文章。

其实阅读文章不一定只局限于文字阅读，还可以通过音频来阅读。频繁地文字阅读往往对我们的视力造成不少的影响，因此除了以文字阅读的方式来获取文章的信息以外，有些时候还可以选择使用讯飞有声APP来"听"文章。具体的操作步骤如下：

①下载安装并打开讯飞有声APP；

②点击"听公众号",在搜索框输入搜索关键词,点击需要查看的文章,点击"收听文章"进行收听;

此外,由于讯飞有声 APP 里涵盖的微信公众号文章数量相对较少,有可能搜索不到需要查看的文章,此时可以复制微信公众号的文章链接,在讯飞有声 APP 中进行"一键收听"。例如,先开启讯飞有声 APP,然后打开一篇微信公众号文章,点击"复制链接",在弹出的窗口中点击"立即朗读"即可收听文章内容,如图 4-6 所示。此外,讯飞有声 APP 还提供听单排序、朗读速度设置等功能。

图 4-6 使用讯飞有声 APP "听" 文章

4.1.2 文献检索

文献检索(Information Retrieval)是指根据学习和工作的需要获取文献的过程。近代认为文献是指具有历史价值的文章和图书或与某一学科有关的重要图书资料,随着现代网络技术的发展,文献检索更多是通过计算机技术来完成。无论在日常学习还是工作中,我们总需要查阅一些相关文献来获取专业的知识,尤其在学术研究中,需要翻阅前人的研究作为参考,这时就需要应用到文献数据库。

百度百科认为,文献数据库是指计算机可读的、有组织的相关文献信息的集合。在文献数据库中，文献信息不是以传统的文字表示，而是将文字用二进制编码的方式表示，按一定的数据结构，有组织地存储在计算机中，从而使计算机能够识别和处理。文献数据库是当前通过遍布于全世界的通信网络进行联机情报检索的最早的和主要的处理和检索对象。

文献数据库在应用上主要分为引文索引数据库和全文数据库。

引文索引数据库，就是将各种参考文献的内容按照一定规则记录下来，集成为一个规范的数据集。通过这个数据库，可以建立著者、关键词、机构、文献名称等检索点，满足作者论著被引，专题文献被引，期刊、专著等文献被引，机构论著被引，个人、机构发表论文被引等情况的检索。

全文数据库，即收录有原始文献全文的数据库，以期刊论文、会议论文、政府出版物、研究报告、法律条文和案例、商业信息等为主。全文数据库免去了文献标引著录等加工环节，减少了数据组织中的人为因素，因此数据更新速度快，检索结果查准率更高；同时由于直接提供全文，省去了找到原文的麻烦，因此深受用户喜爱。

1. 中文文献数据库

（1）中文引文索引数据库。

①中国科学引文数据库。

中国科学引文数据库（Chinese Science Citation Database，简称CSCD）。创建于1989年，收录我国数学、物理、化学、天文学、地理学、生物学、农林科学、医药卫生、工程技术和环境科学等领域出版的中英文科技核心期刊和优秀期刊千余种。目前已积累从1989年到现在的论文记录4818977条，引文记录60854096条。

中国科学引文数据库内容丰富、结构科学、数据准确。系统除具备一般的检索功能外，还提供新型的索引关系——引文索引，使用该功能，用户可迅速从数百万条引文中查询到某篇科技文献被引用的详细情况，还可以从一篇早期的重要文献或著者姓名入手，检索到一批近期发表的相关文献，对交叉学科和新学科的发展研究具有十分重要的参考价值。中国科学引文数据库还提供了数据链接机制，支持用户获取全文。

中国科学引文数据库具有建库历史最为悠久，专业性强，数据准确规范、检索方式多样、完整、方便等特点。自提供使用以来，深受用户好评，被誉为"中国的SCI"。

②中国科技论文与引文数据库。

中国科技论文与引文数据库即Chinese Science and Technology Paper and Citation Database（以下简称CSTPCD）。它是中国科技信息研究所信息分析研究中心与万方数据库公司在历年开展科技论文统计工作的基础上，开发的多功能数据库，共设论文分析与引文分析两部分，它既有科技论文与引文的统计分析功

能，又有很强的文献检索功能。它通过先进的信息技术手段自动完成数据的采集、建库和统计分析工作，为科技界研究与评价科学活动水平和交流传播机制提供了必要的手段和工具。

③《中文社会科学引文索引》。

《中文社会科学引文索引》即 *Chinese Social Sciences Citation Index*（简称CSSCI）。CSSCI由南京大学与香港科技大学合作研制，被列为教育部人文社会科学研究"九五规划"重大项目。从1998年起，每年出版一版。《中文社会科学引文索引》的光盘和网络版为用户提供了方便、灵活的获取来源文献和被引信息的多种方法和途径，可以作为社会科学研究成果评价的参考指标之一。

④中国学术期刊综合评价数据库。

中国学术期刊综合评价数据库即 Chinese Academic Journal Comprehensive Evaluation Database（简称CAJCED）。CAJCED是国家级火炬计划项目，是以《中国学术期刊（光盘版）》和中国期刊网专题全文数据库的评价数据为基础而建立起来的大型数据库。CAJCED是《中国核心期刊要目总览》数据源统计的分析工具，是中国科学引文数据库和中国人文社科引文数据库来源期刊的重要依据。该数据库为各期刊管理部门进行期刊管理、评比及期刊的其他定量分析研究提供依据和统计分析结果，在中国学术期刊综合评价数据库来源期刊及其统计分析的基础上结合《中文核心期刊要目总览》，由评价中心"中国人文社会科学引文数据库"的专家遴选900多种社科类优秀期刊作为来源期刊。

⑤百度学术。

百度学术搜索是百度旗下的提供海量中英文文献检索的学术资源搜索平台，2014年6月初上线，涵盖了各类学术期刊、会议论文，旨在为国内外学者提供最好的科研体验。

"世界很复杂，百度更懂你"，百度学术搜索可检索到收费和免费的学术论文，并通过时间筛选、标题、关键字、摘要、作者、出版物、文献类型、被引用次数等细化指标提高检索的精准性。百度学术搜索频道还是一个无广告的频道，页面简洁大方保持了百度搜索一贯的简单风格。

百度学术本身不提供文献的下载渠道，但提供中国知网、万方数据、维普资讯、Springer Link、ScienceDirect、Wiley Online Library等来源数据库的文献检索，能否免费下载视乎于用户是否拥有来源数据库的下载权限，往往用户能够在百度文库、豆丁网、道客巴巴、爱学术等来源网站上下载到文献。

在百度学术搜索中，用户还可以选择将搜索结果按照"相关性""被引频次""发表时间"三个维度分别排序，以满足不同的需求。

（2）中文全文数据库。

①中国知网。

中国知网可以说是当前我国内使用最为广泛、影响力最大的一个中文文献搜索网站。中国知网由清华大学、清华同方发起，始建于 1999 年 6 月，是以实现全社会知识资源传播共享与增值利用为目标的信息化建设项目，是由 CNKI 工程集团经过多年努力，采用自主开发并具有国际领先水平的数字图书馆技术，建成的世界上全文信息量规模最大的"CNKI 数字图书馆"。

中国知网的具体目标包括：

第一，大规模集成整合知识信息资源，整体提高资源的综合和增值利用价值；

第二，建设知识资源的互联网传播扩散与增值服务平台，为全社会提供资源共享、数字化学习、知识创新信息化条件；

第三，建设知识资源的深度开发利用平台，为社会各方面提供知识管理与知识服务的信息化手段；

第四，为知识资源生产出版部门创造互联网出版发行的市场环境与商业机制，大力促进文化出版事业、产业的现代化建设与跨越式发展。

中国知网的数据库主要包含 CNKI 源数据库、外文类、工业类、农业类、医药卫生类、经济类和教育类多种数据库。其中综合性数据库为中国期刊全文数据库、中国博士学位论文数据库、中国优秀硕士学位论文全文数据库、中国重要报纸全文数据库和中国重要会议论文全文数据库。

目前大部分高校的图书馆都已购买了中国知网的数据库，学校师生在校内可通过校园网的 IP 地址直接登录免费使用，若在校外可通过使用学校 VPN 进入中国知网也可免费使用。但如果个人或单位没有统一购买中国知网的数据可使用权，则需付费使用。

② 万方数据库。

万方数据库是由万方数据公司开发的，涵盖期刊、会议纪要、论文、学术成果、学术会议论文的大型网络数据库。它集纳了理、工、农、医、人文五大类、70 多个类目，共 7600 种科技类期刊全文，其开发公司——万方数据股份有限公司是国内第一家以信息服务为核心的股份制高新技术企业，是在互联网领域，集信息资源产品、信息增值服务和信息处理方案为一体的综合信息服务商。

③ 维普资讯网。

维普资讯网，建立于 2000 年。网站陆续建立了与谷歌学术搜索频道、百度文库、百度百科的战略合作关系。网站目前遥遥领先数字出版行业发展水平，数次名列中国出版业网站百强，并在中国图书馆业、情报业网站排名中名列前茅。

维普中文期刊全文数据库收录了 1989 至今的科技期刊近万种，目前各类学术论文数千万条，其中绝大多数有全文。维普中文期刊全文数据库的覆盖范围涵盖自然科学、工程技术、农业、医药卫生、经济、教育和图书情报等学科的

数万余种中文期刊数据资源。它的分类体系是按照《中国图书馆分类法》进行分类，所有文献被分为7个专辑：自然科学、工程技术、农业科学、医药卫生、经济管理、教育科学和图书情报。

2. 外文文献数据库

（1）外文引文索引数据库。

①《科学引文索引》。

美国《科学引文索引》（Science Citation Index，简称SCI）于1957年由美国科学信息研究所（Institute for Scientific Information，简称ISI）在美国费城创办，是由美国科学信息研究所（ISI）于1961年创办出版的引文数据库。SCI（《科学引文索引》）、EI（《工程索引》）、ISTP（《科技会议录索引》）是世界著名的三大科技文献检索系统，是国际公认的进行科学统计与科学评价的主要检索工具，其中以SCI最为重要。

SCI所收录期刊的内容主要涉及数、理、化、农、林、医、生物等基础科学研究领域，选用刊物来源于40多个国家、50多种文字，其中主要的国家有美国、英国、荷兰、德国、俄罗斯、法国、日本、加拿大等，也收录部分中国（包括港澳台）刊物。

②《工程索引》（EI）。

《工程索引》（EI）是由美国工程师学会联合会于1884年创办的供查阅工程技术领域文献的综合性情报检索刊物。EI在全球的学术界、工程界、信息界中享有盛誉，是科技界共同认可的重要检索工具。

EI每年摘录世界工程技术期刊约3000种，还有会议文献、图书、技术报告和学位论文、报道文摘约15万条，内容包括全部工程学科和工程活动领域的研究成果。出版形式有印刷本、缩微胶卷、计算机磁带和CD－ROM光盘。文摘按标题词字顺编排，年刊配有著者、著者工作机构和主题等3种索引以及引用出版物目录和会议目录；月刊只配有著者和主题这2种索引。另外，单独出版《工程标题词表》《工程出版物目录》和多种专题文摘。EI主要特点是摘录质量较高，文摘直接按字顺排列，索引简便实用。

③Web of Science（WOS）。

Web of Science是世界影响力最大的综合性、多学科、核心期刊引文索引数据库，包括核心合集及其他数据库。其中核心合集主要包括三大引文数据库、两大会议录索引数据库、两大图书引文数据库和两大化学索引数据库，其他数据库包含中国科学引文数据库、MEDLINE等。

其中最核心的引文索引数据库是三大引文数据库。三大引文数据库包括《科学引文索引》《社会科学引文索引》（Social Sciences Citation Index，简称SSCI）和《艺术与人文科学引文索引》（Arts & Humanities Citation Index，简称A&HCI）。独特的引文检索体系，使其成为普遍使用的学术评价工具。《社会科学引文索引》(Social Sciences Citation Index，简称 SSCI)，是社会科学领域重要的期刊文摘索引数据库，包含了 50 多个社会科学学科的 3200 多种权威学术期刊，覆盖了历史学、政治学、法学、语言学、哲学、心理学、图书情报学、公共卫生等社会科学领域。《艺术与人文科学引文索引》(Arts & Humanities Citation Index，简称 A&HCI)，是全球最权威的人文艺术引文数据库，内容涉及人文艺术的各个领域，目前收录人文艺术领域 1700 多种国际性、高影响力的学术期刊，涵盖了哲学、文学、艺术等。

此外，两大会议录索引数据库包括《科技会议录索引》(Conference Proceedings Citation Index – Science，简称 CPCI – S) 和《艺术与人文科学会议引文索引》(Conference Proceedings Citation Index – Social Sciences & Humanities，简称 CPCI – SSH)。两大图书引文数据库包括《科技图书引文索引》(Book Citation Index-Science，简称 BKCI – S) 和《艺术与人文科学图书引文索引》(Book Citation Index-Social Sciences & Humanities，简称 BKCI – SSH)。两大化学索引数据库即两个化学信息事实型数据库，Current Chemical Reactions（简称 CCR）和 Index Chemicus（简称 IC）。

④Google 学术搜索。

Google 学术搜索（Google Scholar）是一个可以免费搜索学术文章的 Google 网络应用。2004 年 11 月，Google 第一次发布了 Google 学术搜索的试用版。该项索引包括了世界上绝大部分出版的学术期刊，可广泛搜索学术文献的简便方法。您可以从一个位置搜索众多学科和资料来源：来自学术著作出版商、专业性社团、预印本、各大学及其他学术组织的经同行评论的文章、论文、图书、摘要和文章。Google 学术搜索可帮助您在整个学术领域中确定相关性最强的研究。

由于 Google 退出了中国市场，因此一般通过直接登录 Google 的途径是不能正常使用 Google 学术的。这里介绍三种能够正常使用谷歌学术搜索的方法。

a. 利用学校等机构单位的网络。例如像华南理工大学的校园网能够连接到谷歌服务器，因此在校内网络能够正常登录谷歌学术搜索。

b. 利用谷歌学术镜像。通过百度搜索谷歌学术镜像，从谷歌学术镜像网页登录到谷歌学术搜索网站进行文献搜索。

c. 利用谷粉搜搜。谷粉搜搜是国内谷歌粉丝联合建立的方便大家稳定高速地使用谷歌的搜索引擎。谷粉搜搜（https://gfsoso.bbao.top）对应的搜索网页是谷歌网页搜索，而谷粉学术（https://gfsoso.bbao.top/scholar.html）对应的搜索网页是谷歌学术。

（2）外文全文数据库。

①SpringerLink。

SpringerLink 是全球最大的在线科学、技术和医学（STM）领域学术资源平台。凭借弹性的订阅模式、可靠的网路基础以及便捷的管理系统，SpringerLink

已成为各家图书馆最受欢迎的产品。Springer 是科学出版界的领导者，一直凭着其卓越表现而享有美誉。Springer 已经出版超过 150 位诺贝尔奖得主的著作。

目前，SpringerLink 正为全世界 600 家企业客户、超过 35 000 个机构提供服务。SpringerLink 的服务范围涵盖各个研究领域，提供超过 1900 种同行评议的学术期刊以及不断扩展的电子参考工具书、电子图书、实验室指南、在线回溯数据库以及更多内容。通过 SpringerLink 的 IP 网关，读者可以快速地获取重要的在线研究资料。SpringerLink 更提供多种远端存取方式，包括通过 IP 认证、Athens 或 Shibboleth 等认证方式。

②ScienceDirect。

Elsevier 是荷兰一家全球著名的学术期刊出版商，每年出版大量的学术图书和期刊，大部分期刊被 SCI、SSCI、EI 收录，是世界上公认的高品位学术期刊。近些年该公司将其出版的 2500 多种期刊和 11 000 图书全部数字化，即 ScienceDirect 全文数据库，并通过网络提供服务。该数据库涉及众多学科：计算机科学、工程技术、能源科学、环境科学、材料科学、数学、物理、化学、天文学、医学、生命科学、商业及经济管理、社会科学等。国内 11 所学术图书馆于 2000 年首批联合订购 SDOS 数据库中 1998 年以来的全文期刊。

③Wiley Online Library。

Wiley 是全球历史最悠久、最知名的学术出版商之一，享有世界第一大独立的学协会出版商和第三大学术期刊出版商的地位。Wiley Online Library 是 Wiley 于 2010 年 8 月正式向全球推出了新一代在线资源平台。作为全球最大、最全面的经同行评审的科学、技术、医学和学术研究的在线多学科资源平台之一，"Wiley Online Library"覆盖了生命科学、健康科学、自然科学、社会与人文科学等全面的学科领域。它收录了来自 1500 余种期刊、10 000 多本在线图书以及数百种多卷册的参考工具书、丛书系列、手册和辞典、实验室指南和数据库的 400 多万篇文章，并提供在线阅读。该在线资源平台具有整洁、易于使用的界面，提供直观的网页导航，提高了内容的可发现性，增强了各项功能和个性化设置、接收通讯的选择。

3. 中文文献检索——以中国知网为例

中国知网聚集了前人学者的研究成果，通过查阅前人的研究，等于站在巨人的肩膀上，让普罗大众能够望得更高，看得更远。下面介绍利用中国知网搜集论文的一般步骤与方法。

（1）下载文档阅读器。

从中国知网下载的论文主要有 CAJ 和 PDF 两种格式，PDF 格式的文档我们可以用 Acrobat Reader 打开，CAJ 文档则需要在中国知网下载专用的 CAJ Viewer 软件打开。一般推荐使用 CAJ Viewer，因为它支持更多的格式，包含

扫一扫，观看"下载文档阅读器"

CAJ、PDF、NH 和 KDH 等格式文件。

（2）通过关键词检索论文。

在搜索框里输入关键词，鼠标单击"检索"即可在下方显示检索结果。中国知网默认以主题进行检索的，除此之外还可以选择关键词、篇名、全文、作者、单位、摘要、被引文献、中图分类号、文献来源等。如图 4－7 所示。

扫一扫，观看"通过关键词检索论文"

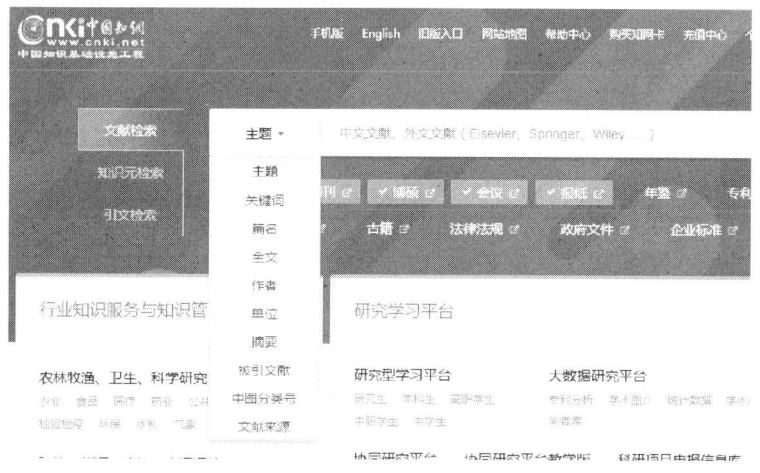

图 4－7　中国知网的关键词检索

（3）检索结果排序功能。

检索的结果一般默认是按主题排序，同时也可以选择发表时间、被引次数、下载次数进行排序。被引次数、下载次数在一定程度上反映了文献的影响力，如图 4－8 所示。

扫一扫，观看"检索结果排序功能"

图 4－8　中国知网检索结果排序

（4）高级检索。

为了更精准找到所需文献，可以利用高级检索进一步限定检索内容，如图4－9所示。高级检索中提供以“主题”“篇名”“关键词”“摘要”“全文”“参考文献”“中图分类号”为可检字段，在字段内与字段间带有“并含”“或含”“不含”三个可选逻辑选项。同时，对于关键词还提供“模糊”“准确”的选择，以准确检索到用户的目标文章。除此之外，用户还可以限定“作者”“作者单位”“发表时间”“文献来源”“支持基金”等字段的范围。

扫一扫，观看“高级检索”

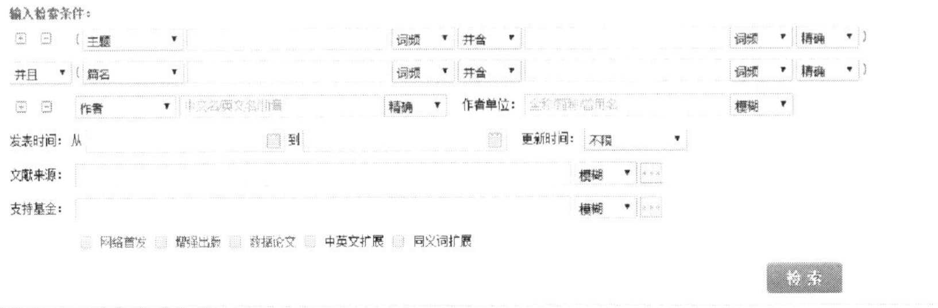

图4－9　中国知网高级检索

（5）专业检索。

中国知网的专业检索一般适用于经验较为丰富的搜索人员，使用逻辑运算符和关键词构造检索式进行检索。

扫一扫，观看“专业检索”

①选择检索项。

专业检索中的可检字段包括以下字段：

SU＝主题，TI＝题名，KY＝关键词，AB＝摘要，FT＝全文，AU＝作者，FI＝第一责任人，AF＝机构，JN＝中文刊名&英文刊名，RF＝引文，YE＝年，FU＝基金，CLC＝中图分类号，SN＝ISSN，CN＝统一刊号，IB＝ISBN，CF＝被引频次。

②使用运算符构造表达式。专业检索还可通过构造表达式来检索用户所需的信息，一般常用的运算符有并且包含（*）、包含（+）、不包含（－）。

③使用与（AND）、或（OR）、非（NOT）等逻辑运算符与符号“（）”将表达式按照检索目标组合起来。这里要注意逻辑符号与（AND）、或（OR）、非（NOT）前后要空一个字符。

例如，要求检索清华大学或华南理工大学发表的题名或摘要中包含“信息素养”的文章，检索表达式为（TI＝信息素养 OR AB＝信息素养）AND AF＝（清华大学＋华南理工大学）

4. 外文文献检索——以 Web of Science 为例

Web of Science 的检索方式包括基本检索、被引参考文献检索、高级检索、作者检索等。无论选择哪一种检索方式，都可以检索一个或多个数据库。

（1）基本检索

基本检索是最为常用的一种检索方式，可检字段包括主题、标题、作者、作者识别号、团体作者、编者、出版物名称、DOI（数字对象的标识符）、出版年、地址、机构扩展、会议、语种、文献类型、基金资助机构、授权号、入藏号等。

扫一扫，观看"基本检索"

为了提高检索的准确性与效率，在利用 Web of Science 检索文献的时候必须掌握检索的技巧。Web of Science 检索技巧主要包含以下几点。

①布尔运算符检索。

布尔运算符主要包括 AND、OR、NOT 等运算符，在检索框中添加不同的布尔运算符，会有不同的检索结果。

AND 运算符：例如 beverage AND bottle，查找同时包含这两个词语的记录。

OR 运算符：例如 beverage OR bottle，查找包含 beverage 或 bottle（或同时包含二者）的记录。

NOT 运算符：例如 beverage NOT bottle 查找包含 beverage 但不包含 bottle 的记录。

②引号精确匹配短语检索。

要检索精确匹配的短语，可以使用引号。例如："radioactive decay"，检索结果会显示仅包含 "radioactive decay" 短语的文献记录。

③左右截词检索。

在"主题"和"标题"检索中允许使用以通配符（＊$?）表示的左右截词符。

通配符表示未知字符，仅在英文查询中有效。"＊"表示任何字符组，包括空字符；"?"表示任意一个字符；"$"表示零或一个字符。

左右截词符包含三种方式，左截词符、右截词符、左右截词符。使用左截词符时必须在通配符后至少输入 3 个字符，使用右截词符时必须在通配符前至少输入 3 个字符，例如：

左截词符检索"＊oxide"可查找如 peroxide、sulfoxide、nitric oxide、zinc oxide 等检索词；

右截词符检索"oxid＊"可查找如 oxidation、oxidative、oxidizing 等检索词；

左右截词符检索"＊oxid＊"可查找如 antioxidant、dioxide、oxidative、polyphenol oxidase 等检索词。

④多字段检索。

在 Web of Science 的基本检索页面，可以通过"添加行"进行多字段检索，通过不同字段组合的方式并且结合布尔运算符检索、引号精确匹配短语检索、左右截词检索可以检索到不同的检索结果。

例如在 Web of Science 中"标题"字段检索"information literacy"（信息素养），得到 5033 个文献记录；在"标题"字段检索"information literacy"，得到 2340 个文献记录；在"标题"字段输入"information literacy"，添加"出版年"字段输入"2010—2018"，布尔运算符选择为"AND"，检索得到 1 477 个文献记录。

在某些时候可能需要检索的词语具有相近词时，可以使用"OR"运算符来进行全面的检索。例如信息检索的英文词语可以是"information literacy""Information Retrieval""information search"，这时可以在标题字段输入"information literacy"，添加行选择布尔运算符为"OR"，标题字段输入"Information Retrieval"，添加行选择布尔运算符为"OR"，标题字段输入"information search"，得到检索结果更为广泛，有 18 551 条检索记录。

（2）被引参考文献检索。

被引参考文献检索是 Web of Science 具有特色的检索功能，能够获得被引文献的被引信息，可检字段包括被引作者、被引著作、引用的 DOI、被引年份、被引卷、被引期、被引页、被引标题等。这里要注意的是，被引作者需要将作者名称的姓保留、名缩写；被引著作也需要刊物的缩写名称，具体可查看页面中该字段的"缩写列表"；被引年份指的是该文献的发表年份。

扫一扫，观看"被引参考文献检索"

例如，要查找斯蒂芬霍金的著作 Physical Review D 上被引用的文章，以及该文章被引用的次数等详细的引用信息，即在被引参考文献检索页面中"被引作者"字段输入"Hawking SW"，在被引著作字段输入"PHYS REV D"，可检索到斯蒂芬霍金著作 Physical Review D 中被引用的文章有 133 篇，并且可查看每篇文章的被引次数。

（3）作者检索。

作者检索主要是围绕作者姓名展开的检索方式。在输入作者的姓与名字首字母后，可选择研究领域及机构，即可检索出该作者在 Web of Science 上能检索的所有文章。并且，可以根据出版年、Web of Science 类别、文献类型等进一步过滤筛选检索结果。此外，还可以创建跟踪服务、创建引文报告、分析检索结果等。

扫一扫，观看"作者检索"

创建跟踪服务,是在指定登录账号上跟踪该作者未来 Web of Science 收录情况,例如在 Hawking SW 的作者检索页面中创建跟踪服务,那未来 Hawking SW 凡是收录在 Web of Science 的文章索引信息,将自动在该账号上同步获取。

创建引文报告,是指以图示的形式表示该作者历年的出版物总数、h – index 值(值为 h 的索引表明有 h 篇文献至少被引用 h 次)、被引频次总计等信息。

分析检索结果,是指将该作者的文献以图示的形式表示,并以 Web of Science 类别、出版年、文献类型、机构拓展、基金资助机构、作者、来源出版物、丛书名称、会议名称、国家地区、编者、团体作者、语种、研究方向、授权号、机构等进行分类。

(4)高级检索。

高级检索是 Web of Science 提供的更高级、检索功能更强的检索方式。高级检索比较适合有经验的用户,当对 Web of Science 的检索非常熟悉,可以运用多种检索技巧把所有的检索条件写在检索框里。高级检索里的字段是不可选择的,以字段标识来表示,相比其他检索方式,高级检索的字段数量更多,如图 4 – 10 所示。

扫一扫,观看"高级检索"

字段标识:

TS = 主题　　　　　　　SA = 街道地址
TI = 标题　　　　　　　CI = 城市
AU = 作者 [索引]　　　　PS = 省/州
AI = 作者识别号　　　　CU = 国家/地区
GP = 团体作者 [索引]　　ZP = 邮政编码
ED = 编者　　　　　　　FO = 基金资助机构
SO = 出版物名称 [索引]　FG = 授权号
DO = DOI　　　　　　　FT = 基金资助信息
PY = 出版年　　　　　　SU = 研究方向
CF = 会议　　　　　　　WC = Web of Science 分类
AD = 地址　　　　　　　IS = ISSN/ISBN
OG = 机构扩展 [索引]　　UT = 入藏号
OO = 机构　　　　　　　PMID = PubMed ID
SG = 下属机构

图 4 – 10　高级检索可检字段

例如,以高级检索方式检索 2017 年发表的关于"信息素养"的文献,则在检索框里输入"PY = 2017 AND TS = information literacy"。显然这种简单的检索要求在基本检索中也能完成,但假如要检索 2017 年除加拿大以外的国家作者发表的标题含有"信息素养"的文献,这时候就不能用基本检索了,必须使用高级检索方式,结合布尔运算符,在高级检索输入框中输入"TI = information literacy AND PY = 2017 NOT CU = Canada",得到 145 条检索结果。

(5)检索结果的排序。

检索结果的排序，是 Web of Science 提供的对检索结果排序的功能，Web of Science 提供的排序选择非常多，如日期、被引频次、使用次数、相关性、出版日期（升序）、最近添加、被引频次（升序）、使用次数（最近180天）、第一作者（升序、降序）、来源出版物名称（升序、降序）、会议标题（升序、降序）等。其中出版日期（降序）指的是出版日期按降序排序，被引频次（降序）指的是被引频次按降序排序。

扫一扫，观看"检索结果的排序"

例如，如果希望查找 information literacy 最新的成果，则选择排序方式以出版日期（升序）进行排序；若希望查找 information literacy 当前最具影响力的文献，则选择排序方式以被引频次（升序）进行排序。

（6）文献下载。

扫一扫，观看"文献下载"

当检索到需要的文献时，需要在 Web of Science 上进行下载，但是这具有限制条件。如果你登录 Web of Science 所在学校、机构或单位的 IP 地址已经购买了该文献的出版商版权，则可以免费下载该文献。当可以免费下载文献的时候，文献信息下方会出现"出版商处的免费全文"。

4.1.3 文献管理

在进行学术研究的过程中，除了需要掌握文献检索的方法以外，掌握文献管理的方法也是必不可少的。文献管理需要使用文献管理软件，文献管理软件是学者或者作者用于记录、组织、调阅引用文献的计算机程序。文献管理软件非常多，一般只需要熟悉使用几款软件即可。下面介绍文献管理软件 CNKI E - Study 与 NoteExpress 的使用方法。

1. 利用 CNKI E - Study 管理参考文献

CNKI E - Study 是由中国知网开发的一款文献检索与管理软件，产品倡导探究式学习、终身学习理念，集成文献检索、管理、阅读、笔记、写作投稿、撰写开题报告等功能，高效服务学习、研究全过程。

CNKI E - Study 的主要功能包括以下几点。

（1）文献检索与下载。

CNKI E - Study 支持 CNKI 学术总库、CNKI Scholar、CrossRef、IEEE、Pubmed、ScienceDirect、Springer 等中外文数据库检索。通过题录可进行批量下载，既可以通过 CNKI E - Study 内检索后批量下载，也可以导入外部题录文件后批量下载，如图 4 - 11 所示。

扫一扫，观看"文献检索与下载"

图 4 – 11　CNKI E – Study 文献检索

（2）创建学习单元。

在 CNKI E – Study 中，学习或研究的主题以"学习单元"的形式存在，学习单元用于存放学习资料，分为要学习的文献以及笔记素材两类。若不创建学习单元，许多功能都无法进行操作，如图 4 – 12 所示。

图 4 – 12　CNKI E – Study 创建学习单元

(3) 题录导入。

题录指检索类刊物中描述文献外部特征（题名、著者、出处等）的条目，即将图书、报刊等刊物中的论文篇目按照一定的排检方法编样，用于人们查找篇目的出处。题录一般包括文献类型、标题、作者、发表时间、出版年、刊名、关键词、被引频次、下载频次等信息，CNKI E-Study 将所有重要信息列出来，以便于学习者轻松获取题录信息，如图 4-13 所示。

扫一扫，观看"题录导入"

图 4-13　CNKI E-Study 题录导入显示

在 CNKI E-Study 中，导入题录主要有三种方法：新建题录、CNKI E-Study 内检索后直接导入题录、文献数据库导出题录文件后导入。

①新建题录。

CNKI E-Study 提供新建题录的功能，支持用户手动输入题录信息。由于这种方法录入题录信息过程较为烦琐，一般不建议使用这种题录录入方式，如图 4-14 所示。

②CNKI E-Study 内检索后直接导入题录。

由于 CNKI E-Study 自身带有文献检索功能，在 CNKI E-Study 文献检索数据库中检索到文献后，选中需要导入的文献题录，鼠标单击"导入题录到学习单元"，选择指定的学习单元，即可把该文献题录信息导入到学习单元中，如图 4-15 所示。

图 4-14　CNKI E-Study 新建题录

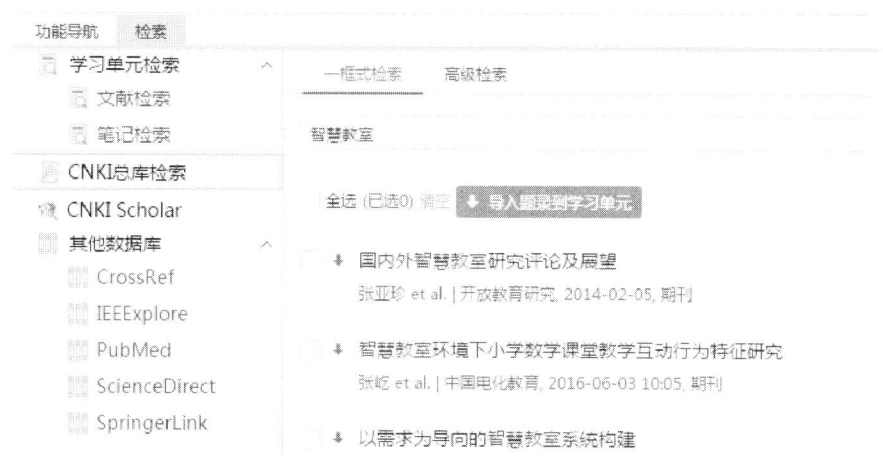

图 4-15　CNKI E-Study 检索文献导入题录

③文献数据库导出题录文件后导入。

CNKI E-Study 支持导入 CNKI E-learning、Endnote、RIS、PDL、NoteExpress 的题录文件格式。以中国知网为例，在中国知网中检索所需文献，并导出题录文件（eln 格式），然后导入到 CNKI E-Study 中，如图 4-16 所示。

另外，值得一提的是，CNKI E-Study（eln 格式）、Endnote（txt 格式）、NoteExpress（net 格式）中的题录文件可以相互导入，十分方便。

图 4-16 中国知网检索文献导出图

（4）记录数字笔记。

支持将文献内的有用信息记入笔记，并可随手记录读者的想法、问题和评论等；支持笔记的多种管理方式：包括时间段、标签、笔记星标，如图 4-17 所示。

扫一扫，观看"记录数字笔记"

图 4-17 CNKI E-Study 笔记记录

（5）快捷生成参考文献。

当你为文章添加引用参考文献时，是否总是苦于逐个寻找文献的类型字母号、作者、名称、年份等信息？CNKI E-Study 提供了十分便捷的参考文献添加功能。

①在 CNKI E-Study 里选中题录插入到 word 文档中，如图 4-18 所示。

扫一扫，观看"快捷生成参考文献"

图 4-18　CNKI E-Study 插入题录到 word 文档

②直接利用 word 文档中的 CNKI E-Study 插件进行插入引文，如图 4-19 所示。

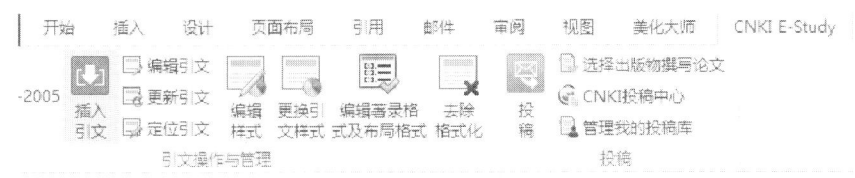

图 4-19　利用 word 插件插入题录

以上两种方式都可以在 word 文档指定位置插入引用序号，并在文末自动按顺序生成参考文献，如图 4-20 所示。

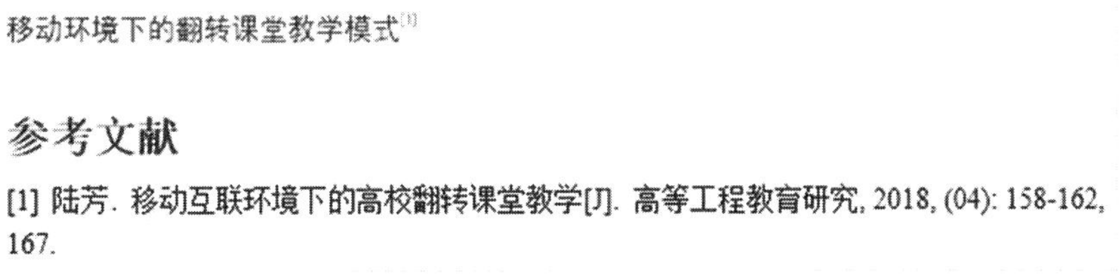

移动环境下的翻转课堂教学模式[1]

参考文献

[1] 陆芳. 移动互联环境下的高校翻转课堂教学[J]. 高等工程教育研究, 2018, (04): 158-162, 167.

图 4-20　word 文档中题录插入

2. 利用 NoteExpress 管理参考文献

NoteExpress 是一款专业级别的文献检索与管理系统，其核心功能涵盖"知识采集、管理、应用、挖掘"的知识管理的所有环节，是学术研究、知识管理的必备工具，发表论文的好帮手。

NoteExpress 具备文献信息检索与下载功能，可以用于管理参考文献的题录，以附件方式管理参考文献全文或者任何格式的文件、文档。数据挖掘的功能可以帮助用户快速了解某研究方向的最新进展，各方观点等。除了管理以上显性的知识外,类似日记、科研心得、论文草稿等瞬间产生的隐性知识也可以通过 NoteExpress 的笔记功能记录,并与参考文献的题录联系起来。在编辑器(比如 MS Word)中,NoteExpress 可以按照各种期刊的要求自动完成参考文献引用的格式化,完美的格式、精准的引用将大大增加论文被采用的概率。

NoteExpress 主要包括以下功能。

(1)题录采集。

题录采集指的是从互联网上数以千计的国内外电子图书馆、文献数据库中检索、下载文献书目信息;从硬盘本地文件中导入用户以前搜集的各种的文献资料题录(参考文献的全文可以通过附件管理),如图 4-21 所示。

扫一扫,观看
"NoteExpress 题录采集"

图 4-21 NoteExpress 题录采集

(2)题录管理。

检索方便,检索结果可以保存下来作为一个研究专题,如图 4-22 所示。这样形成的数据库容易携带,可备份。

扫一扫,观看
"NoteExpress 题录管理"

(3)题录使用。

①方便快速检索和浏览,以了解研究方向的最新进展。

②NoteExpress 的核心功能之一就是在学术论文、专著或研究报告等的正文中,按照国际通行惯例、国家制定的各种规范、期刊要求的各自的规范(可由用户自己编辑规则),在正文中的指定位置添加相应的参考文献注释或说明,进而根据文中所添加的注释,按照一定的输出格式

扫一扫,观看
"NoteExpress 题录使用"

（可由用户自己选择），自动生成所使用的参考文献、资料或书目的索引，添加到作者所指定的位置（通常是章节末尾或者文末），如图4-23所示。

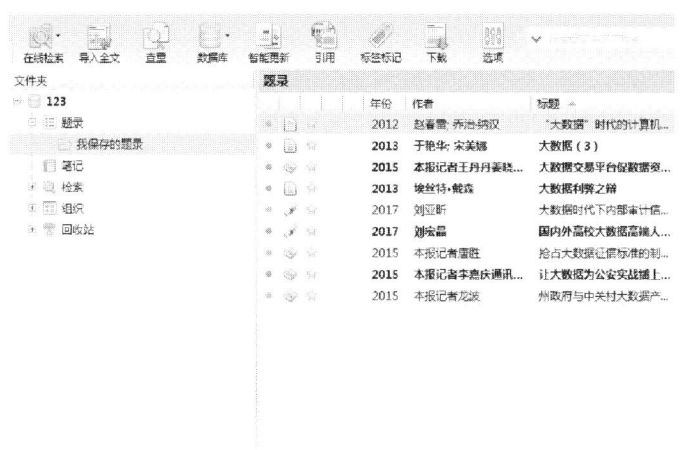

图4-22　NoteExpress 题录管理

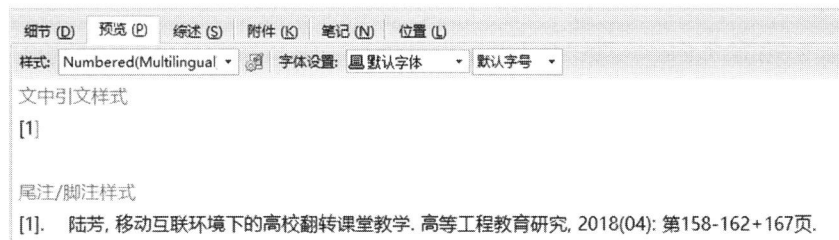

图4-23　NoteExpress 参考文献生成

③迅速了解文献的标题、作者、摘要、关键词等主要信息，不需要逐篇文献打开查看，提高文献浏览效率，如图4-24所示。

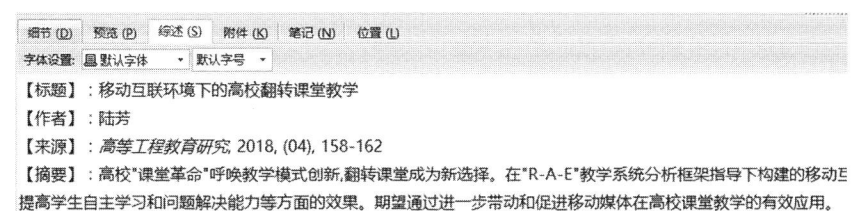

图4-24　NoteExpress 文献信息预览

（4）笔记功能。

该功能可以为正在阅读的题录添加笔记，并把笔记和题录通过链接关联起来，方便以后阅读，不需要再逐篇打开文献查看，如图 4-25 所示。

在 NoteExpress 中，任意格式的附件和文献全文、题录、笔记与附件功能结合，可以形成个人的知识管理系统。参考文献的全文也可作为题录或者笔记的附件来保存。

扫一扫，观看"笔记功能"

图 4-25 NoteExpress 笔记记录

4.2 数字化学习资源的获取与处理

在"互联网+学习"时代，谈论到学习，我们都绕不开一个词——数字化学习资源。到底何为数字化学习资源？它的概念是如何定义的？

数字化学习资源是随着信息技术发展而产生的新概念，可以看作是学习资源的延伸和创新。数字化学习资源相比传统的学习资源而言，其显然的变化就是数字化。李克东教授将数字化学习资源界定为经过数字化处理，可以在多媒体计算机上或网络环境下运行的多媒体材料。它能够激发学生通过自主、合作、创造的方式来寻找和处理信息，从而使数字化学习成为可能。《数字化学习资源》一书中将数字化学习资源界定为经过数字化处理，以数字化形式存储、传播并通过现代信息技术手段应用于学习过程的各类信息资源，包括文本、图形、图像、音频、视频、多媒体软件、CD-ROM、网站、数据文件以及数据库等多种类型。与传统学习资源相比，数字化学习资源克服了物理特性的时间与空间的局限，建立了全新的交流、沟通机制以及自主、协作、探究、反思的学习方式，带来教学的革新以及教学时空的无限延伸。

在数字化学习中，授课者或学习者往往需要自行去搜索一些相关的资源以供教学或学习讨论，但在海量的互联网信息资源下往往难以找到合适的资源。找到合适的资源后，为了满足数字化学习的要求，往往还需要对获取的资源进行处理。那么，如何迅速获取合适的学习资源及灵活处理资源呢？

4.2.1 巧用工具获取学习资源

1. 利用冰点文库获取文本资源

无论在学习还是工作中，我们经常需要从互联网中获取各种各样的文本资源,文本资源多存在于百度文库、豆丁、道客巴巴等网络文库中,而下载文库上的资源往往需要各种积分,难以获取到上面的文本资源。冰点文库可以帮助我们解决这个问题,如图 4-26 所示。

扫一扫,观看"利用冰点文库获取文本资源"

主要操作要点:

①首先打开所在的文库文件预览页面,复制浏览器地址栏上的网址,将该网址粘贴在"冰点文库"的下载栏;

②鼠标单击冰点文库"下载"按钮,冰点文库将自动获取该文件并转换为 PDF 文件格式(只能获得 PDF 文件及 txt 文件,不能获得原格式的文件)。

图 4-26 冰点文库界面

2. 通过 FSCapture 截图获取图片资源

"FSCapture"是一款抓屏工具,体积小巧、功能强大,支持不同的截图方式,可设定不同的快捷键进行操作,各图标功能分别为在编辑器中打开文件、捕捉活动窗口、捕捉窗口/对象、捕捉矩形区域、捕捉手绘区域、捕捉整个屏幕、捕捉滚动窗口、捕捉固定区域、屏幕录像机、屏幕取色器、屏幕标尺、输出、设置,如图 4-27 所示。其中最常用的截图功能是捕捉矩形区域及捕捉滚动窗口。

扫一扫,观看"通过 FSCapture 截图获得图片资源"

主要操作要点:

①捕捉矩形区域,使用鼠标单击"捕捉矩形区域"图标或按快捷键"Ctrl + Q"后,在屏幕用鼠标左键拖动需要截图的矩形画面即可,在截图完成后还可以在编辑器中对截图进行编辑;

②捕捉滚动窗口即长截图,当我们需要截图比屏幕画面更长的截图时,可通过鼠标单击"捕捉滚动窗口"图标后,在画面中通过自动滚动模式、自定义

滚动模式来截图画面长截图;

③自动滚动模式,即点击鼠标左键后自动截取整个带有滚动条的画面,并按"Esc"键停止截图;

④自定义滚动模式,即按住"Ctrl"键后用鼠标左键自定义截取画面的横向宽度,然后点击滚动条上的向下箭头自动截取画面长截图,最后按"Esc"键

图4-27　FSCapture 截图工具图

停止截图。

3. 通过 Snipaste 截图获取图片资源

"Snipaste"同样是一款强大的截图工具,能够进行各种简单、高级的截图,并可以编辑截图。但跟普通的截图工具的,将截图功能与贴图功能整合在一起的形式不一样,它可以将截图、文字、图片、网页、代码等剪贴板内的东西以图片的形式贴在屏幕上。

扫一扫,观看"通过 Snipaste 截图获得图片资源"

主要操作要点:

①截图,默认快捷键为"F1",截图后可以进行图片编辑,并且可以保存图片或者把该截图复制(Ctrl + C)并粘贴(Ctrl + V)到某个位置;

②贴图,默认快捷键为"F3",可以将截图获得的图片贴在屏幕上,此外也可以将文字、代码等信息复制(Ctrl + C)后贴在屏幕上。

4. 利用网页"审查元素"获取音视频资源

审查元素是 Google Chrome 内核浏览器提供的一项服务功能,利用审查元素可以做到定位网页元素,包括网页内的音视频等媒体文件。利用审查元素这项服务功能,可以轻松获取网页中的音视频资源。

主要操作要点:

①利用360安全浏览器或360极速浏览器打开音视频资源的网页,右键该网页空白处,鼠标单击"审查元素";

②鼠标单击"network"菜单栏,再点击"media"元素,再次刷新网页让音视频播放,将会自动获取该网页的音视频文件,通常文件大小最大的那个文件就是完整的目标文件,双击即可进入下载页面,如图4-28所示。

扫一扫,观看"利用网页'审查元素'获取音视频资源"

5. 利用浏览器插件获取音视频资源

上述利用网页"审查元素"获取音视频资源的方法,操作比较复杂烦琐。还有另外一种方法就是利用浏览器的插件工具来获取音视

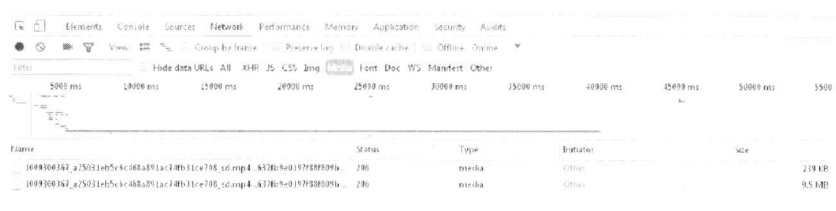

图 4-28　浏览器审查元素图

频资源，这种方法更为简单便捷。

主要操作要点：

①在 360 安全浏览器或 360 极速浏览器中，打开"扩展中心"搜索"视频下载神器"插件，并下载安装插件。该插件支持网页音频、视频文件的抓取下载，如图 4-29 所示；

扫一扫，观看"利用浏览器插件获取音视频资源"

②当打开网页播放音视频文件的时候，该插件会自动抓取网页的音视频文件，并提供下载。

图 4-29　浏览器插件下载图

6. 通过 Adobe Audition 内录得到音频文件

在备课或创作教学资源期间需要用到互联网中的一些音频素材文件，或者需要某些教学音频片段，往往由于下载权限问题只能试听而不能获取该音频资源，这对于大部分授课者来说是个很大的问题。对于学习者来说，在互联网中找到的音频资源需要下载下来反复学习，也可能因为下载权限问题而打退堂鼓。这里介绍一种方法可以轻松获取互联网上的音频资源——内录。内录即使用软件录制计算机里播放的音频声音，这里所使用到的软件是 Adobe Audition。

主要操作要点：

①要进行 Windows 系统设置，进入声音设置中的录制设置页，启用"立体声混音"（若没有此项，点击鼠标右键，勾选"显示禁用的设备"及"显示已断开的设备"）；

②进入 Adobe Audition 的首选项设置页面，在音频硬件部分中找到默认输入及主控时钟设置项，确保默认输入及主控时钟设置项都为"立体声混音"，如图 4 - 30 所示；

扫一扫，观看"通过 Adobe Audition 内录得到音频文件"

③播放需要内录的音频，并鼠标单击 Adobe Audition 里的录制按钮，录制完后选中所录音频波形，将其保存为音频文件即可。

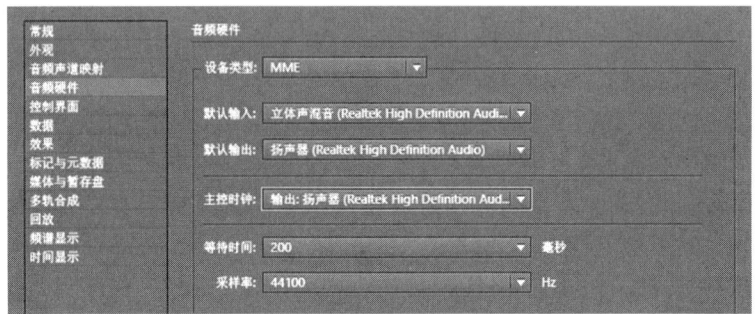

图 4 - 30　Adobe Audition 内录设置

7. 通过 CamtasiaStudio 录屏得到视频文件

与音频内录同样道理，视频可以通过录屏的方式来获取。这里介绍的录屏软件是 CamtasiaStudio，能够自定义录制窗口大小，同时把视频画面与声音录制到 CamtasiaStudio 的时间轴上，还可以直接在上面进行编辑。

主要操作要点：

①打开 CamtasiaStudio 软件，鼠标单击新建录制，根据视频窗口大小调节录制区域大小与位置，若录制全屏视频可以选择全屏区域，然后注意若要录制声音可以打开音频录制选项；

②在这所有的设置都完备后，鼠标单击"rec 按钮"即可开始录制；

扫一扫，观看"通过 CamtasiaStudio 录屏得到视频文件"

③在录制结束后，所录制的视频会自动导入到 CamtasiaStudio 的时间轴上，可以直接在上面对视频进行剪辑编辑，尤其是视频头尾部分可以剪掉多余录制的部分，如图 4 - 31 所示。

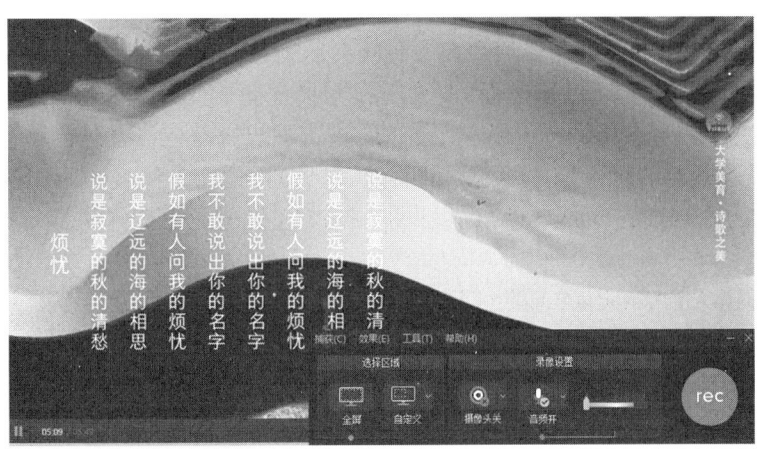

图 4-31 CamtasiaStudio 录制界面

4.2.2 对学习资源素材的优化处理

1. 文本格式文件的优化处理

文本，是指书面语言的表现形式，从文学角度说，通常是具有完整、系统含义的一个句子或多个句子的组合。文本文件格式是一种由若干行字符构成的计算机文件。该类文档主要用于记载和储存文字信息，常见的文本文档的扩展名有 TXT、DOC、DOCX、PDF 等。

TXT 格式是微软在操作系统上附带的一种文本格式，是最常见的一种文件格式，早在 DOS 时代应用就很多，主要存文本信息，即为文字信息，而现在的操作系统大多使用记事本等程序保存，大多数软件都可以查看，如记事本、浏览器等等。

DOC 格式是电脑文件常见文件扩展名的一种，是微软在文字处理软件 Word 的专用格式。

DOCX 格式是 Microsoft Office2007 之后版本使用的，用新的基于 XML 的压缩文件格式取代了其目前专有的默认文件格式：DOC。DOCX 文件比 DOC 文件所占用空间更小。

PDF 格式是便携式文档格式的简称，是由 Adobe Systems 用于与应用程序、操作系统、硬件无关的方式进行文件交换所发展出的文件格式。PDF 文件不管是在 Windows、Unix 还是在苹果公司的 MacOS 操作系统中都是通用的。这一特点使它成为在 Internet 上进行电子文档发行和数字化信息传播的理想文档格式。越来越多的电子图书、产品说明、公司文告、网络资料、电子邮件在开始使用 PDF 格式文件。

（1）不可编辑 PDF 文本转为可编辑 Word 文本。

当在互联网中找到需要的文本文件时,可能该文本文件是不可编辑的,例如不可编辑的 PDF 文件。若需要在短时间内获得并编辑里面的文字信息,这时就需要对该 PDF 文本进行处理,使其转换为可编辑的 Word 文本文件。这种技术实际上称为 OCR 文字识别技术,当前在这方面识别率较高并且能够在互联网中找到破解版本的软件是 ABBYY FineReader。纸质书本文字也可通过拍照成照片后,通过 ABBYY FineReader 进行识别照片文字,转为可编辑的 Word 文档。

主要操作要点:

①使用 ABBYY FineReader 打开需要识别的 PDF 文件,选择 from PDF toWord;

②选择需要识别的页码或整个文件,让软件自动对其进行文字识别,将识别好的文本保存为 Word 文档格式即可,如图 4-32 所示。

扫一扫,观看"PDF 文本转为编辑 Word 文本"

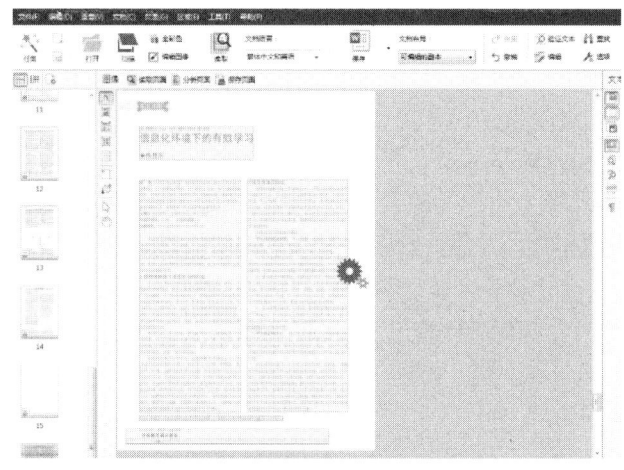

图 4-32 ABBYY FineReader 界面

(2)利用天若 OCR 文字识别工具进行文字识别。

天若 OCR 文字识别工具是一款 Windows 上相当方便实用的截图 OCR 识别小工具,软件完全免费,它最大的亮点是直接对屏幕进行截图便能识别出其中的文字内容,然后你就可直接复制粘贴或者对识别出来的文本快速进行翻译等操作。

主要操作要点:

①打开天若 OCR 文字识别工具,鼠标双击系统桌面右下角天若 OCR 图标进行截图,选取需要文字识别的区域,工具将自动对其进行文字识别;

②通过文字识别功能获得文本,并自动进入文本编辑界面,可对文本进行字体设置、字体颜色调整、复制、翻译等操作。

（3）利用 Smallpdf 转换文本文档格式。

Smallpdf 是一个专门针对 PDF 文件格式处理的软件，Smallpdf 针对 PDF 文件提供了非常齐全的功能：PDF 与其他格式，如 Word、PPT、Excel、JPG 的相互转化，PDF 的压缩、编辑、合并、分割、解密、加密等功能。目前 Smallpdf 共有 16 种在线工具，如 JPG 转 PDF、PDF 转 JPG、Word 转 PDF、PDF 转 Word 等，如图 4-33 所示。Smallpdf 客户端版本需要付费，但网页版则免费提供所有功能（限制一个小时内只能完成两个免费任务）。

扫一扫，观看"利用天若 OCR 工具进行文字识别"

主要操作要点：

①打开 Smallpdf 网页版（https://smallpdf.com/cn），选择需要的功能，如 PDF 转 Word；

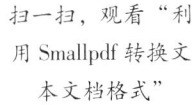

扫一扫，观看"利用 Smallpdf 转换文本文档格式"

②将计算机上的 PDF 本地文件拖动到网页指定区域，该网站则会自动对文件进行转换；

③将转换好的文件下载到本地。

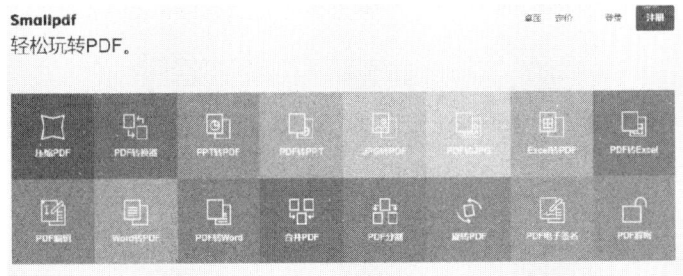

图 4-33　Smallpdf 网页界面

2．图形格式文件的优化处理

图片是指由图形、图像等构成的平面媒体。图像文件格式是记录和存储影像信息的格式。对数字图像进行存储、处理、传播，必须采用一定的图像格式，也就是把图像的像素按照一定的方式进行组织和存储，把图像数据存储成文件就得到图像文件。图像文件格式决定了应该在文件中存放何种类型的信息，文件如何与各种应用软件兼容，文件如何与其他文件交换数据。

常用的图片格式主要有：BMP、JPEG、GIF、PNG、PSD、AI 等。

BMP 格式是 Windows 下最常见的图像格式，是一种与硬件设备无关的图像文件格式，使用非常广。由于 BMP 文件格式是 Windows 环境中交换与图有关的数据的一种标准，因此在 Windows 环境中运行的图形图像软件都支持 BMP 图像格式。

JPEG 格式是目前最常用的图像格式，可以把文件压缩到最小的格式，文件后缀名为".jpg"或".jpeg"。JPEG 是一种很灵活的格式,具有调节图像质量的功能,允许用不同的压缩比例对文件进行压缩,支持多种压缩级别。

GIF 格式是图形交换格式的简称,GIF 图像文件的数据是经过压缩的,而且是采用了可变长度等压缩算法。所以 GIF 的图像深度从 1bit 到 8bit,也即 GIF 最多支持 256 种色彩的图像。GIF 格式的另一个特点是其在一个 GIF 文件中可以存多幅彩色图像,如果把存于一个文件中的多幅图像数据逐幅读出并显示到屏幕上,就可构成一种最简单的动画。

PNG 格式是便携式网络图形的简称,是网上接受的最新图像文件格式。PNG 能够提供长度比 GIF 小 30% 的无损压缩图像文件。它同时提供 24 位和 48 位真彩色图像支持以及其他诸多技术性支持。PNG 最主要的特性是支持透明度,当用抠图软件去除背景颜色后,建议保存为 PNG 格式,以保留图像的透明背景。

PSD 格式是 Adobe Photoshop 图像处理软件的专用文件格式,可以支持图层、通道、蒙板和不同色彩模式的各种图像特征,是一种非压缩的原始文件保存格式。扫描仪不能直接生成该种格式的文件。PSD 文件有时容量会很大,但由于可以保留所有原始信息,对于在图像处理中尚未制作完成的图像,选用 PSD 格式保存是最佳的选择。

AI 格式是一种矢量图形文件格式,适用于 Adobe Illustrator 输出格式。与 PSD 格式文件相同,AI 也是一种分层文件,每个对象都是独立的,他们具有各自的属性,如大小、形状、轮廓、颜色、位置等。以这种格式保存的文件便于修改,这种格式文件可以在任何尺寸大小下按最高分辨率输出。它的兼容度比较高,可以在 CorelDRAW 中打开,也可以将 CDR 格式的文件导出为 AI 格式。

(1) 利用美图秀秀进行抠图。

在很多情况下,我们在互联网上找到了合适的图片素材,想把它作为 PPT 或者微视频的素材图片,但往往整张图片的导入会显得有点突兀,使得图片背景与 PPT 背景或微视频背景具有违和感,我们往往需要进行抠图,这就大大加长了课程制作的时间。但是,使用难度较大的 Photoshop 进行抠图,既加大了学习成本,又不能满足我们快捷、方便的需求。这里推荐使用美图秀秀的抠图笔工具。

扫一扫,观看"利用美图秀秀进行抠图"

主要操作要点:

①在美图秀秀软件中导入需要抠图的图片;

②在"美化"菜单栏选择"抠图笔",具有自动抠图、手动抠图、形状抠图三种模式;

③一般来说自动抠图功能能够满足需求,自动抠图功能能够快速地抠出图片需要的部分,最后导出 PNG 格式,如图 4-34 所示。(PNG 格式图片支持透

明效果,当图片导入到其他软件时,背景会显示透明。)

图 4-34 利用美图秀秀抠图

(2) 利用美图秀秀去除图片水印。

在互联网上找到了合适的图片素材,想把它作为 PPT 或者微视频的素材图片,但来源图片可能在角落处印有水印,使得图片导入课程后显得有点"碍眼",可利用美图秀秀的消除笔工具去除水印。

扫一扫,观看"利用美图秀秀去除图片水印"

主要操作要点:

①在美图秀秀软件中导入需要抠图的图片;

②使用消除笔填涂在水印位置即可,最后导出 JPG 图片格式,如图 4-35 所示。

图 4-35 利用美图秀秀去除水印

(3) 使用 Inpaint 快速去除图片水印。

Inpaint 是由国外 Teorex 公司开发的一款很神奇的去水印软件,它通过非常先进的图像识别算法,智能地将抹除后的区域补充回来,从而实现这个魔法般的效果。除此之外,图片中出现碍眼的人或物体,也能够通过 Inpaint 的魔术笔进行消除。

扫一扫,观看"使用 Inpaint 快速去除图片水印"

主要操作要点:

①在 Inpaint 软件中导入需要去水印的图片;

②使用魔术笔填涂在水印位置即可,最后导出 JPG 图片格式。

3. 音频格式文件的优化处理

音频格式是指要在计算机内播放或是处理音频文件,是对声音文件进行数、模转换的过程。音频格式最大带宽是 20KHZ,速率介于 40 ~ 50KHZ 之间,采用线性脉冲编码调制 PCM,每一量化步长都具有相等的长度。常见的音频格式有 WAVE、MP3、WMA 等。

WAVE(*. WAV)是微软公司开发的一种声音文件格式,它符合 RIFF Resource Interchange File Format 文件规范,用于保存 Windows 平台的音频信息资源,被 Windows 平台及其应用程序所支持。"*. WAV"格式支持 MSADPCM、CCITTALAW 等多种压缩算法,支持多种音频位数、采样频率和声道,标准格式的 WAVE 文件和 CD 格式一样,也是 44.1K 的采样频率,速率为 1411K/秒,16 位量化位数,看到了吧,WAVE 格式的声音文件质量和 CD 相差无几,也是目前 PC 机上广为流行的声音文件格式,几乎所有的音频编辑软件都"认识"WAVE 格式。

MP3 格式诞生于 20 世纪 80 年代的德国,所谓的 MP3 也就是指的是 MPEG 标准中的音频部分,也就是 MPEG 音频层。根据压缩质量和编码处理的不同分为 3 层,分别对应"*. mp1""*. mp2""*. mp3"这 3 种声音文件。MP3 格式压缩音乐的采样频率有很多种,可以用 64Kbps 或更低的采样频率节省空间,也可以用 320Kbps 的标准达到极高的音质。

WMA(Windows Media Audio)格式是来自于微软的重量级选手,后台强硬,音质要强于 MP3 格式,更远胜于 RA 格式,它和日本 YAMAHA 公司开发的 VQF 格式一样,是以减少数据流量但保持音质的方法来达到比 MP3 压缩率更高的目的,WMA 的压缩率一般都可以达到 1 : 18 左右,WMA 的另一个优点是内容提供商可以通过 DRM(Digital Rights Management)方案如在 Windows Media Rights Manager 7 中加入防拷贝保护。

(1) 通过 Adobe Audition 对录音文件降噪。

许多制作过微视频的人可能都遇到过这样的问题,在为微视频录制讲解声音的时候,可能软件或硬件不具有自动降噪的功能,在录制的时候可能会将周围环境的噪音或电流声一同录制进去，造成最终得到了有噪音的音频，对微视频的质量造成影响，这里可以通过 Adobe Audition 的降噪功能对其降噪处理。由于环境噪音具有较大的相似性，可通过 Adobe Audition 采集噪声样本，然后可以去除整个音频中所有相似的噪音，使其剩下干净的人声。

主要操作要点：

①用 Adobe Audition 打开录制好的音频文件，并在音频波形中选择一段纯噪音波形片段（无人物声音），右键该片段，鼠标单击"捕捉噪声样本"；

②双击音频波形选中所有音频波形，鼠标单击菜单栏中的"效果"，选择降噪处理；

扫一扫，观看
"通过 Adobe Audition
对录音文件降噪"

③在弹出来的窗口中，调节曲线使噪声基准的阈值高于"低基准"（红色），等于或高于"高基准"（黄色）；

④鼠标单击"应用"使软件对其进行处理，最后试听一下处理完的音频波形，若无问题将其保存为音频文件，如图 4 - 36 所示。

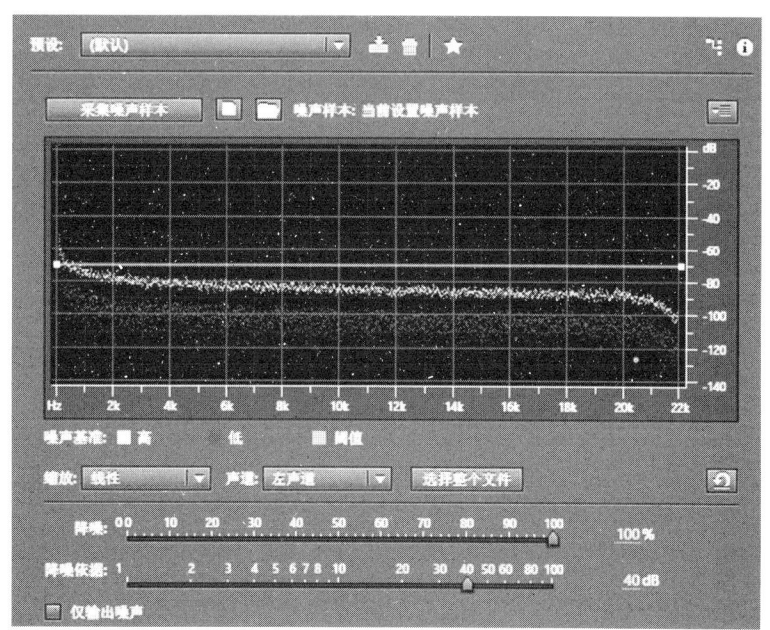

图 4 - 36　Adobe Audition 降噪

（2）通过 GoldWave 对录音文件降噪。

GoldWave 是一个功能强大的数字音乐编辑器，是一个集声音编辑、播放、录制和转换的音频工具。它还可以对音频内容进行转换格式等处理。它体积小巧，功能却无比强大，支持许多格式的音频文件，内含丰富的音频处理特效，从一般特效如多普勒、回声、混响、降噪到高级的公式计算（利用公式在理论上可以产生任何你想要的声音），效果非常多。这里主要介绍 GoldWave 的降噪功能。

主要操作要点：

①用 GoldWave 打开录制好的音频文件，并在音频波形中选择一段纯噪音波形片段（无人物声音），右键该片段，鼠标单击"复制"；

②双击音频波形选中所有音频波形，鼠标单击菜单栏中的"效果"，选择"滤波器"，鼠标单击"降噪"；

扫一扫，观看"通过 XGoldWave 对录音文件降噪"

③在弹出来的窗口中，在"预置"处选择"剪贴板噪音版"。

④鼠标单击"应用"使软件对其进行处理，最后试听一下处理完的音频波形，若无问题将其保存为音频文件。

4. 视频格式文件的优化处理

视频格式是视频播放软件为了能够播放视频文件而赋予视频文件的一种识别符号。常见的视频格式有 MPEG、AVI、WMV、FLV 等。

MPEG 格式是 Motion Picture Experts Group（运动图像专家组）的缩写。这类格式包括了 MPEG-1、MPEG-2 和 MPEG-4 在内的多种视频格式。MPEG 系列压缩标准目前是国际上影响最大的多媒体技术标准。其中 MP4 格式应用最为广泛，其最有吸引力的地方在于它能够保存接近于 DVD 画质的小体积视频文件。另外，这种文件格式还包含了以前 MPEG 压缩标准所不具备的比特率的可伸缩性、动画精灵、交互性甚至版权保护等一些特殊功能。

AVI 格式是音频视频交错（Audio Video Interleaved）的英文缩写。AVI 这个由微软公司发表的视频格式，在视频领域可以说是最悠久的格式之一。AVI 格式调用方便、图像质量好，压缩标准可任意选择，是应用最广泛、也是应用时间最长的格式之一。

WMV 格式是一种独立于编码方式的在 Internet 上实时传播多媒体的技术标准，Microsoft 公司希望用其取代 QuickTime 之类的技术标准以及 WAV、AVI 之类的文件扩展名。WMV 格式的主要优点在于：可扩充的媒体类型、本地或网络回放、可伸缩的媒体类型、流的优先级化、多语言支持、扩展性等。

FLV 是 FLASH VIDEO 的简称，FLV 流媒体格式是一种新的视频格式。由于它形成的文件极小、加载速度极快，使得网络观看视频文件成为可能，它的出现有效地解决了视频文件导入 Flash 后，使导出的 SWF 文件体积庞大，不能在网络上很好的使用等缺点。

在数字化学习的世界里，无论是基于微视频的自主学习还是基于翻转课堂的混合学习，都会涉及视频资源的学习。而在这个倡导"微"的时代，无论是授课者还是学习者，对于获取到的视频资源都会有所取舍，或者对某个视频资源来说只有其中的 5~10 分钟是有用的，40 分钟以上的视频会显得冗长，这时候就需要对视频进行剪辑。但对于业余者来说，诸如 Adobe Premiere、Edius 等较为大型的软件难以熟悉，或者对于计算机性能的要求会比较高，又如会声会影等视频编辑软件难以找到免费的版本可供安装使用。因此，熟知一些免费易用的"轻量级"剪辑软件是有必要的。

（1）利用 QQ 影音进行视频剪辑。

QQ 影音是由腾讯公司推出的一款支持任何格式影片和音乐文件的本地播放器。QQ 影音首创轻量级多播放内核技术，深入挖掘和发挥新一代显卡的硬件加速能力，追求更小、更快、更流畅的视听享受。在畅享影音的同时你可以视频截图、剧情连拍，还有视频截取和 GIF 截取，将精彩片段截取出来独立保存。

主要操作要点：

①首先找到要编辑的视频，右击鼠标，选择播放方式为"QQ 影音"；

②按住鼠标左键，拖动 QQ 影音播放进度键，一直到需要截取视频的起点，然后迅速鼠标单击 QQ 影音播放键，暂停播放视频；

扫一扫，观看"利用 QQ 影音进行视频剪辑"

③鼠标单击 QQ 影音右下角的影音工具箱，在弹出的工具中选择"截取"。视频就会出现两个截取标志，前面的在视频播放进度的位置的截取标志，叫截取起点键，后面的叫截取终点键，如图 4-37 所示；

④拖动 QQ 影音右侧底部的"截取终点"的小标志，直到想要的位置，如果不太合适，可以微调截取起点和终点的位置；

⑤"预览"之后，若觉得截图视频长度合适后鼠标单击"保存"；

⑥在弹出的对话框中，设定输出视频的类型，一般选择"无损保存视频"。最后为保存的视频命名，鼠标单击"浏览"，选择保存的路径后生成视频文件。

图 4-37　QQ 影音剪辑示意

（2）利用快剪辑进行视频剪辑。

快剪辑是 360 公司推出的在线视频剪辑软件。作为一款功能齐全、操作简捷、可以在线边看边剪的免费 PC 端视频剪辑软件，"快剪辑"的推出将大大降低短视频制作门槛，提高用户视频制作效率，使用户可以简单快速完成并分享自己的作品。

扫一扫，观看"利用快剪辑进行视频剪辑"

主要操作要点：

①在快剪辑里打开需要编辑的视频，利用红色标记线寻找需要"断开"的视频点，鼠标单击"分割工具"，即可把视频切割成两段可分开的视频；

②根据需求可以把视频分割成两段或多段，再选中需要操作的视频片段，鼠标单击鼠标右键"删除"，即可把需要剪掉的片段从原视频中删除；

③鼠标单击"保存导出"，设定"文件格式""保存路径""导出尺寸"等选项后，鼠标单击"开始导出"，导出后在"保存路径"中可找到剪辑完的视频。如图 4-38 所示。

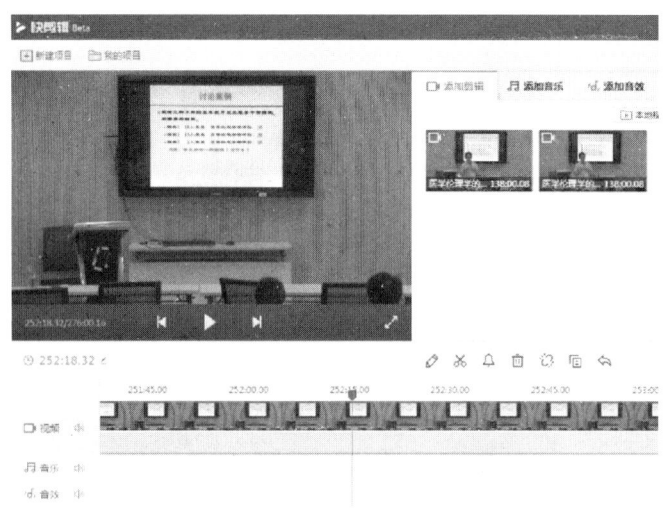

图 4-38　快剪辑的剪辑示意

（3）利用格式工厂转换格式。

格式工厂是主流的、全能的免费媒体转换软件，支持类型包括视频、音频和图片等主流媒体格式。所有类型视频支持转到 MP4、3GP、AVI、MKV、WMV、MPG、VOB、FLV、SWF、MOV、RMVB 等格式，所有类型音频转到 MP3、WMA、FLAC、AAC、MMF、AMR、M4A、M4R、OGG、MP2、WAV 等格式，所有类型图片转到 JPG、PNG、ICO、BMP、GIF、TIF、PCX、TGA 等格式。

主要操作要点：

①在格式工厂中，选择需要转换的格式（如 MP4），在弹出的窗口中鼠标单击"添加文件"，在本地添加需要转换格式的文件；

②在"输出配置"中，可以设置输出文件的详细配置，如视频编码、屏幕大小、比特率等；

③设置完毕后鼠标单击"确定"进行格式转换，在输出文件夹中即可找到转换格式后的文件。

扫一扫，观看"利用格式工厂转换格式"

4.3 数字化学习的必备神器

随着互联网技术的发展，数字化学习对于我们每个人来说无处不在。在这无穷无尽的知识海洋里，海量的信息、资源既带给我们机遇，也带给我们挑战。如何能在新时代下适应数字化学习环境、提高自身的学习效率？如何记录转瞬即逝的灵感？如何汇聚碎片化知识？如何整理杂乱的资源？如何快速找到目标资源？有没有一些辅助数字化学习的工具？让我们一起来寻找答案。

4.3.1 记录灵感——云笔记软件

当前我们身处一个信息大爆炸的时代，面对学习、工作中的系统知识和外界的碎片化知识以及脑海中突然迸发的灵感，懂得将海量的信息进行汇聚、储存就显得越来越重要。如何让接收到的信息不会如流水般流逝？我们需要借助云笔记软件。

1. 有道云笔记

有道云笔记是网易旗下的一款简单好用的云笔记软件。在数字化学习时代，传统的手写笔记显然已经不能满足我们的需求了，数字化、高效率的笔记记录方式才能达到我们高效学习的要求。当我们在脑海里迸发出灵感，或者需要记录一些有价值的信息，又或者遇到一些有待解决的疑难问题的时候，都需要立即利用云笔记记录下来。

有道云笔记支持网页端、PC 端、移动端，方便用户随时查看及编辑笔记，并且在同一账号上同步笔记。例如，在移动端编辑完笔记并同步后，更新的笔记信息将保存在云端，当打开网页端或 PC 端的有道云笔记时，查看的笔记是与移动端一致的。PC 端、移动端的界面如图 4-39 所示。

相对于传统的手写笔记，数字化的云笔记更加可靠，能够将账号上的所有笔记备份在云端，无须担心资料丢失的风险。

图 4-39 有道云笔记的 PC 端与移动端

（1）有道云笔记的创建。

有道云笔记支持文字笔记、文档扫描、语音笔记、Markdown、模板笔记、图片笔记、文件笔记、手写笔记等类型，可以选择需要添加的笔记类型。

扫一扫，观看"有道云笔记的创建"

①文字笔记主要用于文字输入，同时具有文字格式设置功能，如设置文字大小、字体、粗细、斜线、删除线、高亮字体等。在文字笔记中还可以插入图片、附件、表格、横线、目录、链接等；

②文档扫描，可以直接在移动端拍下文档图片，具有 OCR 识别文字的功能；

③在语音笔记中，可以在移动端直接记录语音，同时支持普通话、英语、粤语、河南话、四川话识别成文字；

④Markdown 是一种可以使用普通文本编辑器编写的标记语言，通过简单的标记语法，它可以使普通文本内容具有一定的格式，主要用于编写代码；

⑤模板笔记，支持基于模板创建一定格式的笔记；

⑥图片笔记，可以在移动端拍照上传纯图片作为笔记；

⑦文件笔记，支持上传文档、图片、音频、视频等文件作为笔记；

⑧手写笔记，支持在移动端不同粗细大小的手写痕迹作为笔记。

（2）PC 端具有网页剪报功能，可快速获取网页信息。

有道云笔记具有网页剪报的功能，可轻松收集网页、博客、微博、微信等多平台上的精彩内容。同时，为了方便用户不同场景的使用，有道云笔记还提供了网页剪报的三种不同模式，分别是网页模式、URL 模式、正文模式，如图

4-40所示。

①网页模式用于把整个网页所有信息一键保存到有道云笔记中。

②URL 模式用于把网页的 URL 链接保存到有道云笔记中。

③正文模式用于把网页中的正文部分保存到有道云笔记中。

扫一扫，观看"利用 PC 端快速获取网页信息"

图 4-40　有道云笔记网页剪报的三种不同模式

（3）移动端保存网上信息。

①保存浏览器网页。

在移动终端安装好有道云笔记后，当通过浏览器浏览网页时，在浏览器菜单页面点击"分享"按钮图标，然后点击"更多"按钮，在弹出的页面中点击"保存到有道云笔记"，点击即可实现将浏览器网页保存到有道云笔记中，如图 4-41 所示。

扫一扫，观看"移动端保存网上信息"

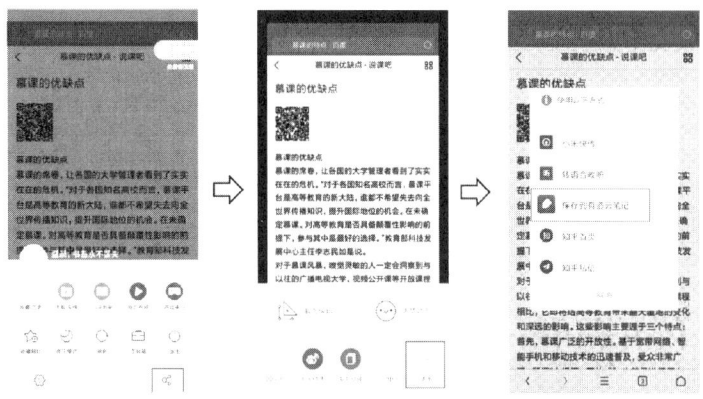

图 4-41　保存浏览器网页到有道云笔记

②保存微信信息。

在微信中有些重要的信息也可以保存到有道云笔记中，长按微信信息后在弹出的页面点击"更多"，点击"…"按钮图标，在弹出页面中点击"有道云笔记"即可保存微信信息到有道云笔记中，如图 4-42 所示。

③收藏微信公众号文章。

微信公众号中许多文章也是极具价值的，当需要收藏微信公众号文章的时候，在公众号文章页面右上角点击"…"按钮图标，在弹出的页面中点击"有道云笔记"即可收藏微信公众号文章到有道云笔记，如图 4-43 所示。

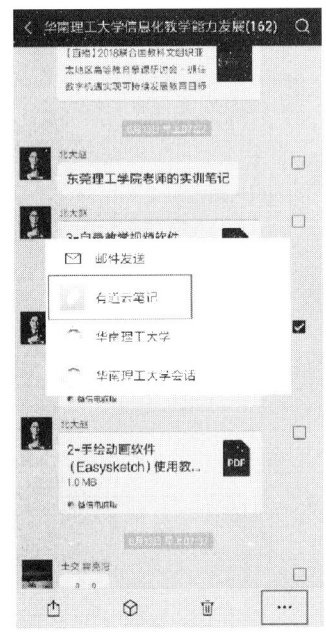 

图 4-42　保存微信信息到有道云笔记　　图 4-43　收藏微信公众号文章到有道云笔记

（4）搭配有道云协作进行团队协作。

有道云协作是网易推出的基于资料管理和项目推进的团队协同办公工具，覆盖电脑以及手机平台，用户和团队可以在这里协同编辑文档，管理项目进度，共享工作资料等。

扫一扫，观看"搭配道云协作进行团队协作"

想象一下，当多人共同完成一个文档创作时，通过邮件、QQ 等方式来传送文件，无数次的编辑修改需要无数次的文件传送，低效的文件传输无疑增加了学习或工作的时间成本。有道云协作解决了这个痛点，可以支持群内用户同时在线编辑文档，提升文档协作效率。有道云协作的 PC 端与移动端如图 4-44 所示。

在有道云协作上进行团队协作，首先是要建立团队群。有两种建立团队群的方式，一种是在建好的群中复制邀请链接，邀请同伴加入，另一种是直接搜索有道云笔记用户的登录邮箱或昵称添加同伴，如图 4-45 所示。

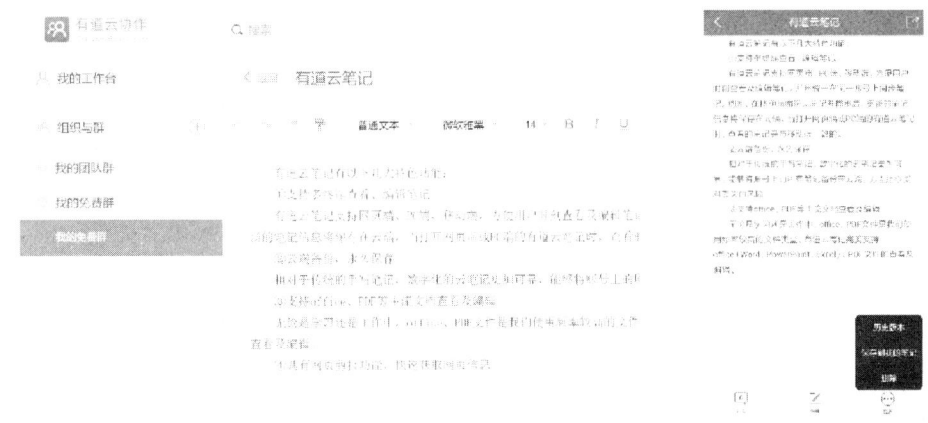

图 4-44　有道云协作的 PC 端与移动端

图 4-45　有道云协作邀请同伴入群

同时，有道云协作支持查看文档历史版本，每一个历史版本都被保存下来，而且清晰明了地显示每次文档的修改痕迹。只要点击相应的版本号，就可以看到对应的版本内容。其中笔记格式的文档可以通过颜色标识清晰地看到每次修改的新增和删除，如图 4-46 所示。

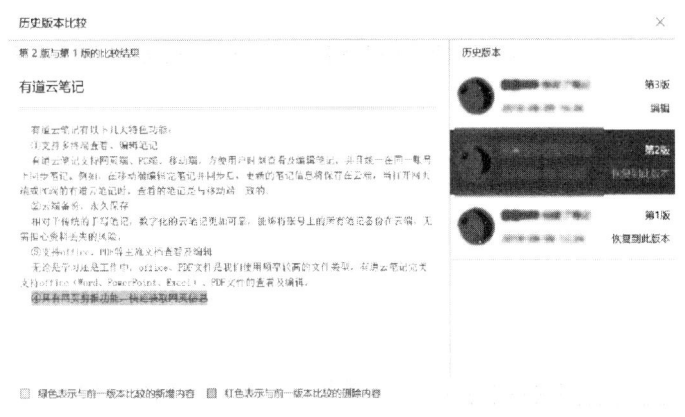

图 4-46　有道云协作历史版本管理

2. 印象笔记

2008年正式发布的印象笔记是一款跨平台多功能云笔记应用软件，是目前功能最强大、用户最多的云笔记软件之一。印象笔记可以随时随地，把文字、录音、相册照片、拍照或扫描、手写图片、微信、网页等各种数字资源整合在一条笔记中，还可以在笔记中添加任意附件，笔记内容可以在各终端同步。

（1）印象笔记的建立与管理。

印象笔记电脑端或移动端软件可在印象笔记官网或应用商店下载，支持 OS X、Windows、iOS、watch OS、Android、Windows Phone、Blackberry 等系统，安装完成后，登录后界面如图4－47所示。

扫一扫，观看"印象笔记的建立与管理"

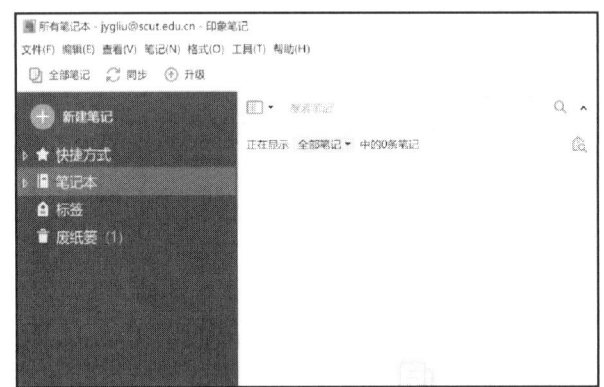 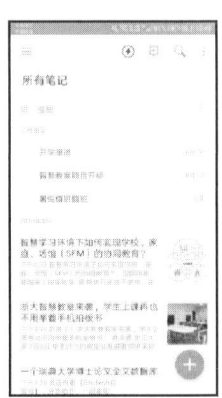

图4－47 印象笔记电脑端和移动端界面

单击⊕按钮新建笔记，移动端印象笔记提供了拍照、附件、录音、提醒、手写、文字等6种笔记类型，选择并单击要添加的内容。

①在拍照笔记中，当想要拍摄文件、名片时可以把文件放在颜色反差大的背景上，印象笔记可以自动识别文件、名片区域。

②在附件笔记中，可以添加手机中图片、视频、音频、文档等各种文件。

③在录音笔记中，印象笔记可以一边录音，一边输入文字笔记，在不中断声音记录的基础上，记录自己的想法或疑惑。

④在提醒笔记中，可以设置添加提醒。

⑤在手写笔记中，可以使用不同颜色、不同粗细的笔触，画下灵光一现的妙想、组织结构、思维导图等。

⑥在文字笔记中，主要提供了文字输入的功能。印象笔记可以利用格式工具（如图4－48所示）设置输入文字的大小、字体、颜色、加粗、删除线、高亮等。

除此之外，在文字笔记中还可以添加附件、音频、图片等。

第 4 章　数字化学习资源的整合

图 4-48　文字笔记工具栏

长期频繁使用印象笔记后，笔记的数量越来越多。为了高效率管理和使用这些笔记，需要新建一些笔记本和笔记本组，把同一类笔记内容整理归纳到一个笔记本中，而相似的笔记本，再组成笔记本组。这样笔记就具有了笔记本组、笔记本、笔记题目、笔记内容这样的结构性，如图 4-49 所示。

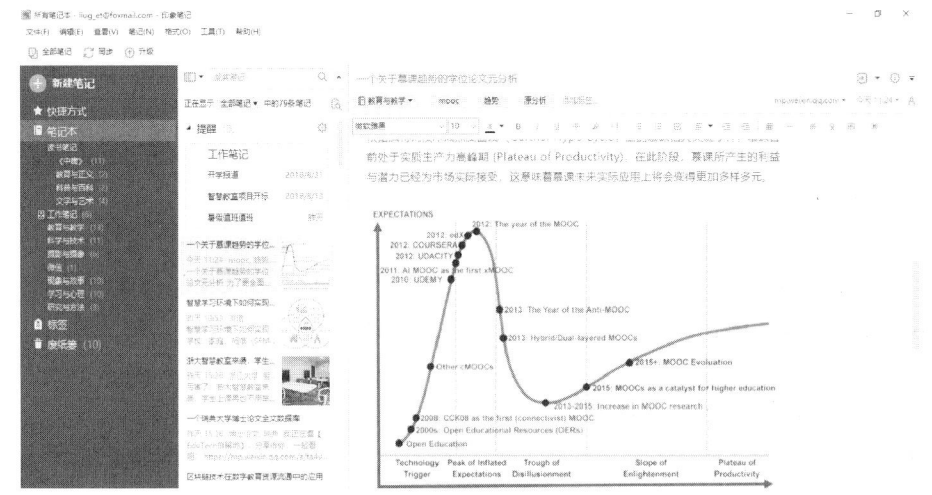

图 4-49　结构化的印象笔记

（2）保存微信中的信息。

微信是最活跃的社交媒体软件之一，里面不仅有重要的工作聊天消息，朋友圈、公众号中也会有一些重要的文章、视频分享，使用印象笔记开发的"我的印象笔记"公众号可以把这些信息收藏，即使原文删除了，也可以在印象笔记中继续阅读使用。

扫一扫，观看"保存微信中的信息"

①在微信中，扫描并关注"我的印象笔记"（myyxbj）公众号（如图 4-50 所示），在公众号中绑定自己的印象笔记账户。

②收藏微信公众号中的文章：点击屏幕右上方的 … 按钮，再点击下方出现的"我的印象笔记"，公众号文章就会自动收藏，如图 4-51 所示。印象笔记会自动新建名字为"微信"的笔记本，以后收藏的微信公众号、聊天记录都会先收藏到这个笔记本中。

③把和好友的聊天内容收藏到印象笔记：长按聊天信息，勾选需要保存的

139

聊天内容,点击在屏幕右下角…按钮,点击出现"我的印象笔记",聊天信息即被收藏,如图4-52所示。

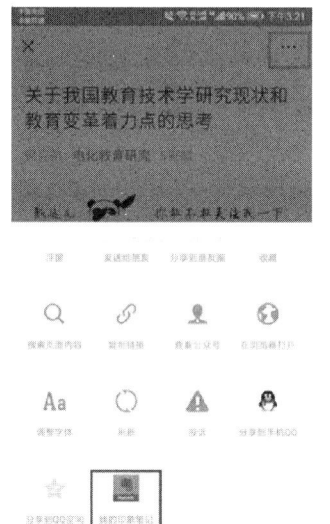
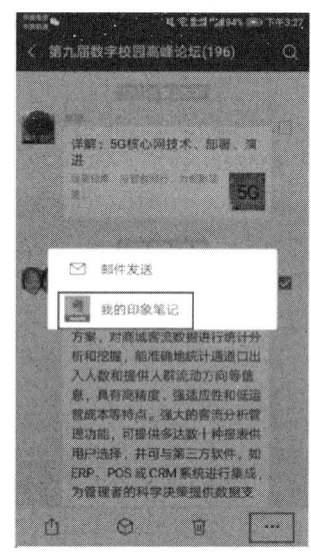

图4-50 公众号二维码　　图4-51 公众号二维码收藏图　　图4-52 微信信息收藏

(3)保存网页信息。

印象笔记有一个"剪藏"插件,在使用电脑、手机、平板等各种终端浏览、搜集到有价值的网页信息时,可以利用剪藏把网页图文收藏到印象笔记中,方便随时随地查看和编辑。

扫一扫,观看"保存网页信息"

①收藏电脑浏览器中的网页。

IE 浏览器的剪藏插件已经包含在印象笔记 Windows 客户端中,电脑中安装完印象笔记客户端后,可以按照下面的步骤启动剪藏插件:打开 IE 浏览器,鼠标单击右上角的"设置"按钮,选择"管理加载项",找到"Yinxiang Biji extension",鼠标单击右下角"启用",在 IE 命令栏中出现 ■ 的标志。

使用 IE 浏览器阅读到有价值的网页,点击命令栏中的 ■ 按钮,屏幕右上角出现剪藏的工作选项卡(如图4-53所示),对网页有5种收藏方式:网页正文、隐藏广告、整个页面、网址和屏幕截图。在屏幕截图中,通过高亮、图形工具、文字等工具(如图4-54所示)的使用,可以在截图中标注重点、添加笔记内容、备注,如图4-55所示。

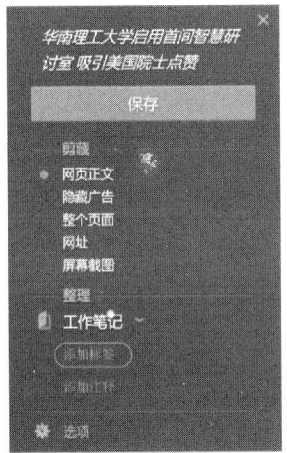
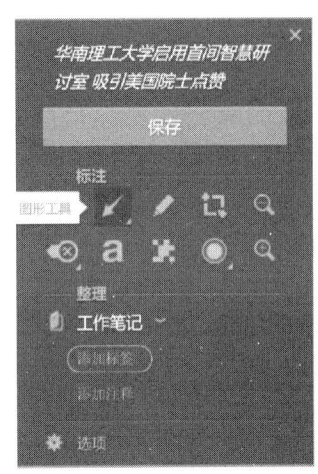

图4-53　剪藏选项卡　　　　图4-54　剪藏工具界面

图4-55　剪藏屏幕截图效果

②收藏手机浏览器中的网页。

印象笔记可以在 iOS、Android 等系统的移动端中收藏网页信息，下面以 Android 手机为例介绍。

手机安装印象笔记 APP 后，阅读到想要收藏的网页时，点击分享图标；如果分享选项卡里没有直接显示出来，可以点击其中的"更多"，在出现的使用方式选择列表中点击"添加到印象笔记"，网页便会被收藏到印象笔记中，如图4-56所示。

图 4-56　收藏手机浏览器网页

4.3.2　告别零乱——桌面整理软件

在这个快节奏的时代，由于学习、工作事务杂乱繁多，电脑桌面经常堆满了各式各样的文件，不仅有碍观瞻，而且遇到紧急事件需要查找文件的时候更是因此而手忙脚乱，堵塞了思路，极大地降低了学习、工作效率。桌面整理软件，还你一个干净整洁的桌面，相信你的心境、你的思维都会更加开阔。

1. 360 桌面助手

360 桌面助手是 360 安全卫士旗下一款桌面清理工具，让你面对杂乱的电脑桌面，只需轻轻点击一键整理桌面就可以快速整理好自己的桌面，同时还具备数个实用的功能。

（1）360 桌面助手的安装。

打开 360 安全卫士→功能大全→实用工具→桌面助手，即可安装完成，如图 4-57 所示。

图 4-57　360 桌面助手安装示意

(2) 整理电脑桌面。

在整理桌面之前,我们看看桌面是多么混乱,寻找一个文件犹如大海捞针,如图4-58所示。单击桌面助手主菜单上的"桌面"按钮,整理完桌面后,360桌面助手默认保留系统软件与其他软件快捷方式的图标,其余文件自动按文件夹、文档、图片等格式分类摆放,如图4-59所示。

扫一扫,观看"整理电脑桌面"

图4-58　360桌面助手整理前

图4-59　360桌面助手整理后

也许有人会问,系统软件与其他软件快捷方式的图标能否也整理起来?在系统桌面鼠标右键:桌面助手—新建收纳盒,可以根据需求创建一个或多个收纳盒,把软件快捷方式放到收纳盒里面,如图4-60所示。

(3) 本地文件搜索。

鼠标单击桌面助手主菜单上的"文件"按钮,在弹出的搜索框内输入文件关键字即可实时精准显示搜索结果,相比Windows自带的搜索更快,如图4-

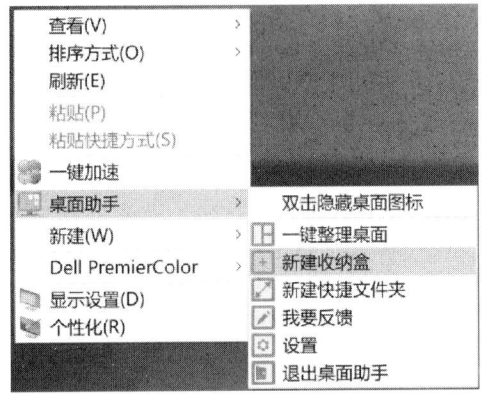

图4-60　360桌面助手新建收纳盒

61所示。

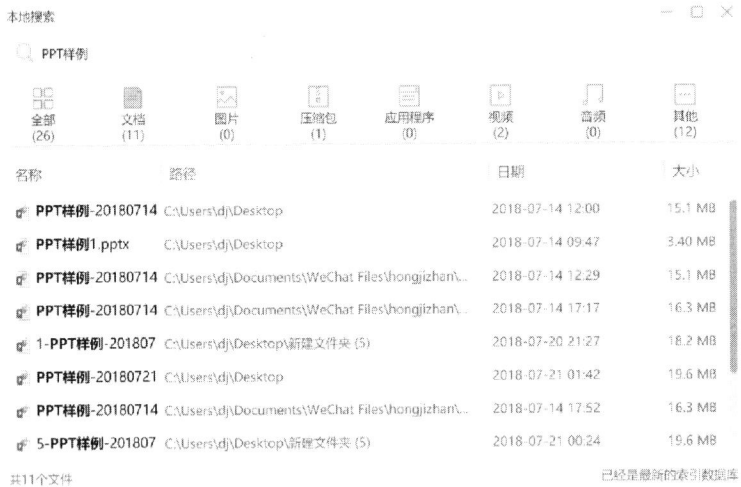

图4-61　360桌面助手本地搜索

（4）多个便捷小功能。

除了以上介绍的主要功能外，桌面助手主菜单上还有"截屏""计算器"等工具的按钮，单击即可使用，同时还可调整他们的顺序，如图4-62所示。此外，360桌面助手贴心地支持了添加今日事项功能，用户可以将所有待办事项以便签的形式添加到电脑上，只要打开电脑就能看到明晃晃的提醒，不仅能帮你改掉容易忘事儿的毛病，还可以督促你提高工作效率。

图 4-62 360 桌面助手其他小功能

2．猎豹轻桌面

猎豹轻桌面是猎豹官方旗下一款简单好用的桌面图标整理软件，旨在帮助用户解决桌面乱、广告弹窗骚扰等问题，时刻保持桌面的整洁、干净、美观。

扫一扫，观看"猎豹轻桌面"

桌面图标整理是将用户桌面的各类图标，按照快捷方式、文件夹、文件三大类进行分类。用户一键整理后，图标将智能地按类别进入桌面格子中，恢复桌面整洁有序。猎豹轻桌面整理前与整理后效果如图 4-63 和图 4-64 所示。

猎豹轻桌面支持用户随意拖动格子并可固定在桌面上的某个位置，也可根据实际需求新建属于自己的格子。

图 4-63 猎豹轻桌面整理前

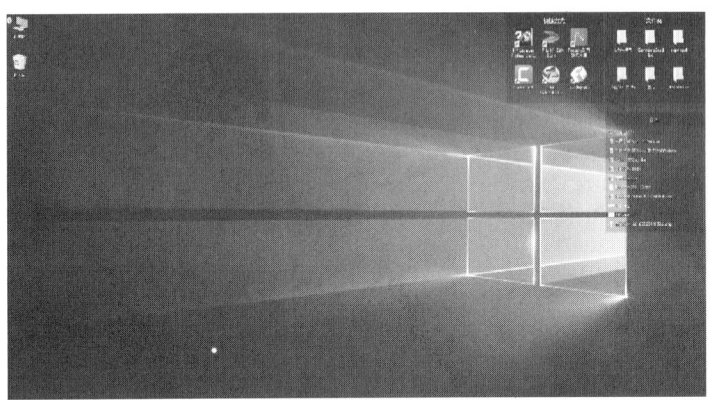

图 4-64　猎豹轻桌面整理后

4.3.3　快速搜索——本地搜索软件

无论我们如何做好分类，随着电脑系统使用的时间的增加，系统中文件的种类和数量、文件夹的数量都会随之增加，需要借助电脑系统的搜索功能来节省寻找文件的时间，增加找到文件的概率和准确性。但是使用过 Windows 自带的搜索工具的同学就知道，Windows 搜索工具搜索速度十分慢，难以满足我们的需求。那么，有没有其他更快更好用的本地文件快速搜索软件？

1. Everything

Everything 是 NTFS 文件系统下速度最快的文件搜索软件。面对现在成百上千 GB 的硬盘，少说也有几十万个文件，如果用 Windows 自带的搜索功能或一些普通的搜索软件，既花时间又折磨硬盘。而 Everything 仅需几秒钟就可以完成首次索引，以后每次搜索文件都是瞬间呈现结果，其速度之快足以令人惊叹。它小巧实用，支持中文名称，支持正则表达式，可以通过 HTTP 或 FTP 远程搜索和下载。此外，还可以通过筛选器来限定搜索文件格式来提高速度与准确度。在搜索完成后，还可以打开、编辑目标文件。

例如，打开 Everything 软件后在搜索栏搜索"需要安装"，Everything 结果栏以秒级速度列出计算机硬盘内名字带有"需要安装"的所有文件，如图 4-65 所示。相较于 Windows 自带的搜索功能，Everything 搜索速度更快、结果更准确。

扫一扫，观看"Everything"的使用

图 4-65　Everything 搜索界面示意图

2. Wox

除了本地文件太多以外，本地软件同样也是数不胜数。为了学习、工作、生活，我们在电脑里安装了大量软件，当想用的时候却发现很难找到，然而放置快捷方式在桌面上又会显得眼花缭乱。有人说那就用 360 桌面助手，利用收纳盒来放置软件快捷方式。没错，这样桌面确实会整洁很多，但一旦软件数量太多，仍然难以找到目标软件。

Wox 是一款 Windows 系统下的快速启动软件，只需要打开 Wox，输入关键词，它将瞬间为你搜索筛选出计算机里带关键词的软件。当关闭 Wox 软件时，它会继续在后台里运行，需要使用的时候，按组合键"Alt + 空格"就可以迅速打开 Wox 软件。例如，在 Wox 输入"有道云笔记"，立即显示有道云笔记的下拉选项，可以直接鼠标单击开启软件，如图 4-66 所示。更简单的，还可以直接输入"ydybj"（有道云笔记拼音的首字母），也可以搜索到"有道云笔记"，如图 4-67 所示。

扫一扫，观看"Wox"的使用

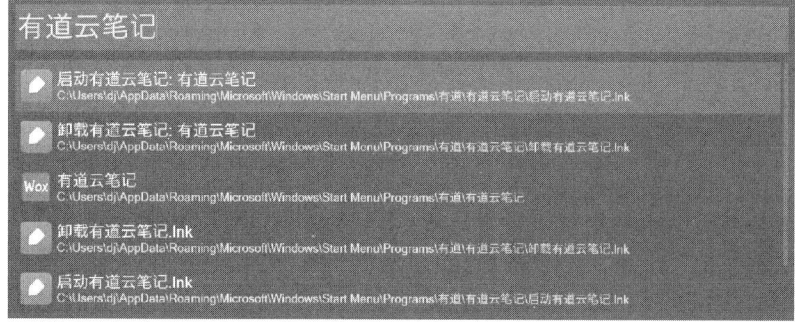

图 4-66　Wox 搜索示意图

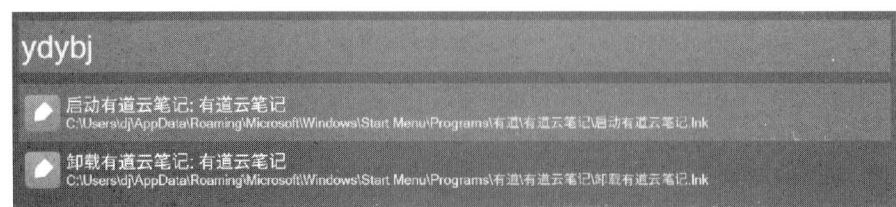

图 4-67　Wox 首字母搜索示意图

强大的 Wox 还具备其他拓展插件功能，最棒的插件莫过于自带的 Everything 插件（即前文所提及的 Everything 软件），启用后就可以具有文件的搜索、打开功能（首先电脑要安装 Everything 软件）。例如，启用 Everything 插件后，在 Wox 检索框检索"PPT 样例"，可以检索到相应的文件，如图 4-68 所示。除此之外，Wox 还支持检索框直接输入网址打开网页、支持计算器功能、支持查看 hex 值对应的颜色等。

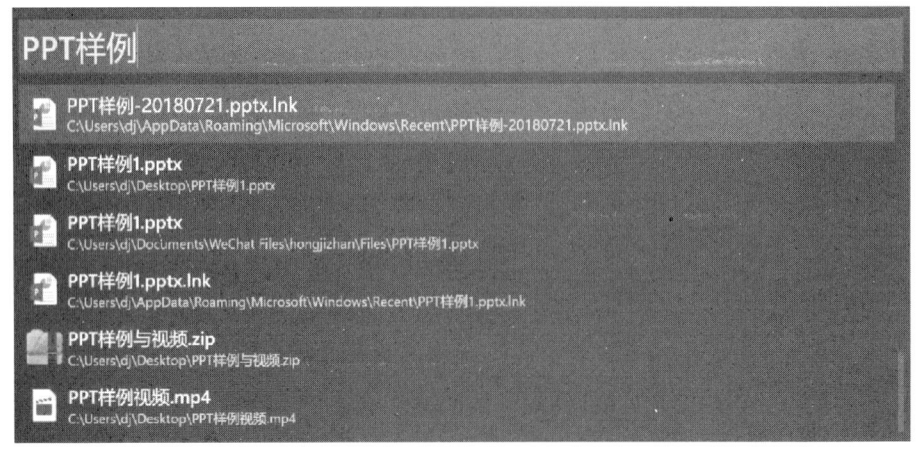

图 4-68　启用 Everything 插件后进行文件搜索

Wox 集成了网页搜索的插件，默认已经编辑好许多网页搜索的触发关键词，如图 4-69 所示。例如百度搜索的触发关键词是"bd"，若在 Wox 检索框中输入"bd 数字化学习"，则自动在浏览器百度网页中搜索"数字化学习"，如图 4-70所示。

图 4-69　Wox 网页搜索设置

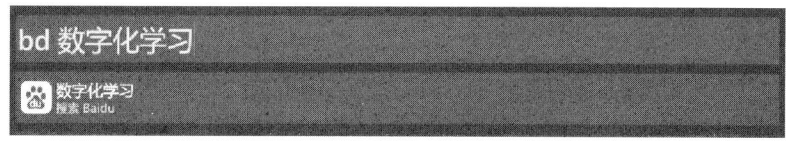

图 4-70　Wox 中进行百度搜索

Wox 网页搜索插件支持自行添加搜索网站。例如我们需要添加"豆瓣读书"网站作为我们 Wox 快速检索的网页,方法是首先在"豆瓣读书"检索任意一本书,得到该检索页面的 URL,例如在"豆瓣读书"检索"数字化学习",得到地址栏中的 URL 为:https://book.douban.com/subject_search?search_text=%E6%95%B0%E5%AD%97%E5%8C%96%E5%AD%A6%E4%B9%A0&cat=1001

将该 URL 改为:https://book.douban.com/subject_search?search_text={q}&cat=1001

将上述 URL 填写到设置框里,并设置触发关键词为"dbds",如图 4-71 所示。这时,在 Wox 中检索"dbds 慕课革命",即在浏览器豆瓣读书检索网页中检索"慕课革命"一书,如图 4-72 所示。

图 4-71 Wox 网页搜索添加"豆瓣读书"

图 4-72 Wox 中进行豆瓣读书搜索

Wox 的插件还可以在指定的网站（http://www.wox.one/plugin）上寻找其他可安装的插件进行安装。例如，需要安装"有道翻译"插件，则在 Wox 检索框中输入"wpm install 有道翻译"，即可完成"有道翻译"插件的安装。这时"有道翻译"插件默认的触发关键词是"yd"，因此例如在 Wox 检索框中输入"yd student"，即可显示"student"的中文意思，如图 4-73 所示。

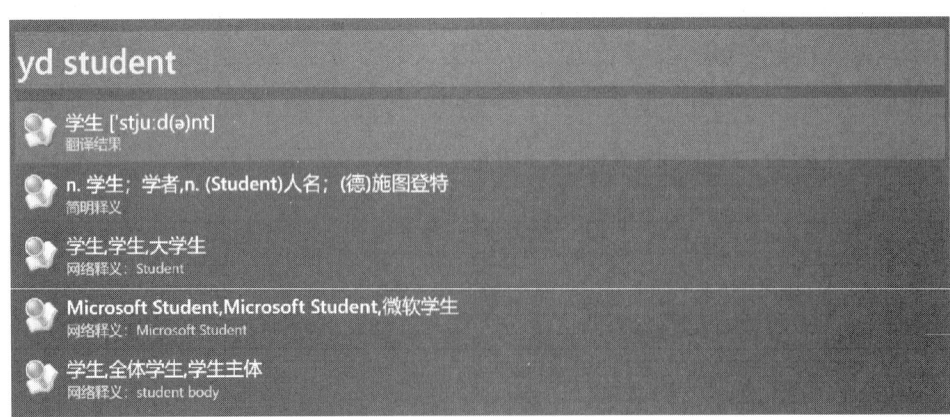

图 4-73 Wox 中利用有道翻译插件查询单词

4.3.4 随时随地学习——移动学习 APP

移动学习（Mobile Learning）是一种在移动设备帮助下的能够在任何时间、任何地点发生的学习，移动学习所使用的移动计算设备必须能够有效地呈现学习内容并提供教师与学习者之间的双向交流。

移动学习是在数字化学习的基础上发展起来的，是数字化学习的扩展。移动学习除具备了数字化学习的所有特征之外，还有它独一无二的特性，即学习者不再被限制在电脑桌前，可以自由自在、随时随地进行不同目的、不同方式的学习。

目前，从硬件的角度来看，移动学习可支持的硬件设备主要是手机与平板电脑。而从软件系统的角度来说，移动学习可支持的软件系统主要是苹果（iOS）与安卓（Android）两种。

那么，有哪些比较热门的移动学习 APP 呢？澳大利亚阿德雷德大学学习与专业发展支持中心的学习设计师阿兰·凯灵顿（Alan Carrington）设计的教学法轮中，根据布鲁姆的认知领域教育目标（记忆理解、应用、分析、评价、创造）进行分类收录了 122 个移动学习 APP（详情请看第二章中的基于活动理论的体验式学习部分）。

下面列举几个国内大学生常用的移动学习 APP。

1. 百词斩

百词斩是现在主流的英语单词学习 APP，在艾瑞移动 APP 指数的语言学习教育类 APP 中排名第一。百词斩为每一个单词都配了有趣的图片和例句，帮助用户记忆单词。例如，在记忆单词的时候，百词斩通过配图的方式让用户选择与单词相匹配的图片，不懂的时候还可以通过提示来帮助理解单词，建立关联记忆，如图 4-74 所示。英语单词适用范围覆盖初中阶段、高中阶段、大学英语四级考试、大学英语六级考试、考研、托福、雅思、英语专业四级、英语专业八级、SAT、GRE、GMAT 等在不同的英语单词适用范围，会提供该适用范围内需要记忆的所有单词，当某个单词学会后可"斩"掉，相当于该单词已经掌握，现阶段不需要再学习，因此该单词不会再出现于后续的记忆列表中，如图 4-75 所示。

图4-74 百词斩配图记忆　　图4-75 百词斩单词列表

此外,为了确保用户掌握英语单词,百词斩还提供了专项训练的复习功能,如英文选意、中文选词、听音辨意、听音速记、拼写填空、拼写组合、全拼联系等,这些练习能够让用户在记忆单词时更准确更全面。

2. 英语趣配音

英语趣配音是一款主要用于英语口语练习的移动学习 APP,曾获百度金熊掌推荐奖,在 AppStore 教育类软件中排名前十,在艾瑞移动 APP 指数的语言学习教育类 APP 中排名第二。

英语趣配音的主要特色是在英语学习方面摆脱了枯燥的传统学习方式,通过给 1~2 分钟的短视频配音,让英语学习充满趣味。英语趣配音中用于配音的素材来自当前最新最热的美剧、动漫、电影、歌曲等,让英语学习者可以选择模仿、跟读喜欢的素材,在趣味配音中逐渐提高英语口语、听力的能力。

在进入一个配音素材里时,除了可以观看原版视频的配音效果以外,还可能看到该素材其他用户配音的效果。用户配音排行榜根据他人点赞数为排序,方便用户欣赏他人的配音效果,如图 4-76 所示。

正式开启配音后,英语趣配音的配音方式是逐句语句不断重复原版配音,当语句中有不懂或不会读的单词时,可以直接点击查看单词解析及读音,例如语句"Yeah, I guess that's the 'yeast' I could do.",点击语句中的"guess",可以查看该单词的解析及读音,还可以将不熟悉的单词加入到个人的生词本中,方便以后的查看与复习。如图 4-77 所示。

逐句英文语句配好音后,形成一个 2~3 分钟的配音作品,可以选择发布个人作品，也可以转发到朋友圈、QQ、微博等社交平台。

图 4-76 英语趣配音作品排行　　　　图 4-77 英语趣配音的配音界面

3. 网易公开课

网易公开课作为中国最大最全的视频课程平台，曾获"苹果周最佳应用榜"、苹果官方评选的"中国区教育类最佳应用"等奖项。用户可以在线免费观看来自于哈佛大学等世界级名校的公开课课程，可汗学院，TED 等教育性组织的精彩视频，内容涵盖人文、社会、艺术、科学、金融等领域。如图 4-78 所示。

网易公开课的学习方式主要是以视频观看为主，而不同的视频来源有不同的呈现方式，如 TED 是以真人演讲的呈现方式、可汗学院是以电子黑板、笔触解说的呈现方式，如图 4-79 所示。它支持视频免费离线下载，同时智能化地根据用户的学习行为向用户提供个性化内容推荐，帮助学习者找到最感兴趣的知识点。还可通过课程跟帖与万千"同学"交流心得、争论观点。目前已推出 Android、iOS 等多种版本，并实现多端间的课程收藏与播放记忆同步，使学习体验无间断。

图 4-78　网易公开课 APP 分类界面图　　图 4-79　网易公开课 APP 学习界面

4. 中国大学 MOOC

中国大学 MOOC（慕课）是由网易与高教社"爱课程网"合作推出的大型开放式在线课程学习平台，上线于 2014 年 5 月，它联合北京大学、复旦大学、浙江大学、新加坡国立大学、微软亚洲研究院等 211 所知名高校和机构推出上千门精品大学课程，让每一个有提升愿望的用户都能在此学习到中国最好的大学课程，并获得认证证书。

中国大学 MOOC 提供即中国大学 MOOC APP 的移动端服务。在移动 APP 端，只要在移动终端下载安装中国大学 MOOC APP，就可以在移动终端中随时随地学习中国大学 MOOC 已经开设的课程。中国大学 MOOC 中的课程分类涵盖计算机、经济管理、心理学、外语、文学历史、艺术设计、工学、理学、生命科学等。

以中国大学 MOOC 上的一门来自华南理工大学的"大学美育课程"为例，中国大学 MOOC 的课程学习界面主要有公告、课件、考核、讨论四个功能菜单，如图 4-80 所示。公告指的是课程教师发布的图文公告信息，提供给学习者课程学习的课前须知信息；课件指的是该课程的主要学习资源，在形式上可以使视频、文档等，并且以章节分类，如图 4-81 所示；考核指的是课程教师发布的课程测验，题目类型主要以单选题、多选题、判断题为主，检验学习者在 MOOC 学习中的学习效果，并且是作为最终能够拿到结业证书的考核依据之一，如图 4-82 所示；讨论指的是学习者、课程团队可以在该功能模块进行在线讨论，该部分也可以是最终能够拿到结业证书的考核依据之一，如图 4-83 所示。

图 4-80 "教你如何做 MOOC" 课程界面

图 4-81 "教你如何做 MOOC" 课件界面

图 4-82 "教你如何做 MOOC" 考核界面

图 4-83 "教你如何做 MOOC" 讨论界面

5. 知乎

知乎是社交化问答社区，创立于 2011 年，在 2017 年入选时代影响力·中国商业案例 TOP30，有着"与世界分享你的知识、经验和见解"的口号。知乎上的用户围绕着某一感兴趣的话题进行相关的讨论，同时可以关注兴趣一致的人。虽然对于概念性的解释，网络百科已经几乎涵盖了你所有的疑问，但是对

于发散思维的整合，却是知乎的一大特色。

作为问答社区，知乎最主要的三个功能就是搜索问题查看答案、提出问题、问答问题。

（1）搜索问题查看答案。

搜索问题查看答案是用户使用最多的功能，首先在知乎搜索框中搜索需要查看的已有问答，然后找到合适的问题，点击进去查看其他用户的回答，如图 4-84 所示。

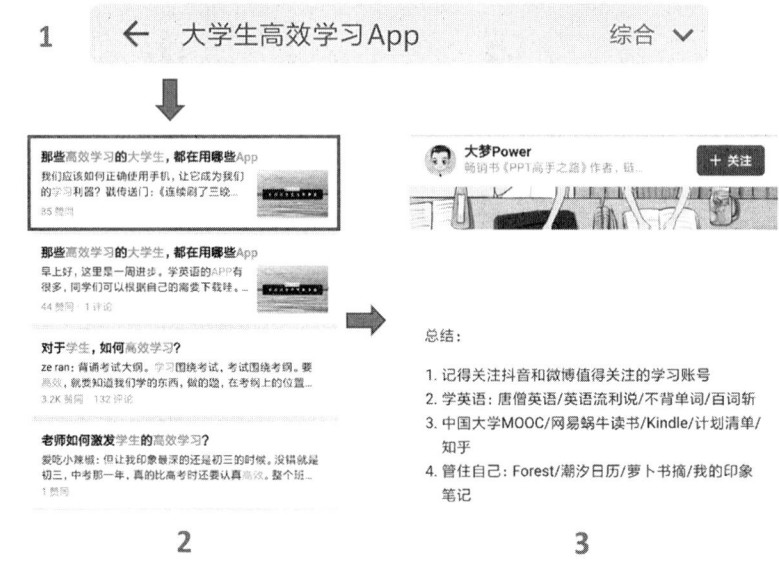

图 4-84　知乎上搜索问题查看答案

（2）提出问题。

当然除了搜索问题外，我们还可以提出问题，在搜索框右侧点击"提问"后描述问题如"有哪些大学生适合学习的慕课？"，并且添加单个或多个相关话题如"在线学习"，接着下一步成功提问后，还可以邀请相关用户进行回答（自动根据添加的话题推荐相关用户），如图 4-85 所示。

（3）回答问题。

在知乎上有两种情况会回答问题，一是被邀请去回答某个问题，二是在知乎上看到某个问题后主动回答问题，在回答问题的时候除了能够输入文字外，还可以上传图片或视频，回复模块具备基本的排版功能，如图 4-86 所示。其实知乎几乎没有任何激励机制，没有积分、没有相应的等级提升体系，更没有任何形式的物质奖励，但用户的参与度很高。为什么呢？其中一个原因是，每一次回答既能够受益于其他用户，对于回答者来说也是一次知识的整理。另一

第 4 章　数字化学习资源的整合

图 4-85　知乎上提出问题

图 4-86　知乎上回答问题

个原因是每一次的知识分享对于回答者来说会有一种精神上的回馈，能够帮助到他人解决问题也能获得一种内心的愉悦。

6. 豆瓣阅读

豆瓣阅读是豆瓣旗下的一款移动阅读 APP，拥有质量一流的作品，内容跨越小说、科幻、推理、诗歌等多种类型，并拥有世界文学、外国文艺、环球科学、新发现、九州幻想等杰出的内容提供方。

以豆瓣阅读中小说《月亮与六便士》为例，豆瓣阅读电子书介绍页中包含书籍名称、书记封面、作者、出版社、评价分数、评价人数、字数、价格、书籍简介等信息，让读者可以迅速了解书籍内容。其中，评价分数是十分值得参考的信息，可以了解到其他读者阅读完后对该书籍的评价。绝大多数电子书是需要付费阅读的，但相对于传统的纸质书籍会便宜许多，如图 4-87 所示。

同时，豆瓣阅读有个很重要的价值，就是可以查看许多读者对某本书的评论，既可以用来了解该书籍，又可以得知其他读者对该书籍的阅后评价与感悟，如图 4-88 所示。

157

图4-87 豆瓣阅读电子书介绍页

图4-88 豆瓣阅读电子书评论页

4.4 MOOC：走入学习新时代

随着教育信息化的发展，数字化学习逐渐进入了我们的视野中，各种新鲜事物、名词层出不穷，慕课、网络公开课、开放教育资源、OCW、OER、MOOC……这些名词到底是什么意思呢？它们之间又有着怎样的区别呢？让我们从最初的开放课件（OCW）开始了解。

4.4.1 MOOC 的历史追溯

"每个人都有受教育的机会"，是世界联合国组织在 1948 年提出的世界人权宣言之一。然而，教育资源分布不均问题的存在，一直导致许多人不能得到接受教育或良好教育的机会。随着人类社会科技的发展，尤其是互联网技术的发展，通过网上学习可以让不同背景的学生享有平等的教育机会。早在 1999 年，美国麻省理工学院着手制作开放式课程（OCW），在网上提供各类课程素材，包括课程大纲、讲义、影片、录音档等不同的课程素材。在 2001 年，麻省理工学院宣布了开放课程计划，即 MIT 将致力于通过互联网提供免费教育资源，并将 2000 多门课程放到网上供学习者免费学习。此后相继越来越多的高校及教育机构加入到这场被称为"开放教育资源"的运动中来。2002 年联合国科教文组织（UNESCO）举办了"开放课件对发展中国家高等教育的影响"的论坛，并在此次的会议中提出了"开放教育资源（OER）"的概念，即通过信息通信技术来向有关对象提供的可被自由查阅、改编或应用的各种开放性教育类资源。UNESCO 不断对 OER 概念与内涵的讨论修正，并于 2006 年对 OER 定义为：基于网络的数字化素材，人们在教育、学习和研究中可以自由、开放地使用和重用这些素材。

随着社会的发展，尤其是终身学习概念的提出后，人们对学习资源的要求越来越高，仅仅以单纯的学习资源形式已经不能满足学习者的需求。这就催促了 MOOC 的诞生。MOOC 这个术语是加拿大爱德华王子岛大学 Dave Cormier 与国家人文教育技术应用研究所高级研究员 Bryan Alexander 在 2008 年联合提出来的。当时阿萨巴斯卡大学技术增强知识研究所副主任 George Siemens 与国家研究委员会高级研究员 Stephen Downes 设计和领导的一门在线课程《连通主义与关联知识》，课程中所有内容可以通过 RSS feed 订阅，学习者可以用他们选择的工具来参与学习：用 Moodle 参加在线讨论、发表博客文章，在第二人生中学习，以及参加同步在线会议。Dave Cormier 和 Bryan Alexande 将这种课程结构定义为 MOOC。此后越来越多的教育工作者采用了这种教学方式，逐渐掀起了一股 MOOC 热潮。

慕课真正的"井喷"始于 2011 年秋，来自 190 多个国家的 16 万人同时注册了斯坦福大学的"人工智能导论"课程，并催生了 Udacity 在线课程。不久后，斯坦福大学的两位教授创立了 Coursera 在线免费课程，2012 年 4 月上线，4 个月后学生数便突破了 100 万，不到一年突破了 234 万。后来，普林斯顿大学、斯坦福大学、加州理工学院、密歇根大学和宾夕法尼亚大学等 62 所知名大学加入了合作共建在线免费课程的行列。2012 年 5 月，麻省理工学院和哈佛大学宣布整合两校师资，联手实施 edX 网络在线教学计划，第一门课"电子和电路"就有 12 万名学生注册；2012 年秋，第一批课程的学生数已突破 37 万，已有全球上百家知名高校申请加入。

由此，2012 年被《纽约时报》命名为"慕课元年"，被誉为"印刷术发明以来教育最大的革新"。

4.4.2　MOOC 的定义、特征

MOOC，即大规模开放在线课程，被国内教育技术学者焦建利教授翻译为"慕课"。它的特征正与它的名称字母 MOOC 相对应，"M"代表 Massive（大规模），第二个字母"O"代表 Open（开放），第三个字母"O"代表 Online（在线），第四个字母"C"代表 Course，就是课程的意思。

（1）大规模，首先体现在学生规模上，在 2013 年国外著名 MOOC 平台

Coursera 的注册人数就超过 400 万，2016 年"学堂在线"注册用户数已突破 400 万。其次体现在 MOOC 平台参与高校众多，随着 MOOC 理念的不断深入人心，不仅大量国外高校参与到 MOOC 课程建设，国内高校也逐渐都参与进来。大规模还意味着大量教师以团队形式参与课程教学，意味着大量可供选择的网络课程，同时大规模也意味着大投入。

（2）开放，首先体现在对学习对象的全面开放，体现为真正的"有教无类"，任何人、任何时间、任何地点都可以进行 MOOC 课程学习。其次是教学与学习形式的开放性，10 分钟左右的短视频课程、高频率回顾性（巩固性）测试、与学习材料的深入互动、课后作业（含截止日期）、作业批改、问答平台、线上互动等都为学习者提供了相对开放的学习环境。同时开放也意味着教学内容与课程资源、教育理念的开放性。

（3）在线，首先对于教学者来说可以是随时随地讲课程、教学内容与资源上传到网络平台，对于学习者来说意味着任何人可以在任何时间、任何地点（具备上线条件），按照自己的节奏学习，并且能够及时得到学习反馈。在线还意味着可以适时记录学习者的学习行为和过程，在大数据分析基础上掌握学习情况，跟踪学生的学习生涯。

（4）课程，首先是在课程的组织方式上强调"翻转课堂"，也就是将课堂内与课堂外师生的、教与学的时间进行重新安排。在这种学习模式中，课外的时间从过去让学生做作业"翻转"为现在让学生在线或线下自学或者协作学习教师预留的教学内容，并针对学习疑虑提问；课堂内的时间从过去由教师讲授知识"翻转"为现在由教师引导学生互动讨论或进行问题答疑。同时，在课程评价方式上也有较大的创新。

仅仅从字面上还不能完全体会到 MOOC 的特点与优势，从 OER 与 MOOC 的特征对比中我们能够发现 MOOC 的本质特征，如表 4-1 所示。

表 4-1 OER 与 MOOC 特征对比表[3]

特征	OER（开放教育资源）	MOOC（大规模在线开放课程）
学生的角色	资源浏览者	学习体验的参与者
教学的中心	强调"教"的过程	注重"学"的过程
教学组织方式	单一的视频呈现	完整的课程结构
视频时长设计	40 分钟及以上	10 分钟左右的微课程
学习交互	缺乏学习交互	学习交互多样化
评价机制	评价机制单一	评价机制多元化

从历史的发展角度看，MOOC 可以看作是 OER 的继承与发展产物。从 OER

到MOOC，是资源从重建设到重应用的转变，学生角色从资源浏览者转变为学习体验的参与者，教学中心从强调"教"的过程转变为注重"学"的过程，教学组织方式从"单一视频呈现"转变为完整的课程结构，视频时长更人性化地从40分钟以上转变为10分钟左右，学习交互从无到多样化，评价机制从单一到多元化。MOOC相比OER，更多关注了学习者在学习过程中的学习成效，而不是为了单纯的建设资源而去建设资源。

我们平时所说的网络公开课其实就是OER的主要形式。因此，基本上网络公开课与MOOC的区别就是OER与MOOC的区别。网络公共课的本质是教育资源库，是课程资源提供者，并不组织教学，不会给学习者以证书评价，而MOOC不仅提供免费资源，而且实现了学习者在教学过程中的全程参与。学习者在这个平台上学习、分享观点、做作业、评估学习进展、参加考试、得到分数、拿到证书，是一个学习的全过程。在过去的公开课学习中，除了学习者自己，没有人能知道他学了什么，但是MOOC不仅让别人看到学习者学了什么，还能记录其学习过程，评价其学习情况，检验其准确掌握知识的程度。因此，MOOC更符合学习的一般规律。

4.4.3 国内常见的在线学习平台

1. 网易云课堂（http://study.163.com）

网易云课堂是由网易公司打造的在线实用技能学习平台。平台主要为学习者提供海量、优质的课程，用户可以根据自身的学习程度，自主安排学习进度。立足于实用性的要求，网易云课堂与多家教育、培训机构建立合作，课程数量已达4100+，课时总数超50000，涵盖实用软件、IT与互联网、外语学习、生活家居、兴趣爱好、职场技能、金融管理、考试认证、中小学、亲子教育等十余大门类。其同时具备技能图，题库，问答和笔记功能，使用起来相当方便。[4]

2. 中国大学MOOC（https://www.icourse163.org）

中国大学MOOC（慕课）是由网易与高等教育出版社"爱课程网"合作推出的大型开放式在线课程学习平台，旨在提供最优质的课程和教学资源以及最完整的学习体验，让每一个有意愿提升自己的用户在这里都能学习到最好的大学课程并获得认证证书。平台由网易和高等教育出版社联合建设，网易负责平台研发和互联网运营，高等教育出版社负责课程建设和高校运营。[4]

3. 学堂在线（http://www.xuetangx.com）

学堂在线是由清华大学研发出的中文MOOC（大规模开放在线课程，简称慕课）平台，于2013年10月10日正式启动，面向全球提供在线课程。任何拥有上网条件的学生均可通过该平台，在网上学习课程视频。

2015年，学堂在线运行了包括清华大学、北京大学、复旦大学、斯坦福大学、麻省理工学院、加州大学伯克利分校等国内外几十所顶尖高校的优质课程，

涵盖计算机、经管创业、理学、工程、文学、历史、艺术等多个领域。

在2016年发布的"全球慕课排行"中，学堂在线被评为"拥有最多精品好课"的三甲平台之一。截至2016年10月，学堂在线注册用户数达到500万，选课人次690万，运行的课程数量已经超过1000门。

此外，学堂在线积极利用在线教育资源促进混合式教学模式创新。混合式教学旨在通过更有效率、更为弹性的学习方式，充分利用并结合线上与线下学习的不同特点，提升学习效果。迄今，学堂在线为国内超过100个大专院校及机构搭建了小规模私有在线课程（SPOC）平台，使这些机构能借此开展慕课建设并推进基于慕课的混合式教学实践。[4]

4. 爱课程网（http://www.icourses.cn）

爱课程是教育部、财政部"十二五"期间启动实施、支持建设的一个高等教育课程资源共享平台。集中展示"中国大学视频公开课"和"中国大学资源共享课"，并对课程资源进行运行、更新、维护和管理。主要面向高校师生和社会大众。提供优质教育资源共享和个性化教学资源服务，具有资源浏览、搜索、重组、评价、课程包的导入导出、发布、互动参与和"教""学"兼备等功能。[4]

5. 超星慕课（http://mooc.chaoxing.com）

超星慕课以学习空间为平台支撑，整合海量教学资源（超星资源库+互联网资源+学校资源+个人资源），同时配备超星的金牌客户服务团队，让资源展示、教学支持、师生互动等都能协同发挥最大作用。平台本着先进易用、成熟稳定、安全可靠的原则，为用户提供全方位的网络教学服务，致力于为学校量身打造一个能辅助学生自主学习、提升老师教学效率、优化学校教学管理的综合服务平台。

6. 智慧树（http://www.zhihuishu.com）

智慧树网是全球大型的学分课程运营服务平台，在国内拥有超过1900家高等院校会员，覆盖超过1000万大学生。智慧树网帮助会员高校间实现跨校课程共享和学分互认，完成跨校选课修读。

智慧树网致力于成为中国领先的教育信息化制造商与互联网教育运营商，独特的"平台+内容+服务"，三位一体的业务模式，帮助高等院校完成优质课程的引进和服务配套落地，通过观摩和分享名校名师的优质课程设计，帮助教师完成教学发展培训，协助教师建设新课程，实现教法改革，促动本校教学产生内生动力。在几年的服务过程中，智慧树网也积累了丰富的服务经验，通过完善服务的基础设施，建立全国服务专业团队，来应对大范围、大规模教学服务交付的挑战。[5]

7. 人卫慕课（http://www.pmphmooc.com）

人卫慕课是卫生部下辖的人民卫生出版社打造的一个医学界MOOC慕课联

盟。人民卫生出版社为了不断适应新型教育模式的发展，引领医学高等教育的改革方向，联合吉林大学白求恩医学院、上海交通大学医学院、四川大学华西医学院、中山大学医学院、安徽医科大学等53家国内一流医学院校及中华医学会、中国医师协会等协会组织，共同作为发起单位，组建中国医学教育慕课联盟并建设中国医学教育慕课平台，目前联盟单位已达到近200家，几乎涵盖了国内所有的医学院校。

中国医学教育慕课联盟组织全国医学高等及职业院校参与，集中优势教育资源建设优质慕课课程，通过加盟单位间的学分互认，利用中国医学教育慕课平台发布课程，促进优势教学资源全国范围内的共建共享，促进医学教学和人才培养模式的创新与变革，促进医学教育公平的实现，促进卓越医学人才的培养，提升医学人才培养效果与医疗卫生服务水平，通过面向全民的课程开放，提高全民健康素养，推动"健康中国"的建设。[6]

8. 华文慕课（http://www.chinesemooc.org）

华文慕课是一个以中文为主的慕课（MOOC）服务平台，旨在为全球华人服务。平台由北京大学与阿里巴巴集团联合打造。这是继北京大学在edX上开课之后，对慕课的进一步推动。

与Coursera的路线类似，华文慕课通过聚集国内名校的师资和课程资源，为用户提供免费、高质量的课程，同时为合格的学习者颁发证书。而在学习中强调互动，设置了供讨论与交流的课程社区，方便学习者之间的社交互动。[7]

9. 好大学在线（http://www.cnmooc.org）

"好大学在线"（CNMOOC）是上海交通大学拥有的中国顶尖慕课平台。依托该平台，上海交通大学与百度及金智教育实施战略合作，致力于在互联网教育时代发展在线教育。

该平台完全支持以短视频、强交互为特点的MOOCs基本教学模式，采用云视频服务平台，建立了基于云题库的练习和测试系统。平台具有学生的作业自评与互评功能，支持课程成绩设定及学习成绩自动统计功能，部分实现了针对移动智能设备的MOOCs课程学习应用APP。这使得在线学习的高校学生们有希望通过这种全新而自主的学习获得相应课程的学分，甚至通过系列课程的修读，获取辅修专业学位。

百度还积极支持上海交通大学搭建"好大学在线"教学管理平台，实现慕课学习平台与各高校教学管理平台对接，实现学生身份认证、课程考核、学分转移和互认等功能，为慕课课程走向校园教学提供大平台。上海交通大学还将与百度合作，面向未来共建以慕课为核心的网上学习生态环境，围绕慕课课程学习为学生和用户提供在线电子书籍与参考资源、知识搜索、学习辅导、学习用品电子商务、个人学习档案、就业推荐等多元化服务，服务于广大学生、造福于广大学生，为创新型国家建设，实现中华民族伟大复兴和伟大的中国梦做出重要的贡献。[8]

10. 优课联盟（http://www.uooconline.com）

随着互联网信息技术与教育的不断融合，2012年以来，在国际高等教育领域，以MOOC为代表的在线教育模式席卷全球，并推动着高等教育的巨大变革。深圳大学与时俱进，积极研究MOOC对高等教育的革命性影响，努力探索全国地方高校的共性特点以及所面临的机遇与挑战，2014年5月12日，在校长李清泉的大力支持下，深圳大学积极倡导、发起并成立"全国地方高校UOOC（University Open Online Course，优课）联盟"，简称UOOC联盟，深圳大学为理事长单位和联盟秘书处。

UOOC联盟作为首个全国地方高校优质MOOC课程资源共享平台，在国家相关政策引导下，本着共创、共建、共享的原则，旨在整合全国地方高校优质教学资源，建设大规模开放在线课程，形成优质课程共建共享机制，为联盟高校学生及社会学员提供课程学习的选择和服务，力争提升地方高校人才培养水平和社会服务能力，促进我国高等教育均衡化发展。

联盟成立以来，稳步推进，快速发展。加盟高校规模不断扩大，成员高校达125所，遍布全国28个省市、63座城市，覆盖师生人数250万；MOOC课程数量不断增多，上线MOOC课程数量达261门；学校参与度广泛，供课学校已有48所；学生选课人数不断增加，累计选课人次突破30万；运行机制不断完善，制定了《全国地方高校UOOC（优课）联盟章程》《全国地方高校UOOC（优课）联盟建设与运行管理办法》《全国地方高校UOOC（优课）联盟在线课程质量与学分互认管理办法》等规章制度，不断规范和完善联盟的各项管理；培训体系日趋完善，共举办了八期UOOC联盟教师培训和两期课程平台管理员培训，受益教师615人。实现了地方高校间优质MOOC课程资源的共建共享以及学分互认，开展了在线教育的理论研究，并形成了较大的社会影响。[9]

4.4.4 国外常见的在线学习平台

1. Coursera（https://www.coursera.org）

Coursera创立于2012年4月，由斯坦福大学计算机科学的两位教授共同创设。开放的课程类别从生物学、物理学、统计、法律到人文等，目前已经有2000多门课程，汇集了包括耶鲁大学、斯坦福大学在内的100多所世界名校资源，吸引了超过2400万的注册用户。

国内的一些名校像北京大学、上海交通大学、复旦大学，以及网易和果壳网等公司也在与Coursera合作。对国内用户来说，Coursera更具实用性，无须翻墙就能观看到视频，而且界面不仅支持中文。一些英文课程还提供中文字幕，为中国学生提供了极大便利。[10]

2. edX (http://www.edx.org)

edX 成立于 2012 年 5 月，由麻省理工学院和哈佛大学联合推出，是三大平台中唯一的非营利性平台。该平台最大的一个特点是其教学目标不只是为了提供在线课程，而是想要通过研究线上、线下混合教学的模式，提高线下传统教学和学习的效率。edX 更新的课程包括清华、北大、香港大学、香港科技大学、日本京都大学和韩国首尔大学等 6 所亚洲高校在内的 15 所全球名校。

edX 的课程虽然没有 Coursera 那么多，但类别其实大同小异。该平台除了有基于软件的测试和作业外，部分课程还有线下配有监考的测试，因此课程完成的可信度也更高。据传，edX 未来还将推出包括在线论坛、基于 wiki 的协作式学习、在线实验室等其他交互学习工具。[10]

3. Udacity 优达学城 (https://cn.udacity.com)

Udacity 优达学城是上述三个平台中最早成立的。斯坦福大学教授联合查尔斯河风险投资公司（Charles River Ventures）和安德森·霍洛维茨基金（Andreessen Horowitz）于 2012 年 1 月共同投资设立。该平台主打理工科课程，尤其是计算机科学。虽然没有其他两个平台的课程丰富，但每一门课程都做得非常用心。课程包含了多个单元，每个单元又包含不同的知识块，每个知识块都有对应的练习及非常详细的课堂笔记，而且学生可以通过在线论坛和学习小组进行互动交流。2016 年，Udacity 以"优达学城"的名字正式进入中国。[10]

4.5 数字化学习案例

数字化的学习环境、数字化学习资源、数字化学习方式是数字化学习的三大要素。本章前大半部分介绍了数字化学习资源的搜索、优化、管理的方法与技巧，并且介绍了当前最重要的数字化学习资源之一——MOOC。但仅仅如此是不够的，最重要的还要能在数字化学习环境下通过不同的数字化学习方式利用好数字化学习资源。数字化学习环境下的学习方式多样，下面选取三个数字化学习案例向大家介绍数字化环境下不同的学习方式。

4.5.1 基于微视频的自主学习——学做小程序

学堂在线"学做小程序"的教学模式是基于 MOOC 的自主学习模式，微视频的讲解是围绕小程序的设计与制作，在线讨论最主要围绕小程序开发遇到的问题，最终以完成小程序作品的开发作为学习者的学习效果评价。该学习模式基本上包括以下三个部分。

（1）基于微视频的自主学习。

"学做小程序"利用短至 3～10 分钟的微视频讲解小程序的设计与制作，从微信小程序概述，到以制作《电影周周看》为例讲解小程序知识，到组件化开发,最后构建小程序的全栈应用。由浅入深地讲解微信小程序的基础知识和开发技术,使学习者掌握小程序的基本原理和前后端开发的实用技能,如图4-89所示。

图4-89 学堂在线"学做小程序"基于微视频的自主学习

(2)基于问题的在线讨论。

与其他的MOOC一样,"学做小程序"同样也有在线讨论区,在学习过程中遇到问题可以发帖向其他学习者询问,并且有学习助教定期回复问题,尽量解决学习者的问题,保证学习质量,如图4-90所示。

图4-90 学堂在线"学做小程序"基于问题的在线讨论

(3) 综合实践大作业。

由于本课程的最终目的是学会做小程序，因此本课程的考核办法是制作小程序作品，提交后将会有老师对作品按照评分标准进行评分。如果总成绩超过 60 分，达到合格标准的学习者可以获得课程的电子证书。

基于 MOOC 的自主学习模式需要学习者具备较高的学习自觉性，从学习内容的角度来看，学习者的目标是学会做小程序。因此带着这个目标，学习者首先必须进行基于微视频的自主学习，当遇到问题的时候可以在平台上进行在线讨论，尝试解决遇到的问题。最终检验学习效果也就是完成学习目标——制作小程序作品。

4.5.2 基于 QQ 群的 CNKI 网络学习社区

在使用 CNKI E - Study（详见 4.1.3）的过程中，难免会遇到无法解决的操作问题，这时候学习者除了通过官网的常见问题来寻求答案之外，还可以通过百度搜索相关的问题来解决。此外，如果还是无法解决问题，还有一个途径就是通过加入基于 QQ 群的 CNKI 网络学习社区来寻求问题的解决答案，如图 4 - 91 所示。

网络学习社区是以学习为目的的虚拟社区。社区成员由各种不同类型的学习者及其助学者（同伴、专家、辅导者等）组成，强调组成人员知识和技能的分散性以及成员学习的主动性，社区成员的人数要达到一定的数量并且能够长期保持在这个数目之上。参与学习的成员要遵守社区制定的一些管理制度，并遵循某些约定俗成的网络礼节，利用社区提供的各种网络通信工具进行学习和交往，通过交流来共享信息资源、思想意见、知识经验以及各自的经历情感等等，进行一定的协作，从而使得成员达到学习的目的，形成社区的社会关系网络，产生对社区的认同感和归属感，形成共同的文化意识，并积极参与社区的建设，进而使得网络学习社区得以不断地发展。

一般来说，专业性较强的工具软件都会有自己的网络学习社区，最常见的网络学习社区就是 QQ 群。以 CNKI E - Study 的网络学习社区为例，在 QQ 添加群的设置里搜索"CNKI E - Study"，会列出 CNKI E - Study 的 QQ 群，这些群一般都是由 CNKI 的专业服务团队组建，可以用来提供解决用户的使用疑难的资料、向用户提供需要的工具软件等，如图 4 - 92 所示。

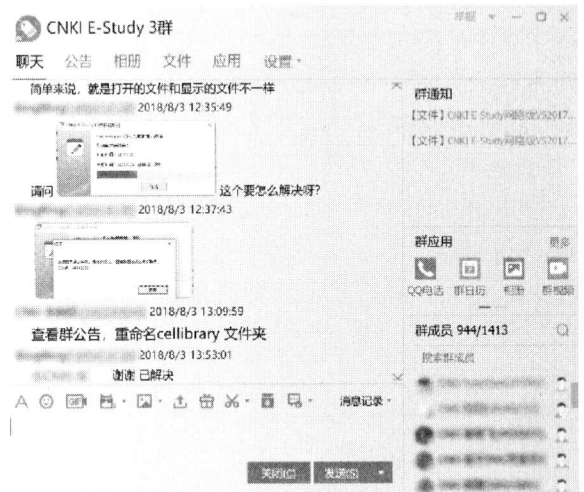

图 4-91 基于 QQ 群的 CNKI E-Study 讨论群

图 4-92 基于 QQ 群的 CNKI E-Study 文件共享

4.5.3 游戏化学习——编程语言教学

近年来，网络游戏的火爆引起了教育研究者的关注，越来越多的学者关注游戏在教育中的应用。而游戏化这个名词是在 2011 年前后才被广泛使用的，游戏化学习的前身是基于游戏的学习（GBL）、教育游戏和严肃游戏。游戏化学习的表现形式主要有两种方式：线下和线上。线下是指学习者面对面的游戏，线上是指学习者通过虚拟的媒介不用面对面就可以开始互动的游戏。

Mind CET（2013）在一篇关于儿童和游戏的报告中，提供了对 1019 名 6—18 岁阿拉伯语和希伯来语年轻人进行访谈的结果。这些年轻人被问及，玩电子游戏让他们学到了什么。有人回答说，游戏让他们学到了数学、科学、历史、语言这样的内容知识；也有人回答说，游戏让他们学到了技术技巧，例如如何建造建筑物、如何省钱、如何产煤、如何制作冰淇淋等；还有人回答说，游戏让他们学到了计算机技能，例如如何快速打字、如何搜索互联网、如何寻求帮助；还有人回答说，游戏让他们学到了情感和社交技能，例如如何在游戏中学会尊重、如何帮助他人、如何克服碰到的困难。游戏的前景在于，无论是小孩还是成年人，参与度都能得到提高，让他们能够积极培养技能、学习内容、参与互动。这些也正是教育所需要的。下面通过一个纯线上的游戏化学习案例——极客战记编程学习，来了解游戏化学习过程。

极客战记是一个专门学习编程的游戏学习网站，在该网站中可以学习 python、JavaScript 等编程语言，学生可以根据设计的游戏关卡一步步掌握编程知识。以 python 编程语言为例，通过设置关卡，将基本语法、方法、参数、字符串、循环、变量等设为一个大关，将 if/else、布尔逻辑、关系运算符、函数、对象属性、事件处理、输入处理等设为一个大关，由此类推一步一步引导学习者由浅入深地学习编程，如图 4-93 与图 4-94 所示。

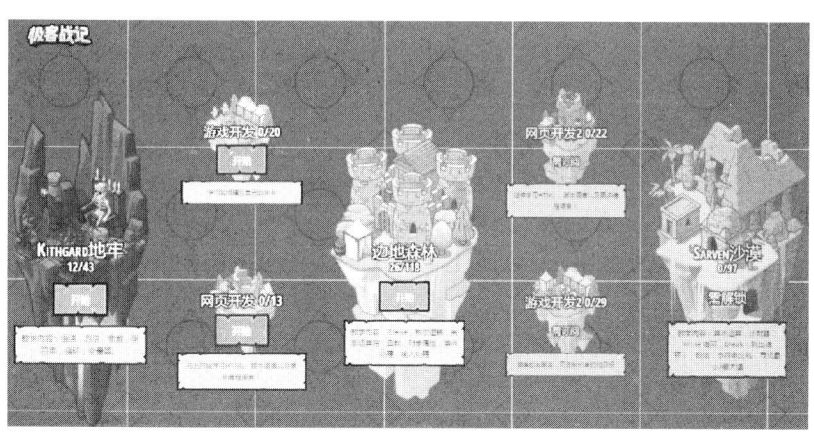

图 4-93　编程知识按章节分为关卡

图 4-94　游戏闯关界面图

编程学习本身就是需要通过不断地实践练习来掌握的，枯燥的编程练习加入游戏化闯关的学习模式，能够使学习过程更加有趣。基本上该学习模式主要是按"技能学习获得道具—选取道具闯关练习—不断尝试、试错—闯关成功—掌握相应的知识"进行。当学习者积累越来越多的技能（编程基础知识）后，就逐渐能够闯关更加复杂的关卡，意味着学习者的基础编程能力、利用编程知识解决问题的能力就有所提高，如图 4-95 所示。

图 4-95　技能学习获得相应道具（python 基础知识）

我们可以通过一个简单的闯关案例对这个游戏有更深的了解，以下是某个关卡的任务要求：

通过编写 python 代码达成闯关目标：英雄必须生还；战胜所有食人魔；穿越迷宫；在 10 条语句内完成；收集所有宝石。

为了达成闯关目标，必须编写 10 句以内的 python 代码，并杀死所有食人魔、收集所有宝石、走出迷宫，根据地图，如图 4-96 所示，我们的编写代码应该是这样的编写顺序：向右走（收集到一个宝石）、向上走、向右走、攻击食人魔、向下走、向下走（收集到一个宝石）、向上走、向右走（收集到一个宝石）、向上走、向右走、攻击食人魔、向下走、向下走（收集到一个宝石）、向上走。

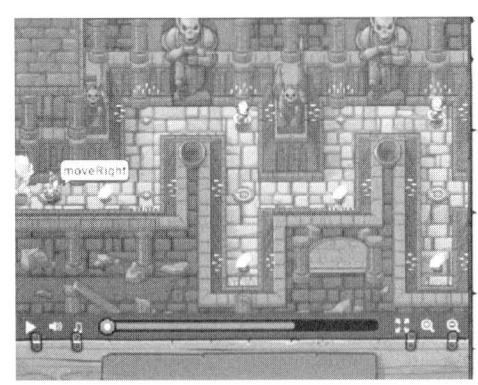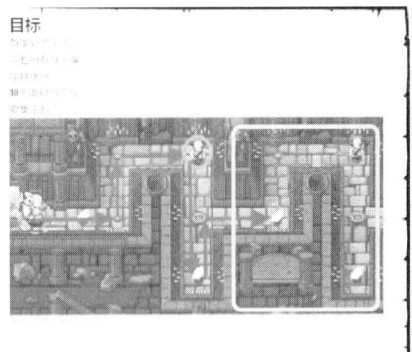

图 4-96 闯关地图截图

期间，我们可以查看可使用的函数代码，鼠标单击函数可以看到该函数的解析及使用范例（这过程属于学习过程）如图 4-97 所示。可使用的函数有：

hero. moveRight（）：控制英雄向右走

hero. moveLeft（）：控制英雄向左走

hero. moveUp（）：控制英雄向上走

hero. moveDown（）：控制英雄向上走控制英雄向下走

hero. findNearestEnemy（）：寻找最近的敌人

hero. attack（）：攻击对象

while True：循环括号内的代码

显然，我们前面描述的编写顺序不能在 10 句代码内完成，因此我们可以利用 while True 函数进行循环，进过多次试错，得到以下代码能够顺利闯关成功：

```
While True：
    hero. moveRight（）            //控制英雄向右走，采集到一颗宝石
    hero. moveUp（）               //控制英雄向上走
    enemy = hero. findNearestEnemy（）   //寻找最近的敌人
    hero. attack（enemy）          //攻击杀人魔
    hero. moveRight（）            //控制英雄向右走
    hero. moveDown（）             //控制英雄向下走
```

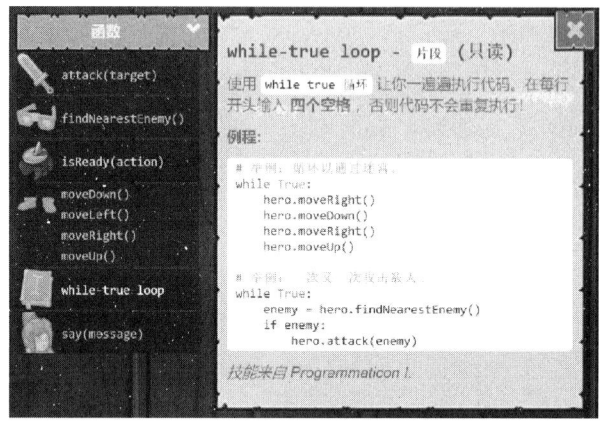

图 4-97　闯关函数解析及使用范例

　　hero. moveDown（）　　　　　　//再控制英雄向下走，采集到一颗宝石
　　hero. moveUp（）　　　　　　　//再控制英雄向上走，接着进入 while 循环重复一遍

　　著名学者布鲁纳认为学习是由学习者的内部动机驱动的积极主动的建构过程，因此激发学生的学习动机尤为重要。游戏化学习能够激发学习者的学习动机。整个编程学习过程都是围绕打怪通关而进行，每一个关卡都承载了一个小任务，每个人物都包含了要掌握的知识点，学习者在完成任务的过程中会遇到问题、进行探索、尝试解决问题、又遇到新的问题、继续探索解决，最后能够从全局把握编程的思想，掌握编程知识与能力。

　　以上三个案例展示了在数字化学习环境中基于微视频的自主学习、基于 QQ 群的网络学习社区、游戏化学习等多种新型学习方式，相较于传统的书籍阅读式学习、以教为主的灌输式学习，为学习者提供了更为丰富、生动、有趣的学习途径。

　　互联网时代为我们提供了海量学习资源但其经常难以得到有效利用，为此本章通过分析和罗列——检索、管理、优化和应用数字化学习资源的方法与技巧，帮助大家提升整合数字化学习资源的能力，更轻松地踏上愉快的数字化学习之旅！

【参考文献】

[1] 严冰等. 数字化学习资源［M］. 北京：中央广播电视大学出版社，2015. 12.
[2] 伍尤发，陆芳. 现代远程教育学习概论［M］. 广州：华南理工大学出版社，2017.
[3] 王晓彤，解继丽. 从 OER 到 MOOC：单纯的资源到以人为本课堂的转变［J］. 楚雄师范学院学报，2013，28（11）：83-87.
[4] 简书. 这 10 家国内知名的慕课网站，你知道几个？［EB/OL］. https://

www.jianshu.com/p/4f4bc81346fb.

[5] 智慧树 [EB/OL]. http://www.zhihuishu.com/aboutus.html.

[6] 人卫慕课 [EB/OL]. http://www.pmphmooc.com/web/about?type=1.

[7] 百度百科"华文慕课"词条 [EB/OL]. https://baike.baidu.com/item/%E5%8D%8E%E6%96%87%E6%85%95%E8%AF%BE/17164655?fr=aladdin.

[8] 百度百科"好大学在线"词条 [EB/OL]. https://baike.baidu.com/item/%E5%A5%BD%E5%A4%A7%E5%AD%A6%E5%9C%A8%E7%BA%BF/16006689.

[9] 优课联盟 [EB/OL]. http://www.uooc.net.cn/league/union/intro.

[10] 搜狐. 美国三大慕课平台,足不出户听美国名校教授讲座 [EB/OL]. https://www.sohu.com/a/138555080_791.

第 5 章　运用 PPT 创造和分享知识

当有朋友跟你诉苦：明明自己能力比别人高，做事更认真负责，为什么升职或加薪的人总不是自己。你会怎样客观地劝说呢？如果从知识共享的角度来分析问题，可以让你的朋友做自我反问：别人，特别是你的主管是否知道并认可你的水平和能力？你的隐性知识有否显性化为组织知识并帮助到他人？与其坐等伯乐，还不如主动分享。

知识的共享是一个能让其他人和组织快速知道你的方法。通过共享展现自己的优势，主动让个人和组织了解你的能力、水平、价值观等，让别人知道你知道，了解和信任你，这样才能获得更多的机会。知识的共享与知识的创造密不可分，共享的前提是知识进行了创造或二次创造，在创造用于共享的知识时，个体将会更投入，争取高质量的产出，因此，对自己的知识利用有着很大的帮助。同时，通过共享使隐性知识显性化，让自己的知识受益于他人、组织和社会，进一步提升自己知识的价值，获得马斯洛需求层次原理所提到的"自我实现"的需要，提升心理满足感。

英国伟大的剧作家乔治·萧伯纳曾经说过"倘若你有一个苹果，我也有一个苹果，我们彼此交换后，那么你和我仍然各有一个苹果。但是，如果你有一种思想，我也有一种思想，而我们彼此交换这些思想，那么，我们每人将有两种思想。"知识在传递过程中不断增值，并在应用中发挥更大的价值。互联网提供众多的知识分享平台和自媒体平台：知乎、豆瓣、博客、微博、微信公众号、论坛、小视频分享网站、优酷、MOOC 平台等，极大地推动了知识的创造与共享。好酒也怕巷子深，变成了好酒不怕巷子深！这正是"互联网+"时代的魅力之一。

在这个迅速变化和快节奏的社会中，真正的竞争力不仅在于一个人当前的知识存量，更在于让周边的人和组织认识你，受你的影响；并在一个具有更高知识存量和良好知识管理的人和组织中，不断提升发现、学习、应用和创造知识的能力，即知识管理能力——成就一个人可持续发展的能力。

知识的共享需要对知识进行组织和创造性表达，有利于我们把分散的、零乱的、碎片化的知识系统性地组织起来，显性化为可读的、可积累的、可保存的形式。在隐性知识的显性化过程中促进反思,通过分享进行思维碰撞,容易产生创新的火花,这也是一种学习过程。因此,知识的共享过程也是知识的创造过程和学习提升的过程。在这一章中,我们将学习如何利用 PPT 进行知识创造与分享。

5.1 利用 PowerPoint 构建结构化思维和形象化表达

安达信公司提出了如图 5-1 所示的知识管理公式,与传统的强调人(people,P)和知识(knowledge,K)的知识管理内涵不同,在这个公式中,特别强调了:

①信息技术(information technology,T)的重要性:技术把人与知识更好地融合在一起;

②分享(share,S)的重要性:当 $S=0$,即知识没有进行分享时,$KM=1$;但一旦开启了分享,即 $S>0$,知识管理的效度呈指数增长,实现组织知识的累积。

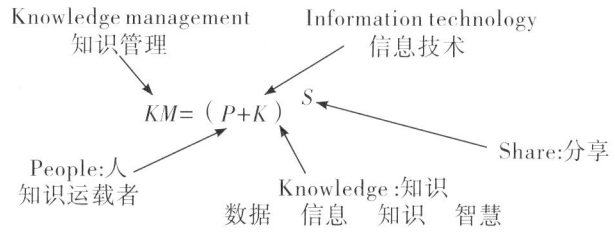

图 5-1 安达信公司的知识管理公式

借助于信息技术手段进行知识的创造与分享是知识管理的重要环节。PPT 演示文稿则是知识创造与分享的最重要的工具与最常见的形式之一。PPT 演示文稿被称为 21 世纪的世界语,广泛应用在教育、商业及政府等各个领域。从传播的角度上看,PPT 这一视觉化和形象化展示的方式,在信源端,有助于演讲者组织思维和清晰表达;在信宿端,可以帮助听众理解信息,减少认知负荷,加快沟通速度。

于是,多数人逐渐形成一个共识:这么重要的会议、项目、策划等事情,当然要准备 PPT,而且要把 PPT 做得比别人好,要有好的演示效果。

但对 PPT 的质疑声从来就没有停止过,像 2011 年在瑞士成立的 APPP 党(Anti-PowerPoint-Party,反 PowerPoint 党),认为在瑞士的 410 万雇员中,很多人每个月都要被迫参加各种无趣的演示报告,由此带来极大的工作时间和金钱的浪费,希望举行全民公决,禁止使用 PPT。

一些失败的案例也归因于 PPT。2003 年 2 月 1 日,美国哥伦比亚号航天飞机在返航途中解体,7 名航天员全部遇难,主要事故原因是泡沫隔绝材料存在

缺陷。据《纽约时报》报道，在此之前的一次工作分析会上，就有工程师用PPT展示过隔热板的隐患，但由于PPT没有设计好，没有把这些信息准确地传递给专家，导致隐患被忽视。可见，PPT的不恰当使用可能会降低沟通质量，影响听众对内容的理解。

一些著名企业也担心劣质PPT会大幅提高沟通成本和降低沟通质量，因而拒绝使用PPT。例如，Facebook公司的首席运营官谢丽尔·桑德博格，在她2013年出版的《向前一步》中写道："许多公司都喜欢用PowerPoint做演示，但我提议大家和我开会时不用准备PPT，只要有一个简单的要点清单就可以了。我常常这么说，但每次开会时员工都会准备一份详尽的PPT报告。两年多以后，我满怀挫败感地宣布，尽管我不喜欢冰冷的规定，但现在必须声明：开会时不准再出现PPT。"

其实，罪不在PowerPoint，**PPT只是一个工具，关键是制作的人怎样去做好PPT（形式）以及用的人如何用好PPT（方法）**。面对众多的质问，PowerPoint的创始人加斯金斯和奥斯丁回应，演示文稿从来都不应该是一个提议或方案的全部内容，它只是思考成熟的长篇内容的一个简单总结；另一个关键是不要把PPT用在不恰当的地方，例如，有些学校，让孩子们使用PowerPoint撰写读书报告，对此，许多人深恶痛绝，并坚持认为，孩子们需要按照完整的段落思考和写作；同时，还要把PPT用好，以长达53页的PowerPoint的原始商业计划书为例，其相配的PPT只需体现了重点部分，仅有十几张幻灯片。

应该如何应用好PPT这一知识创造与分享的重要工具呢？我们来看看这个最主流的演示文稿制作工具——PowerPoint的名字吧！PowerPoint由Power和Point两个单词组成，意味着，PowerPoint是用于展示最强有力的要点，是突出重点的简洁纲要。要实现强有力的要点这一PowerPoint名称所表达的要求，其途径就是结构化内容（把内容变成要点Point）和形象化表达（让Point变得有力量Power），即把内容结构化为要点，通过形象化显示加以强调，形象化表达可以更强有力地诠释已经结构化的要点，以产生强有力的要点，如以下公式所示。

$$\text{PowerPoint} = \text{Power} + \text{Point}$$
形象化表示　结构化思维

PPT除了指结构化思维，形象化表示，还蕴含着PPT能力的意思。即要完成一个好的PPT，需要具备paperwork（书面表达能力）、presentation（口头表达能力）和teamwork（团队协作能力）。

下面，我们一起来看看如何利用PowerPoint做好和用好PPT，恰当、高效、高质量地创造和分享我们的知识。本章所采用的PowerPoint版本为PowerPoint2016。

5.2 PowerPoint 概述

5.2.1 PowerPoint 中的几个重要概念

要做好和用好 PPT，需要好好地理解和运用以下几个概念。

1. 演示文稿（后缀名为 .pptx）

利用 PowerPoint 制作的文件，简称 PPT。PPT 中的每一页称幻灯片。

2. 模版（后缀名为 .potx）和主题（后缀名为 .thmx）

模版的路径在 Microsoft 安装路径下的 Templates 文件夹中，也称设计模版，包含了整个演示文稿的样式，如预先定义好的文本、页面结构、标题格式、背景格式、配色方案、幻灯片母版和可选的标题母版等，可以帮助用户快速地创建演示文稿。

主题的路径在 Microsoft 安装路径下的 Templates 文件夹下的 Document Themes。主题是一组用于设置演示文稿统一外观的元素集合，包括对颜色、字体和图形等各种元素的控制，使演示文稿具有统一的风格。

在 PowerPoint2010 以后，PowerPoint 的界面用"主题"这一概念来替代"模版"的概念，但由于人们已经非常习惯模版的称呼，且微软推出的主题模版少之又少，主题的概念并没有得到很好的推广。因此，两个概念并存，作用类似。

3. 母版

模版或主题在 PowerPoint 中的编辑状态，称为母版，从菜单【视图】→【幻灯片母版】中打开母版的编辑窗口，即可对所应用的模版或主题进行编辑。可以看到，母版是存储了主题和幻灯片版式等信息的一系列格式设置的集合，包括背景、配色方案、效果、幻灯片文本和页脚等占位符格式及位置等元素。在母版中可以修改幻灯片的字体、字号、颜色、阴影、项目符号等版式要素，固定标题、内容、页脚等的位置，并把这种修改关联到该母版的所有版式中，进而整体上影响整个演示文稿。

母版通常包括幻灯片母版、讲义母版和备注母版 3 种母版视图。在设计中最为常用的是幻灯片母版；讲义母版主要用于设计打印幻灯片的格式，其调整会反映到打印的讲义的格式上；备注母版用于设置备注页的格式。

4. 版式

模版和主题一般都包括一系列版式，每组版式都归属和关联着一个幻灯片母版，每张幻灯片都对应着一个版式。版式存在于模版中，是幻灯片外观样式的集合，通过占位符规定了幻灯片内容在幻灯片上的排列方式和布局。

版式编辑的方法是：单击菜单【视图】→【幻灯片母版】，进入母版的编辑窗口。从中可以看到每个母版默认包含 11 种内置版式，分别是标题幻灯片、标题和内容、节标题、两栏内容、比较、仅标题、空白、内容与标题、图片与标题、标题和竖排文字、竖排标题与文本。

应用版式的方法是：在普通视图中，选择需要替换版式的幻灯片，单击菜单【开始】→【版式】的下拉三角形标志，选择需要应用的版式，如图 5-2 所示。

看到图 5-2，可能有些读者马上会问：不是说只有 11 个版式吗？为什么这张图会有这么多版式呢？其原因是，版式窗口中会列出 PPT 包含的所有模版及每个模版包含的所有版式。图中列出的这个 PPT 共包含 4 个模版，其中第 1 个模版因设置了 1 个【自定义版式】，共有 12 个版式；第 2 个模版共有 11 个版式；第 3 个和第 4 个模版各自只有 1 个版式。

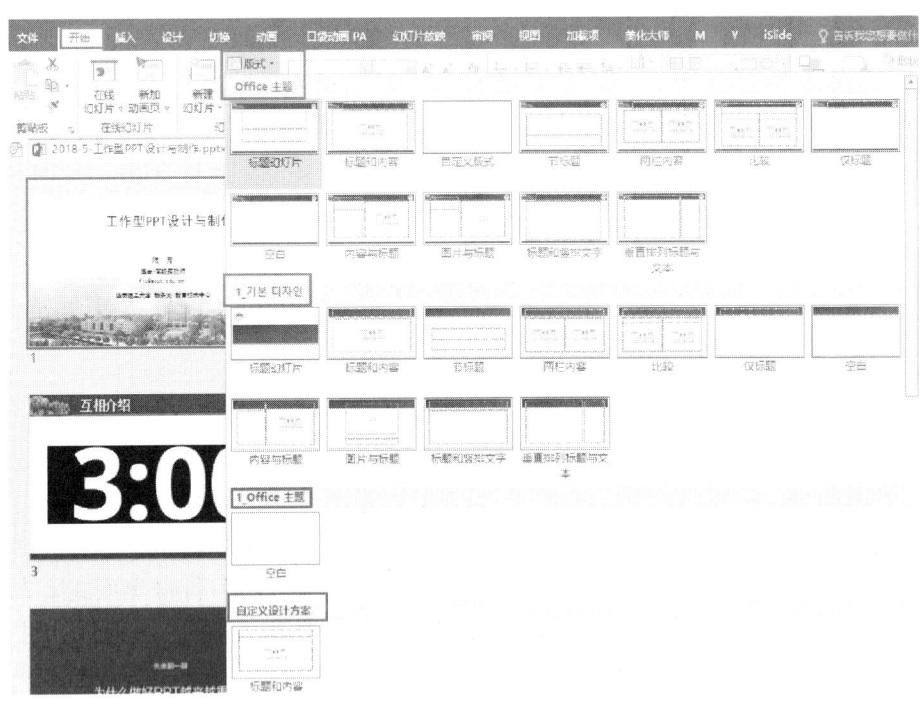

图 5-2　PowerPoint 母版中默认自带的 11 种版式

5. 占位符

占位符是版式中的窗口，用于放置标题、正文文本、项目符号列表、图形、表格、影片、声音等元素。新建的幻灯片一般采用 PowerPoint 内置的某种版式，因此，用于放置元素的占位符，其大小及位置均已事先设置好，用户可直接在占位符中添加与其相对应的内容。

5.2.2　PowerPoint 的操作界面

PowerPoint 的操作界面主要分为六个区域，从上至下分别是标题栏、功能区、幻灯片/大纲窗格、幻灯片编辑区、备注区和状态栏，如图 5-3 所示。

图 5-3　PowerPoint 的界面

5.2.3　PowerPoint 的视图

PowerPoint 包括四种视图：□□□□。可在 PowerPoint 界面最下方的状态栏中进行切换，不同的视图方式用于不同的编辑场合。

1. 普通视图 □

普通视图是 PowerPoint 的默认视图，即启动 PowerPoint 后自动进入的视图方式，是最主要的编辑视图，用于编辑演示文稿，主要包括以下工作区域。

①左侧的幻灯片/大纲窗格：以缩略图的形式显示演示文稿中的幻灯片，便于调整幻灯片的位置、添加和删除幻灯片。

②中间的幻灯片编辑区：是幻灯片编辑区域和编辑效果显示区域（幻灯片切换、动画等放映效果除外）。

③下方的备注区：输入需要备注的内容，当放映方式设置为【使用演示者

视图】时，会在放映时显示出来。

2．幻灯片浏览视图

以缩略图的形式显示幻灯片，一般用于幻灯片位置的调整、复制、删除，预览动画和切换效果等，从整体上检查 PPT 的一致性和结构。

3．阅读视图

阅读视图中看到的效果就是听众将会看到的效果，主要用于制作者在制作过程中查看效果，按【Esc】键退出阅读视图。因幻灯片放映视图可更直接、更完整地看到放映效果，所以很少使用阅读视图。

4．幻灯片放映视图

在幻灯片放映视图中，幻灯片将占据整个计算机屏幕，可以完整地看到幻灯片的播放效果，按【Esc】键退出幻灯片放映视图。

5.3 演示文稿的设计和制作思路

5.3.1 演示文稿的设计及应用的主要存在问题

PPT 应用效果不理想的主要原因突出表现在以下几点。

（1）由 PowerPoint 名字所传递的"结构化思维 Point 和形象化表达 Power"以及 PPT 不是作为提词器的理念仍不够明确。

（2）对 KISS（Keep it Simple and Short）等 PPT 设计及制作原则的了解或运用不够深入。

（3）对模版、母版和版式等最基本的 PPT 概念不够清晰，缺乏灵活的应用，导致 PPT 制作效率较低。

（4）重形式、轻内容。很多人在准备 PPT 过程中，不是花费大量的时间和精力去完善内容和构思逻辑，而是到处下载新奇的 PPT 模版、图片等素材。这种"视觉花招"容易分散听众对问题的关注，让人感觉做 PPT 比直接面对问题并解决它更重要。从工作效率上看，过于注重形式，让 PPT 增加工作负担。

（5）最基本的排版和美化功能还有待提升，例如文字过多、层次不突出、颜色搭配不协调等。

（6）结构松散，逻辑层次较差，听众无法建立起对整个 PPT 的整体架构。

（7）演说内容与 PPT 过于一致，简单单调地复述讲稿，气氛沉闷。大多数情况下，听众阅读的速度比演讲者读的速度要快，声音变成了干扰，观众觉得拖沓无聊，不如直接看 PPT 来得直接。

（8）演讲时缺少与听众的互动。

5.3.2 演示文稿的设计原则及理论依据

演示文稿的设计、制作及应用需要遵循一定的原则及理论。

1. 人眼的视觉特性

色彩是视觉感觉中最受关注的,是眼睛对物体的第一感受,对听众心理的影响最为突出。色彩的运用是形象化显示的基础。过亮的颜色会较强烈地刺激眼睛肌肉,易引起视觉疲劳。白、灰、蓝等具有较稳定情绪特征的颜色较温和、舒适、和谐,易于搭配,宜为主体色。

注意力是宝贵资源,色彩纷呈虽可刺激并兴奋大脑,但长时间的应用更需要简洁的颜色。因此,色彩种类不宜多于四种。色彩的搭配要能突出主要内容,吸引听众对要点的注意力。同时,至少有30%的留白版面,以更好地强调要点和产生愉悦、不紧迫的心理暗示,避免内容拥塞过度、难以突出重点和增加眼球搜索时间。

2. 格式塔理论

PPT 的形象化表达主要体现在排版设计和颜色搭配上。格式塔理论研究表明内容与背景的区分度越大,内容就因越突出而成为我们的知觉对象,其应用公式如下:

视度(观看物体时的清晰程度)= | 被视物的亮度 − 背景的亮度 | ÷ 背景的亮度

因此,应控制 PPT 内容与背景的亮度、对比度、饱和度和透明度,背景服从主题,形成和谐悦目的色彩基调和色彩对比,有助于要点的突出。

3. 三等分原则

三等分原则源于黄金分割率 $\left(\frac{\sqrt{5}-1}{2},\text{近似为} 0.618\right)$,如果把 PPT 画面的横向和纵向各用两条平行线平分为三等分,这四条线会把 PPT 画面平均分成九小格(九宫格),四条线两两相交所形成的四个交叉点,近似在每条线的黄金分割点上,是视觉的焦点和重点内容呈现的最佳位置,最容易吸引视线,如图 5-4 所示(注:这种三等分法实际上是黄金分割点的近似取法)。

4. 认知理论基础——建构主义

建构主义(constructivism)的最早提出者可追溯至瑞士心理学家皮亚杰(J. Piaget)。他认为,人类(儿童)是在与周围环境相互作用的过程中,逐步建构起关于外部世界的知识,从而使自身认知结构得到发展。建构主义的思想主要反映在其知识观

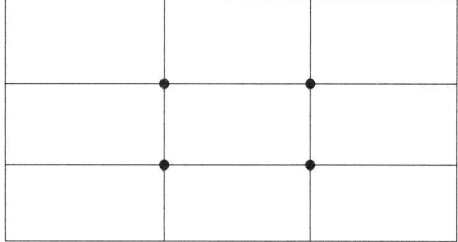

图 5-4 九宫格的黄金分割点

上，建构主义的知识观在很大程度上支撑了PPT的内容结构化实践。

（1）建构主义认为，知识不可能以实体的形式存在于个体之外。尽管语言赋予了知识一定的外在形式，并且获得了较为普遍的认同，但这并不意味着听众对这种知识有同样的理解。真正的理解只能由听众自身基于自己的经验背景而建构，取决于特定情况下的学习活动过程。

因此，演讲者在制作和使用PPT的过程中主要是在为听众提供一个结构化的知识内容框架，并依据自身的经验对这个结构化框架展开阐述和解释，从而引发听众对内容的更加全面的理解和认识。PPT在阐述、解释结构化内容框架方面提供了"注释"工具，帮助演讲者更好地在结构化内容的基础上表达自己的理解和认识。

（2）建构主义还认为，知识不是对现实的纯粹客观的反映，任何一种传载知识的符号系统都不是绝对真实的表征。它只不过是人们对客观世界的一种解释、假设或假说，不是问题的最终答案。知识随着人们认识程度的深入而不断地变革、升华和改写，出现新的解释和假设。

由此可见，任何PPT，其本质是一种传载知识的符号系统，这个符号系统的形成需要经过"同化"和"顺应"的交替、螺旋上升过程，才能最终得到相对成熟的"知识"。因此，PPT的结构化内容是演讲者和听众不断开展知识建构的结果。

除了建构主义学习理论以外，奥苏贝尔的认知结构理论也强调了概括性强、清晰、牢固、具有可辨别性和可利用性的认知结构在学习过程中的作用，注重建立能帮助听众产生清晰、牢固的认知结构的内容。

这些认知理论均强调了知识结构对认知的重要性。我们对外部世界和社会的认知（即所谓的知识）在过程和结果两个方面都不可避免地打上了"结构化"的烙印。知识的结构反映了认识对象固有的内在联系的客观性和人类在认知这种客观联系及其规律上的"主、客观矛盾的统一"，正是这种统一形成了知识的结构。

PPT应用过程的本质是演讲者和听众创建、传递、解释、争辩和重构"结构化内容"的过程，结构清晰的PPT更有利于听众的知识建构，切忌在此过程中只重视零碎的、细枝末节的知识的展示，而忽略知识间的联系和结构的展现。

5. KISS原则

KISS是指Keep It Simple and Short，就是让PPT简单且简短。大道至简，简化设计，突出重点。KISS原则的具体要求就是文字以少胜多，少即是多，言尽而意无穷。最好使用简单的完整句，或者关键词组合。PPT中的图表，最好是"易观宜精"，即精练易懂。音效需要慎用，不恰当的声音往往会破坏演示时的氛围，甚至让人感觉"哗众取宠"。

6. CRAP 原则

CRAP 原则是《写给非设计人员看的设计书》中提出的平面设计原则，指对比（contrast）、重复（repetition）、对齐（alliance）和聚拢（proximity），同样适用于 PPT 设计。

（1）对比原则是指 PPT 内各元素的大小、形状、方向、位置、颜色等应有一定程度的对比。以颜色为例，和谐色是指能与背景色相呼应的色彩（甚至所用图片中最好也有这种色彩），贯穿 PPT 始终，使画面看起来比较有整体感；强调色是指能与背景色相对比的色彩，贯穿 PPT 始终，凸显内容，并让画面变得生动。缺乏和谐色的 PPT，画面会显得比较杂乱；缺乏强调色的 PPT，画面会显得单调而沉闷。好的 PPT 应做到在和谐中有强调，在强调中有和谐。

（2）重复原则是指图标、色块、间距、高度、颜色、字体、字号等视觉元素在 PPT 中重复出现，产生统一的感觉。

（3）对齐原则是指幻灯片各元素间应存在一定的视觉联系。主要的对齐方式有：

①幻灯片页内的多元素对齐方式，如图 5-5 所示；

②不同幻灯片间的对象对齐方式主要有以下两种。

方法一：通过粘贴产生的元素，其位置自动定格在与所复制的元素所在的幻灯片的相同位置上，即在不同幻灯片的同一位置上。

方法二：利用参考线对齐。单击菜单【视图】→【参考线】，屏幕的水平和垂直方向各出现 1 条虚线。把鼠标移动到虚线上，出现上下的双箭头⇕，按住拖曳可移动参考线的位置；按住【Ctrl】再拖曳则可复制参考线；把参考线拖到幻灯片的编辑空间外，则可删除该参考线。

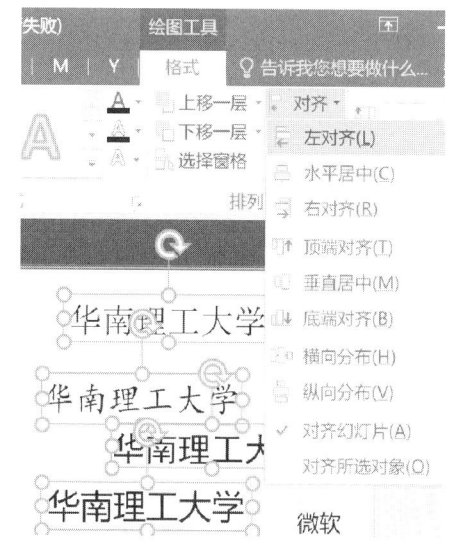

图 5-5 页内对象的对齐方式

（4）聚拢原则是指相关联的内容的物理位置要相对靠拢和集中，特别是同一类的元素和用于解决同一问题的元素。

7. 留白原则

空白可以让页面有足够的呼吸空间，显得清爽、干净利落、简洁、大方，有想象的空间。

8. SALT 场地设计原则

"SALT"取自座位摆设(seating)、音响设备(acoustics)、采光照明(lighting)与空调温度(temperature)四个场地要素的英文首字母。

(1)座位摆设根据人数和场地大小安排,一般人均2.5~3.5平方米。如果场地按小组、环形等形式排列,人均占地面积则需要相应增加。要确保最后一排及四周的听众能清晰地看到投影屏幕。剧院式演示是近年来盛行的较大型的演示方式,像 Ted Talk 等,以剧院或大型会议室为演示场地,PPT等演示内容通过背投、LED 等(16:9 的宽屏幕)大型投影设备显示,环境灯一般关闭,演示者站在投影前并以聚光灯照射,观众视觉高度集中。这时,PPT 应设计为16:9,背景简洁,减少文字,增强演示冲击力。

(2)音响设备同样要确保最后一排及四周的听众能听清,不要出现回音、混音、啸叫等。电脑与音响系统应连接良好。领夹式、手持式等无线话筒要有足够的电量和备用量。

(3)采光照明需要考虑投影的亮度与环境亮度相配合。如果窗太多且窗帘挡光性差、照明灯光过亮且前排灯泡无法单独控制,投影仪的亮度不够,则会影响投影的效果,进而影响演讲的效果。如果没有办法改变这种现状,只能改变 PPT,例如选择对比度大的配色方案,加大和加粗字体等。灯光过于昏暗、个别灯有小故障,如闪烁或镇流管有杂音,也是不太理想的演讲环境。

(4)在空调温度方面,过冷和过暖都不利于听众保持舒适,比较适宜的温度是20~25℃。

察看环境时,确保有场地管理人员可以协助调整音响、照明和温度。如果没有相关的协管人员,则自己要知道在何处及如何调整,特别是对前排灯光的控制。

5.3.3 应用金字塔原理搭建 PPT 的结构

当需要了解一件事情、获取建议和想法时,无论是领导,还是客户,希望得到的肯定是一份有说服力的报告,而不是花大量的时间先去听絮絮叨叨的解释,特别是听还没获得信任的且表达力不强的人的解释。因此,用语言清楚表达个人的想法和观点,非常重要。

工作中常出现这样的情境,对于某件事情或某个想法,我们自以为拿捏到位,但一旦需要向人们解释时,往往表达得不如自己想象的好,不够系统,不够完整,重点没陈述出来,甚至出现偏差,让听众产生误解。

造成这种情况的原因很多,主要原因有:一是不够自信,紧张,这需要通过不断练习,特别是对着镜子做自我练习,学会自如表达;二是对内容不够了解;三是缺乏做显性化的训练。金字塔原理可以有效解决第二、三点的问题。

金字塔原理是麦肯锡公司的标准、理念和规范的重要组成部分,被列为包括哈佛商学院在内的世界著名商学院的授课内容和许多著名企业的培训内容。美国作者巴巴拉·明托在其《金字塔原理》一书中，指出了金字塔原理是思考、表达和解决问题的逻辑，以书面形式组织和表达思想，确定问题、分析问题的过程，对整个写作、思考和分析问题的过程进行指导。

1. 两个应用金字塔原理后产生显著效果的例子

在《金字塔原理》一书中，巴巴拉·明托列举了以下的两个例子展示如何清晰地表达问题。

【案例一】

原文：

"约翰·科林斯来电话说他3点钟不能参加会议。哈尔·约翰逊说他不介意晚一点开会，把会放在明天开也可以，但10：30以前不行，唐克利福德的秘书说，唐克利福德明天较晚时间才能从法兰克福赶回来。会议室明天已经有人预订了，但星期四还没有人预订。会议时间定在星期四11点似乎比较合适。您看行吗？"

文字结构如图5-6所示。

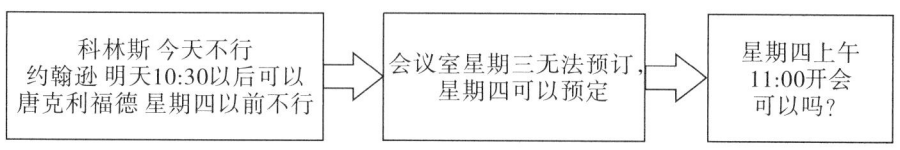

图5-6 应用金字塔原理之前的表达结构

利用金字塔原理修改后：

"我们可以将今天的会议改在星期四11点开吗？因为这样对科林斯和约翰逊都会更方便，唐克利福德也可以参加，并且本周只有这一天会议室还没有被预订。"

把结论放到前面，让老板可以快速明白意图和原因，其文字结构如图5-7所示。

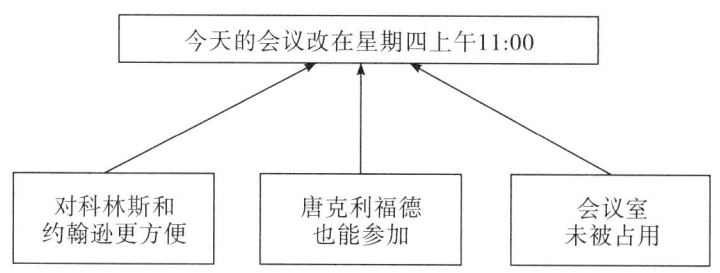

图5-7 应用金字塔原理后的表达结构

【案例二】

原文：

A对B说："上个星期，我去了趟苏黎世。你知道，苏黎世是一个比较保守的城市。我们到一家露天餐馆吃饭，你知道吗？在15分钟的时间里，我至少见到了15个留长胡子的人。而且，如果你在纽约的任何一座写字楼周围转一转，你就会发现几乎没有不留长胡子或长头发的人。同样，在伦敦，留长胡子在多年以前就已经是伦敦街头的一景了。"

缺乏结构的表达方法，不知道作者希望在这段话中传递什么信息。

利用金字塔原理修改后：

A对B说："你知道吗？我简直难以相信，男人留长胡子或长头发已经这样普遍、这样被广泛接受。上个星期，我去了趟苏黎世。你知道，苏黎世是一个比较保守的城市。我们到一家露天餐馆吃饭，你知道吗？在15分钟时间里，我至少见到了15个留长胡子的人。

在纽约的任何一座写字楼周围转一转，你就会发现几乎没有不留长胡子或长头发的人。

在伦敦，留长胡子在多年以前就已经是伦敦街头的一景了。"

按照自上而下阐释思想观点的方式表达，论点和论据清晰。

2. 基于金字塔原理的PPT结构搭建方法

把金字塔原理运用于PPT制作，就是对整个PPT的逻辑结构的搭建及每一页幻灯片标题的凝练。搭建逻辑金字塔的主要方法如下：

①把思想观点组织成金字塔结构，分组思想观点，抽象形成不同层次；

②每一个节点（小标题、中标题、大标题）是一个结论，并且这个结论是通过下一层的归纳推理得出的；

③每一组观点在逻辑上必须属于同一个范畴；

④每一组观点必须符合一定的逻辑关系，例如演绎、归纳、推理等；

⑤向受众灌输思想观点的最有效途径是自上而下进行。

文章中的思想应形成单一思想统领下的金字塔结构，如图5-8所示。

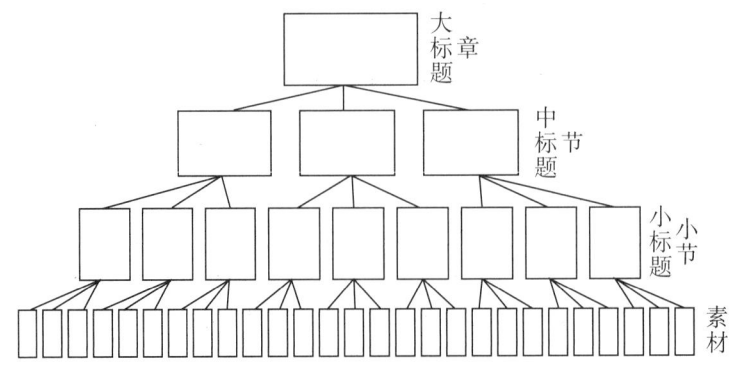

图5-8 金字塔的层次结构

5.3.4 结构化思维和形象化表达的 PPT 案例

下文将以"哈佛大学的发展"为案例展示如何用 PPT 来形成结构化思维和形象化表达。

(1) 素材的初步处理。

[素材] 1636 年成立的哈佛学院在很长一段的时间只是培养神学传教士,美国独立时的哈佛毕业生也才 40 多人。使哈佛成为世界著名的综合性、研究型大学的是其第六任校长查尔斯·艾略特 (Charls W. Eliot),他认为南北战争之后的美国社会正在由松散的农村组织向城市化方向

扫一扫,观看"结构化思维和形象化思维的 PPT 案例"

转变,社会的转型迫切需要哈佛的办学理念转型:由宗教性的学科重心转到与现实社会相关的学科,由大学本科教育转到研究院教育,并创立自由选课制度。当艾略特离开当了 40 年的校长职位时,哈佛已经成为美国最优秀的高等学府,艾略特的理念推动了哈佛的首次"起飞"。1933 年詹姆士·科南特 (James Conant) 就任哈佛大学第二十三任校长时,预见到经济社会的发展对通识人才的需求,同时看到专业教育与通识教育之间缺乏有机联系的弊端,认为教育首先要培养对民主社会负责的公民,开拓性地提出了通识教育的办学理念,同时进行大刀阔斧的教学改革,使学生能够"有效思维、交流思想、确切判断、分析价值",通识教育理念对美国在"二战"后高校课程改革起到广泛影响。

初步处理效果如图 5-9 所示,很明显,缺点在于文字太多,无法快速看到要点。需要提炼标题,梳理要点,进行结构化。

图 5-9 原始的文本素材

（2）第一次结构化及提炼标题后的效果如图 5-10 所示。文字仍然偏多，要点不突出，没有进行形象化设计。

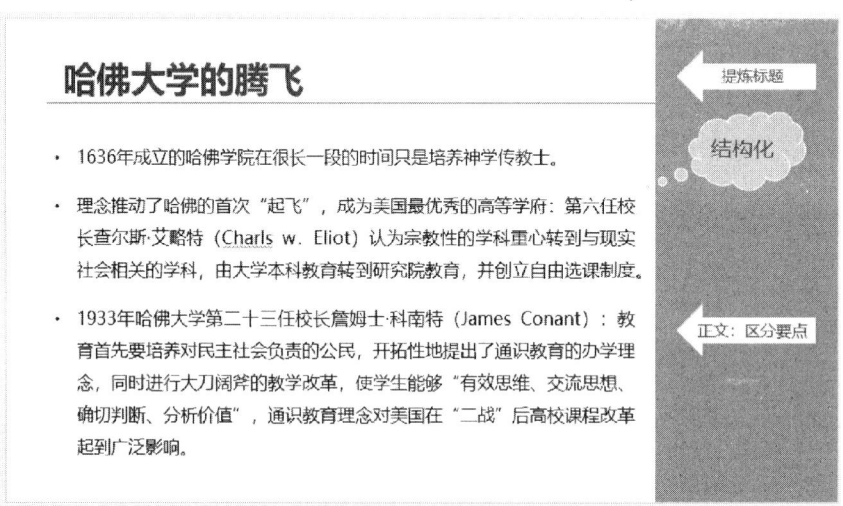

图 5-10　第一次结构化及提炼标题

（3）第二次结构化及提炼标题，形象化后的效果如图 5-11 所示。

第一次的标题是《哈佛大学的腾飞》，只是说明了这段文字所讲的内容；第二次升华后的标题为《正确战略理念的巨大作用》，总结了这段文字所表达更深层次的意思，正是在这些正确战略理念的作用下，才有了哈佛大学的腾飞。

在第二次的结构化中，提取了要点中的关键词，并用圆形、文本框、箭头等视觉要素形象化表示出来。

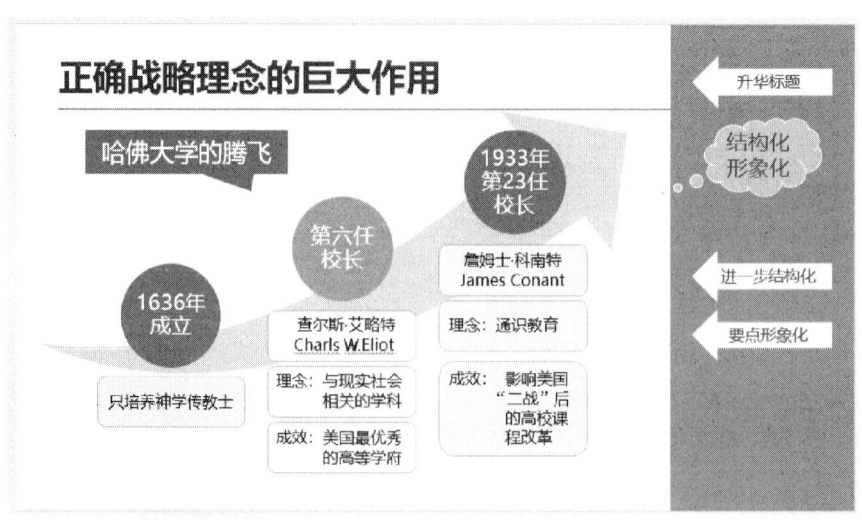

图 5-11　第二次结构化及提炼标题

从图 5-9～图 5-11 可以看出，金字塔原理指导下的结构化思维和形象化演示对 PPT 设计起到的作用。

5.4 PPT 中的主要元素及其设计

著名的幻灯片设计及演讲大师 Garr Reynold 曾说：设计不是装饰，设计是尽可能让沟通变得更容易和更清晰。

锐普 PPT 上曾有过这么一段话："设计和制作 PPT 时，我们既是设计者，也是第一个观众。不要低估观众的审美能力，如果你自己不觉得美观，就不要幻想观众接受它。整洁美观、阅读友好的 PPT 会显得你更加专业和敬业，观众能感觉到你在制作 PPT 过程中对他们的尊重和诚意。"就好像在酒店吃饭时，我们可以从一盘干净、好看、好吃的菜当中体会到厨师以及酒店的诚意一样。

在这一小节中，我们先来分析 PPT 的主要元素及设计时的主要考虑因素。

5.4.1 图片

PPT 是一种视觉化的信息传播方式，其中，图片是视觉化的最重要的信息元素，也是信息沟通的重要元素之一，同时，具有很高的装饰价值。因此，图片在 PPT 中具有举足轻重的作用，图片的使用直接影响 PPT 的视觉化程度以及信息传播的效果。PPT 的图片为演讲服务，既要加强信息的传递与沟通，又要兼具美化 PPT 版面的作用，提升视觉效果。在 PPT 中运用优质恰当的图片，不但可以帮助 PPT 表达诉求，增强说服力，增加 PPT 的视觉化程度和美感，还有助于观众理解和记忆演讲者所要传达的信息。

设计 PPT 中的图片时，应注意以下几点：

①图片须与阐述的内容相关，不但要起到装饰版面的作用，还要起到强化或辅助内容表达的作用，不要使用毫无关联的图片；

②图片的质量要好，精度要高，切勿使用粗糙的图片；

③一个演示文稿中的图片风格和色调应保持相对一致；

④在图片的表现力方面，人物具有较高的视觉度，特别是能通过眼神、手势、肢体方向等引导观众视线的人物图片，更让听众感同身受；真实的、逼真的、有创意的、有趣的图片具有较好的表现力。

图版率是指图片占整个 PPT 内容的比率。根据页面中图片元素的所占比例，可将 PPT 划分为：全图型、半图型、混搭型、文字型。在读图时代中，全图型风格的 PPT 具有较强的视觉冲击力。一张主题明确的好看的图片可以瞬间抓住观众的注意力，引起共鸣，多用于封面页、目录换场页、结束页，以及产品展示、企业宣传、作品欣赏等场合。但由于图片占据了版面的空间和焦点，留给文字信息的空间较少，缺少细节，信息量不足，需要演讲者具有较强的演讲能力和控场能力。乔布斯的演讲基本采用全图型 PPT，出彩的内容加上超级演讲水平，保证演讲过程"高开高走"。

以下是几个在 PPT 制作时常见的图片处理技巧。

1. 图片背景透明化

为使图片更好地融入背景，需要去掉图片的原有背景。对于纯色图片，利用 PowerPoint 就可以把纯色图片透明化，步骤如下：

（1）选中图片，菜单栏的最右侧会出现【图片工具】工具栏，选择【格式】→【删除背景】，画面中的紫色区域为即将删除背景的图片范围；

（2）在菜单【图片工具】→【背景消除】选项中，选择【标记要删除的区域】，鼠标会变成铅笔形状，在需要删除的区域上划线即可删除该区域的纯色，继续划线，直至所有区域的该纯色被删除，与【标记要保留的区域】的操作与之一致，但作用相反，后者是保护划线的区域不被删除。

2. 改变图片的形状

选中图片，单击菜单【图片工具】→【格式】→【剪裁】→【剪裁为形状】选项，在弹出的对话框中，选择希望呈现的图形，如图 5-12 所示，则图片自动变换。

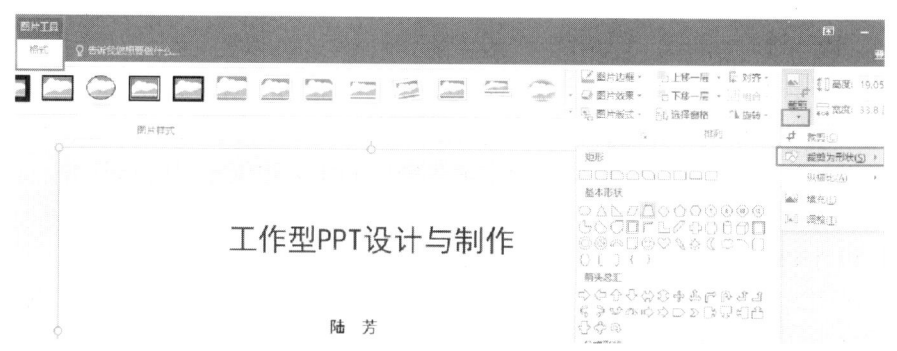

图 5-12 把图片裁剪为形状

图片变换时所裁剪掉的部分并没有真的被剪掉，而是被隐藏了，随时恢复图片原貌的方法是：单击菜单【图片工具】→【格式】→【重设图片】→【重设图片大小和形状】选项。

永久删除剪裁区域的方法是：在菜单【图片工具】→【格式】→【压缩图片】中选择【删除图片的剪裁区域】，所删除的区域就再也无法恢复。在确保不会使用剪裁区域或原图已另有备份的情况下，彻底删除裁剪区域可以减少冗余数据，让 PPT 文件变小。

3. 给图片加边框

图片加边框的主要作用是在装饰图片的同时，凸显图片，使图片与背景区分开。

4. 快速绘制形状

（1）选择需要绘制的形状后，按住【shift】键，绘制时按照默认图形的形状等比例地放大或缩小图形。

（2）选择需要绘制的形状后，按住【Ctrl】键，绘制时围绕着形状的中心放大或缩小形状。

（3）选中对象，按住【Ctrl + D】，在该对象右下侧，将自动保持相同的距离，连续复制图形。

（4）选中对象，按住【Ctrl】的同时拉动对象，将跟随着鼠标的拖动复制新的对象。

5. 多图排列

一般情况下，人物视线尽量朝向页面内侧，人在上方物品在下方，以免产生头顶物品的感觉；天空在上，大地在下；两张以上图片并列放置时，地平线在同一条水平线上。

6. 以图搜图

有时，手头的图片分辨率太低，无法使用，可以利用百度图片（http://image.baidu.com）的【识图】功能，上传图片，通过百度图片搜索与其最匹配的图片，有可能可以找到该图片的高质量版本。

5.4.2 图表

图表可以说是让数据最有力呈现的方式，可以在 PowerPoint 的图表库中找出与内容最匹配的图形和表格，通过图表使数据，特别是支持结论的关键性数据点，清晰和形象地表达，以下是几种常见的图表形式。

（1）柱形图和条形图主要用于比较一段时间内数据的变化或比较数据项目。

（2）折线图和面积图采用随时间变化的连续数据表示趋势。经常两者结合，即用相同数据值同时形成折线图和面积图，把折线图放置在面积图的上方起到表示轮廓的作用。

（3）饼图和圆环图主要用于展示不同项目在整体中所占比重。

（4）除了图表以外，PowerPoint 还提供了列表、流程、循环、层次结构、关系、矩阵、棱锥图、图片共八种 SmartArt 图形，如图 5 – 13 所示。之所以称为 Smart，是因为对 SmartArt 中的节点进行增删时，SmartArt 图形会自动改变结构生成新图；同时，针对不同主题颜色的 PPT，应用不同颜色的图表配色方案。

（5）用数据形成强有力的图表。单靠 PowerPoint 是解决不了全部问题的，在大数据时代，基于数据分析形成的论点更具说服力。Gapminder 公司的 Trendalyzer 在线软件（https://www.gapminder.org），可以把数据转变成动态的交互

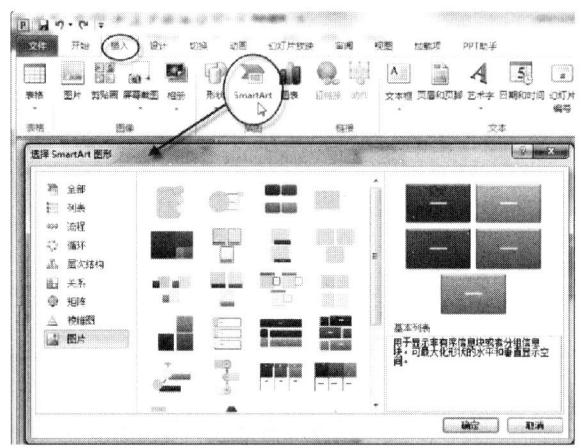

图 5-13 SmartArt 图表

式画面。类似的公司还有 Tableau 等。

图 5-14 展示了利用 Trendalyzer 在线软件制作的 2018 年世界各国平均寿命的动态交互图,鼠标移动到图中感兴趣的点,或选择某个国家时,该国家所在的点会高亮,显示该国家的人口、平均寿命、人均 GDP 等信息。遗憾的是,结果不能在 PPT 中动态显示,只能截图输出到 PPT 中。

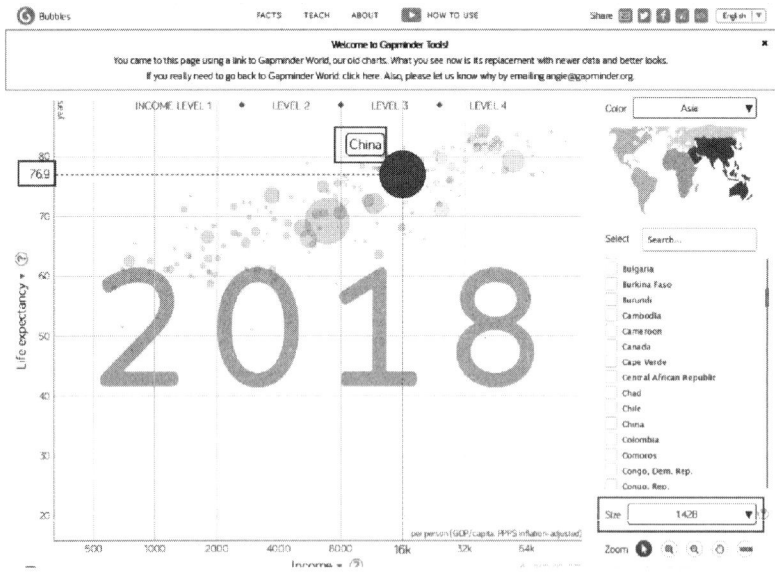

图 5-14 Trendalyzer 在线软件把数据转化为动态的交互式图表

5.4.3 文字

一个人的字在某种程度上反映着他/她的性格和阅历等,我们称之为"字如其人"。在电子文档中,字体同样也传达着信息,与文档的性质、听众喜好等相关联。

1. 字体的分类

字体分为以下两种。

(1)衬线字体(sans serif):每个笔画的起点和终点带有修饰效果,笔画的粗细不同,如宋体、楷体等中文字体,Baskerville、Garamond 等英文字体。

(2)非衬线字体(serif):文字没有额外的装饰,笔画粗细相等,比较庄重,简洁干练。如黑体、雅黑等中文字体,Futura、Gill Sans 等英文字体。在设计界非常有名的英文字体 Helvetica 也属非衬线字体。

字体的使用应根据 PPT 的应用场合而定。例如,正式的工作报告最好用雅黑等严肃、庄重的字体;给小孩子看的 PPT,可以使用卡通字体;带艺术气息的主题,使用书法体。但要注意,一页幻灯片的字体最好不要超过 3 种,并且字体间的气质要相匹配,不要产生气质冲突。以堪称国内最规范、最专业的报纸之一的《人民日报》为例,其大标题和小标题基本都是黑体字,重点突出,辨识度高。标题之外的其他主体文字,一般使用宋体,视觉舒服,看多、看久了眼睛也不会太累。

2. 字体的特点

每种字体都有其独特之处,表 5-1 列出了部分较常用的字体及其特点。

表 5-1 常用字体及其特点

字体名称	字体特点
微软雅黑	字形稍微扁宽,显示清晰,中英文搭配和谐,非常适合制作 PPT
冬青黑体	字形细腻精致,其他特点类似于微软雅黑,同样非常适合制作 PPT
方正粗宋简体	大气端正,一丝不苟,常用于政府报告等正式场合
方正正中黑简体	整体端庄大气又不失简洁、时尚,边缘较复杂,常用于标题,不适用于正文
方正兰亭超细黑	高冷,精致,偏女性化,常用于扁平化风格的页面
康熙字典体	常用于制作具有中国风的 PPT
方正清刻本悦宋简体	古朴典雅,常用于制作具有中国风的 PPT
方正卡通简体	天真可爱的卡通风格

宋体比较正式,但太瘦且投影放大后线条不均匀,需要加粗,效果略差;

楷体、隶书比较秀丽，但不适用于项目验收之类的正式场合；黑体庄重，投影效果最好，但略显古板……正是仁者见仁，智者见智，应视具体场合灵活恰当使用。

字（体）族是指一组统一设计的，按照从小到大、从细到粗排列的字体。在同个 PPT 中，如果使用同一字（体）族的字体，则无须过多担心字体协调问题。

3. 文字的排版

文字的排版首先是选择合适的字体，接着设置文字的大小、结构、间距、粗细、颜色等。文字排版应注意以下几点。

（1）尽量统一结构。语态统一，如都用陈述句或疑问句等；词性相对统一，如都用名词或动词等。

（2）避免拥挤，采用 1.1 至 1.5 倍行距，让行间呼吸。行距的宽窄视乎幻灯片的版面，内容较少时，可以采用 1.5 倍左右的宽行距。在没有设置段间距的情况下，一般最少使用 1.1 倍的行距。如果实在没办法放宽行距，则调整段前距和段后距，让段落呼吸。

（3）添加项目符号。项目符号放在简短的文字前，起到引导和强调的导引符作用，能够引起观众的注意，体现逻辑与层次结构。

（4）背景和字体的颜色一般属于对比色，背景深则字浅，背景浅则字深。

（5）正文字体一般不小于 24 磅，但应结合具体的环境而定。

（6）字体的大小要考虑最后一排观众的需求。

4. 相关资源

（1）求字体网站（http://www.qiuziti.com）。

该网站有较全面的字体库，可以把喜欢的字体截图上传到网站，网站将分析图片，识别字体，提供字体的下载地址。

（2）英文字体网站。

英文只有 26 个字母，相对于中文而言，字体制作成本较低，字体也较多。Impact 是 Windows 自带的字体，笔画较粗壮，间距紧凑，具有较好的兼容性；新罗马（Times New Romans）字体也是较常用的数字和英文字体。

常见的英文字体网站有：www.fontsquirrel.com、www.fontspace.com、www.dafont.com 等。

5. 文字云

文字云（word cloud）来源于网页中的标签云，把文字堆叠在一起，以错位排布的方式，根据关键字的重要性，放大或缩小关键词的显示以及从中心到四周的排列，突出重点和关键字的文字组合效果，使听众可以快速了解文本的主旨。

扫一扫，观看"文字云的制作"

文字云（https://wordart.com）是在线中英文文字云制作网站，进入网站后，单击主页上的【CREAT NOW】按钮，无须注册，就可以进入文字云的在线创建界面。界面虽然是英文的，但简洁易用，如图 5-15 所示。

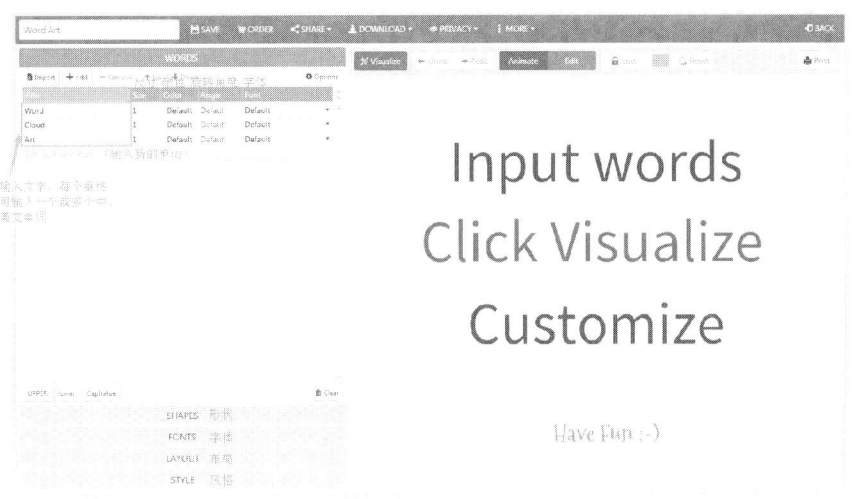

图 5-15　Word Art 的界面

（1）添加中文字体：单击左下方的【字体】→【Add font】，选择已经下载好的 FZXiaoBiaoSong-B05S 后缀名为 ttf 的中文字体文件（字体下载方法前文有提及）。图 5-16 中的是导入的方正小标宋简体。

图 5-16　添加中文字体

（2）在【Type in a new word】的提示框中输入文字，如果输入中文则要在【FONT】选项中选择已经导入的中文字体，接着，适当调整文字的大小、颜色和角度。

（3）单击左下方的【SHAPE】选项，选择文字云的图案，或通过【ADD IMAGE】上传自定义的形状作为文字云的图案。

（4）单击上方的红色按钮【Visualize】形成文字云。

（5）输出文件：单击界面上方的【DOWNLOAD】选项，在弹出的下拉菜单中选择 PNG 或 JPEG 等输出格式，如图 5-17 所示，保存即可。

大家猜猜，图 5-17 的这个文字云是用了什么形状呢？

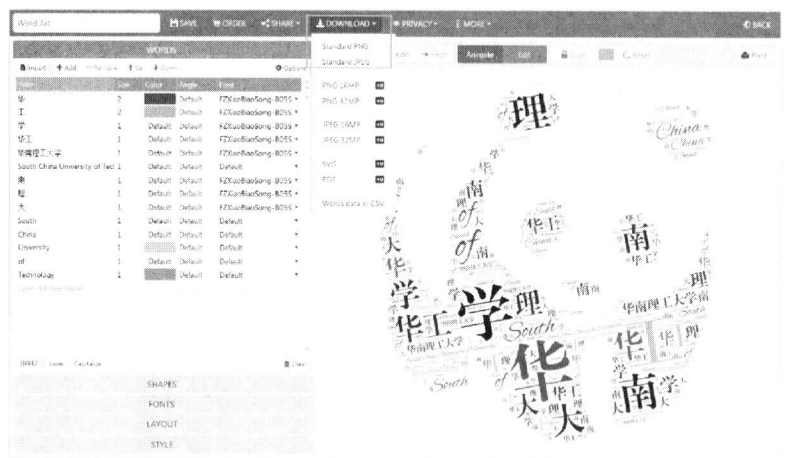

图 5-17 文字云的输出

类似的网站还有 http://yciyun.com/（易词云）等，把文字云淡化后可以为 PPT 打造精致的背景。

5.4.4 线条

线条的主要作用如下。

（1）引导视线。直线可以增加空间的延伸感；曲线有利于创造流动的感觉，让画面变得生动。

（2）隔开空间。利用上下两条线或其他形状把文字集中在一定的区域中，隔开空间，让视线更集中，如图 5-18 所示。

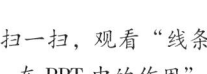

扫一扫，观看"线条在 PPT 中的作用"

图 5-18 利用线条隔开空间

具体制作方法如下:

首先,插入一个文本框,输入文字,针对标题和文字采用不同的字体格式。文本框的填充方式设为【幻灯片背景填充】,把文本框的层次设置为【置于顶层】;

接着,插入一个形状(如矩形)。填充方式设为【无填充】,线条设为【实线】;

最后,把文本框放在形状上。由于文本框在顶层,遮住形状的部分线条,效果如图5-19所示。

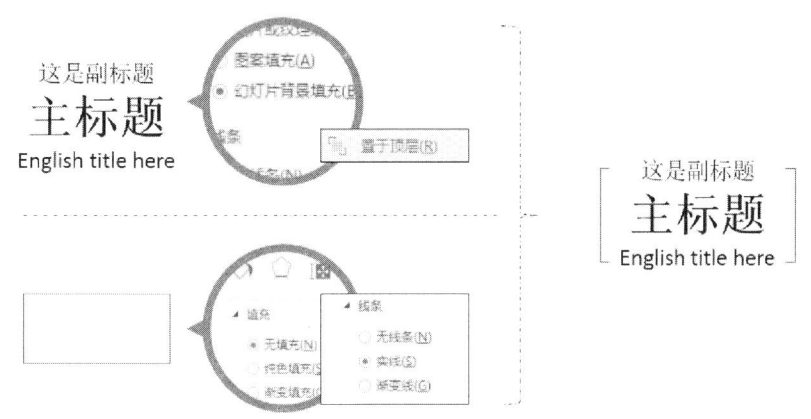

图5-19　文本框与形状结合产生隔开空间的效果

这种方法虽然简单,但很实用,常见于封面页和全图型幻灯片的设计。

5.4.5　色块

色块是常见的设计元素,主要有以下的作用。

1. 色块作为标题文字衬底

色块衬底指在标题文字的下方使用某一种颜色填充的形状衬底,以突出标题文字。以全图型PPT为例,图片占据整个版面,如果文字直接添加在图片上,其易读性较

扫一扫,观看"色块在PPT中的作用"

差,可以在标题文字的下方添加与背景区别度较大的色块,并调整其透明度,既保证标题文字的可读性,又不会影响背景图片的完整性。这个作用类似于前面所提到的线条隔开空间的作用。相比线条,色块的容量更"大",使重点更突出,画面更具层次感。

2. 色块装饰版面使页面更美观和谐

当色块以较大面积出现时,可以平衡版面。当色块以较小面积、不同形状、不同颜色多次出现时,可使版面产生变化感。在颜色搭配上,要注意以下几点。

①相邻配色搭配较协调：采用12色环上相邻的颜色互相搭配，如红配橙红，产生协调感。

②互补色起到强调和突出的作用：采用12色环上相对面的互补色互相搭配，如蓝配黄，可以突出重点，起到强调的作用。

③将颜色变亮、变暗、变深、变浅等色调微调，可丰富层次和色彩。

④无论怎样改变，要注意色彩风格和设计风格的统一。

5.4.6 网站资源

1. PPT社区或商城

①rapidbbs.cn：锐普PPT商城；

②pptok.com：PPT教程网；

③pooban.com：扑奔网；

④51ppt.com：无忧PPT；

⑤presentationload.com：德国专业的PPT制作公司，是欧美风格PPT母版的典型代表，以简洁大方见长。

2. 图片或视频素材

①pixabay.com：免费无版权图片与视频；

②pexels.com：免费无版权图片，可商用；

③everystockphoto.com：免费无版权图片，可商用；

④lanrentuku.com：懒人图库，提供矢量图等；

⑤quanjing.com：全景网，提供图片与视频，需要收费；

⑥500px.com：摄影社区，需要收费。

3. 图标

①icomoon.io/app：免费高质量图标，可选择格式下载；

②iconfont.cn：阿里旗下免费图标网站；

③iconfinder.com：需要收费。

4. 综合网站

①officeplus.cn：微软官方模版与素材网站；

②ibaotu.com：包图网，提供多类素材。

5.5 演示文稿的制作

演示文稿的制作流程如图5-20所示，在本小节中，我们将逐一分析各个流程，只有把每个环节都做到最好，才能合力打造出好的演讲。

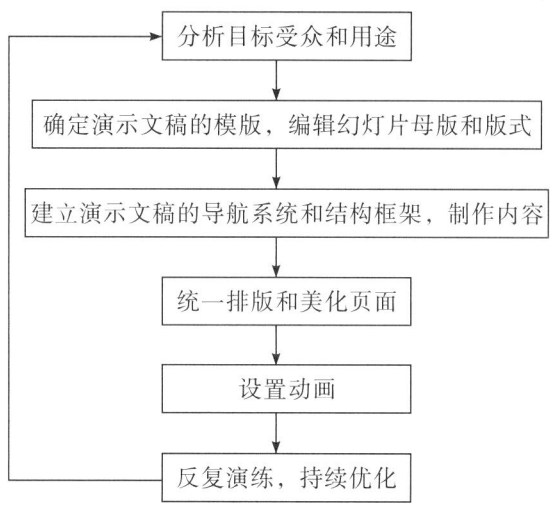

图 5-20　演示文稿的制作流程

5.5.1　分析目标受众和用途

受众分析是要了解到底听众想要什么，然后明确演讲内容和形式能否迎合受众的要求。要明白的是，大家都忙，更何况线上线下有这么多的休闲娱乐方式以及学习资源，除非内容精彩、迎合需求，否则，多数人都不喜欢听演示。因此，必须分析受众，从听众的角度来思考问题和凝练材料。

（1）分析受众的认知水平和喜好。

例如，以受众年龄为分析值，一般的规律如下：

年轻者一般偏爱文字少、结构跳跃、风格多变、画面活泼又简洁的 PPT；

年长者一般偏爱文字多、结构连贯、风格严谨、画面稳重的 PPT。

（2）明确 PPT 的用途。

用于答辩、竞赛、商业计划、竞选、评比、应聘、投标等的证明型 PPT，一般具有较强的目标导向，用清晰的逻辑形象化地阐述事实、数据、图表、实例等，证明优势、能力等，获得认同。这类 PPT 通常需要进行个人或所代表团体的介绍，介绍的内容一般围绕着演讲主题，更好地呈现主题，通过自我介绍强调所能提供的服务、能力等，做到醉翁之意不在酒，获得认可，佐证主题。

汇报、总结等工作型 PPT 强调数据，可适当强化领导带头、团队配合、协调分工的作用。一般较少或仅需要很少的自我介绍。需要总结的内容包括：收集材料，阐述所做的工作；提炼思路，在工作中发现的问题和解决思路、未来工作的目标和具体的措施；提出战略规划和愿景，挖掘在工作中可以借鉴推广的亮点和未来的思路等。

培训类的 PPT 则要更具说服力和提高听众对自己的信任度。在形式上，应避免使用大段的文字，可借助形象直观的图示分解文字，帮助听众理解和接受；采用真实的且具有感染力和号召力的图片，快速引起观众的共鸣。在演讲过程中应注重与听众的互动，调动听众的热情。

（3）尝试自问自答。

如果觉得很难分析目标受众，可以自己列出一张问题单，自问自答，剖析问题。例如：演讲时间多长；演讲现场情况；听众是什么人；听众有什么背景；听众的期望值是什么；为什么需要我来做演讲；我演讲时听众可能在做什么；我演讲的目的（意义）和谈讲的内容有什么等。

（4）换位思考。

分析了目标受众和用途后，就需要站在听众的立场上，感同身受、设身处地地看待问题，怀存着同理心去解决问题，强调给用户带来良好的体验。

5.5.2　制作演示文稿的模版

1. 新建演示文稿，根据主题确定演示文稿的模版

信息社会中，包括 PPT 能力在内的信息化能力是每个职场人士必备的基本能力。很多人在接到 PPT 制作任务时，首先想到的就是找模版，节省时间，提高制作效率。但 PowerPoint 自带的 PPT 模版少且过简。特别是韩国 TG 公司的一整套优质 PPT 模版在网上曝光并得到广泛传播和应用后，人们对模版的要求就越来越高了。因此，每到月底和年底，在 PPT 模版销售网站上，总结型和工作型 PPT 内容模版的销售量和下载量都大增。

扫一扫，观看"如何制作演示文稿的模版"

模版的颜色应符合演示主题的内容，紧扣主题，根据内容、受众、场合等确定基本色调。例如政府报告类的多采用红色调，环保类主题多采用绿色，IT 类主题多采用蓝色和黑色，与儿童相关的主题则通常用橙色和绿色等。

与模版相结合，新建演示文稿的方法主要三种，择其一使用即可。

（1）新建演示文稿，应用主题。

单击菜单【文件】→【新建】→【空白演示文稿】，新建一空白演示文稿。

接着，单击菜单【设计】，如图 5-21 所示，选择 PowerPoint 自带的主题，或单击图 5-21 的第 1 个红色框，选择【浏览主题】调用外部的主题文件。

图 5-21　PowerPoint 提供的主题

PowerPoint 主题的优势和便利之处在于，PowerPoint 为该主题准备了不同主

色调的一系列的十多种变体，每种变体都为 PPT 的背景、字体样式、色块等提供一整套的配色方案，如图 5-21 的第二个方框所示。单击图 5-21 的第三个方框，在弹出的对话框中可以选择想要的配色方案，如图 5-22 所示。更改后，演示文稿的背景、颜色、字体、超链接文字和已访问过的超链接文字等的格式将按新的主题所定义的格式显示。遗憾的是，PowerPoint 提供的主题较少，现有的主题与当前主流的设计观不太相符。期待 PowerPoint 能提供更多的主题。

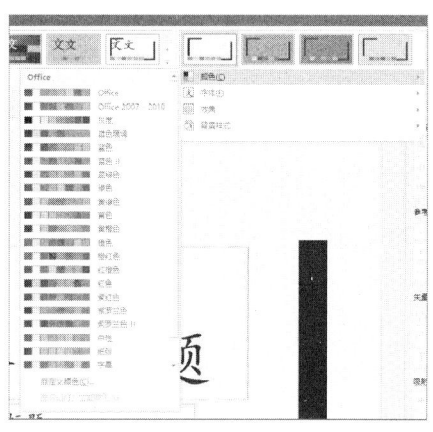

图 5-22　PowerPoint 主题设置

（2）在空白幻灯片上编辑幻灯片母版，自己制作模版。

（3）最常见的方法：找到合适的演示文稿，直接应用或修改后使用。

笔者经常收到学校老师、学生、朋友等咨询："陆老师，我要做个 PPT，帮我找个模版吧"。询问其演讲的主题及场合后，我制作或找了个模版，给了对方，收回一堆的感谢。

可见，找模版做 PPT 几乎是最常见的 PPT 制作的方法：拿到从各种途径（网上下载、购买、美化大师、iSlide 等）得到的模版后，删除不需要的内容，根据个性化需求编辑幻灯片母版，增加、减少或调整各种母版元素和版式，再开始制作自己的内容。

2. 编辑幻灯片母版

我们再来重温一下，为什么要编辑母版？模版是母版的基础，大多数情况下，有了现成的模版，即使是买来的模版，也需要一些小修小补的调整和修改，让模版更适合自己的演讲。因此，上面所提到的三种方法，一般都需要编辑幻灯片母版。

对幻灯片母版编辑的内容包括：颜色和背景等配色方案；标题、正文、页脚文本等的字体格式；项目符号的格式；占位符的格式及位置；加入单位或多或少的信息等。这些变化通常需要反映到 PPT 的全部或大部分幻灯片中，如果一页一页地修改，或双击格式刷，一个一个地复制格式，效率都很低。因此，需要在母版中统一进行格式调整。

（1）幻灯片母版编辑窗口的打开方法。

编辑幻灯片母版的方法是：单击菜单【视图】→【幻灯片母版】，打开【幻灯片母版】功能区，在母版视图中编辑模版。

（2）幻灯片母版的作用。

在前面的概念解释中，我们曾经提过幻灯片母版的作用，重要事情再说一遍，幻灯片母版具有以下作用：

①统一标题、正文；

②统一项目符号的样式；

③统一背景和配色方案；

④全局更改演示文稿的格式；

⑤批量添加内容，如在所有幻灯片页面添加单位 Logo 等；

⑥更改占位符位置、大小和格式；

⑦统一页脚文本的位置和格式。

其中，在母版中添加"本页的页码/整个 PPT 的总页码"是 PPT 导航系统的内容之一，有助于听众了解整个 PPT 的结构。在时间较久的演讲的 PPT 以及内容较多的 PPT 中，建议在母版中统一设置显示页码，使所有的幻灯片的下方加上页码/总页码的信息。（出现 10/40，表示当前正在播放第 10 张幻灯片，整个 PPT 共有 40 张幻灯片。）这样，不仅有利于帮助听众了解内容的结构和进度，也可以帮助演讲者掌控演讲的节奏。

（3）幻灯片母版的结构组成。

母版视图左侧的一个个样式就是我们常说的模版，主要由主模版和子模版（版式）两部分组成，每个母版包括一个主模版和若干子模版（版式）。

①主模版。

最上边稍大的模版，是幻灯片层次结构中的顶层幻灯片，控制整个演示文稿的格式，称主模版。在主模版上做的任何修改都会影响到其下面的所有子模版。公司 Logo、演讲者信息、页码/总页码等需要在所有幻灯片中展示的个性化内容可放置于幻灯片母版中，进行统一的样式设置。

在图 5 - 23 的例子中，我们在主模版的上方添加了华南理工大学的牌坊，在右上方添加了华南理工大学的 LOGO，重设了标题和正文的字体、字号、字体颜色等。这些修改全部反映在该母版的所有的版式中。

图 5 - 23　PPT 母版中的主模版

第5章 运用PPT创造和分享知识

②子模版（版式）。

一套设计模版中通常会包括一个主模版以及若干其他版式，默认情况下包括标题版式、标题与内容版式、节标题版式、两栏内容版式、比较版式、仅标题版式、空白版式、内容与标题版式、图版式、标题和竖排文字版式、竖排标题与文字版式，共11种版式。

对某个版式的修改，只反映在该版式上，不会影响其他版式。

（4）新建幻灯片母版。

我们来看看图5-24左边所显示的PPT母版，可以看到，在母版视图中出现"2"，表示这是第2个子模版，该PPT已经有了两个PPT子模版。

现在，我们再来看看如何在第1个模版的后面插入一个新的幻灯片母版。选择第1个模版的最后一个版式（竖排标题与文字版式），单击鼠标右键，在弹出的右键菜单上，选择【插入幻灯片母版】，则出现一套空白的母版，如图5-24的右边所示。这时，PPT共有3个模版，全部会出现在幻灯版母版窗口中（因篇幅原因，图5-24没有把整个模版全部显示出来）。

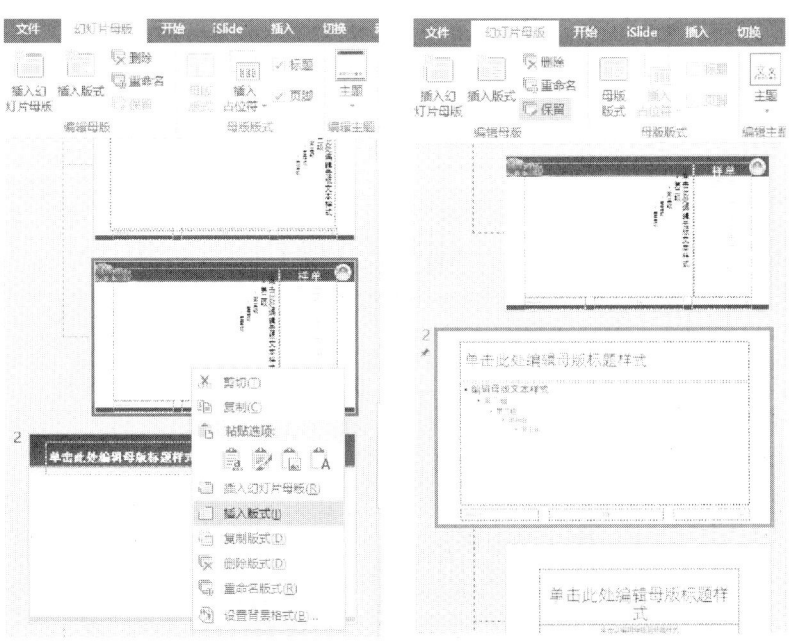

图5-24 为PPT新增一套母版

一个PPT有多个母版是很常见的情况。大家可能会有这样的疑问：一个母版不够吗？为什么一个PPT要用几个母版？我们来看看下面两个应用场景。

- 场景一：需要多个母版来表达不同的内容（主动形成的母版）。

某演讲主题是关于一个企业的发展历程，共分为回顾过去、阐述现在和展望未来三部分。该企业希望三个部分有所差别,以彰显过去的辛酸和努力、现在的挑战和机遇、未来的愿景和创新。因此,PPT 制作者采用了三个风格不同的母版来对应展示这三部分,取得了很好的展示效果。

• 场景二:从其他 PPT 中复制幻灯片,自动留下该 PPT 的母版(被动形成的母版)。

制作 PPT 时,经常需要从别的 PPT 中复制幻灯片,方法是:

①选择需要复制的幻灯片,单击鼠标右键,在右键弹出菜单中选择【复制】;

②在目标 PPT 需要粘贴的幻灯片处,单击鼠标右键,在右键弹出菜单中选择【保留源格式】,如图 5-25 所示,这时,该幻灯片所使用的母版就跟随幻灯片内容一起复制过来,整个 PPT 增加了一个母版。(注意:如果粘贴时仅需要内容,则选择【保留源格式】前面的选项【使用目标主题】。这时,仅复制幻灯片的内容,其母版自动替换为目标 PPT 的母版。)

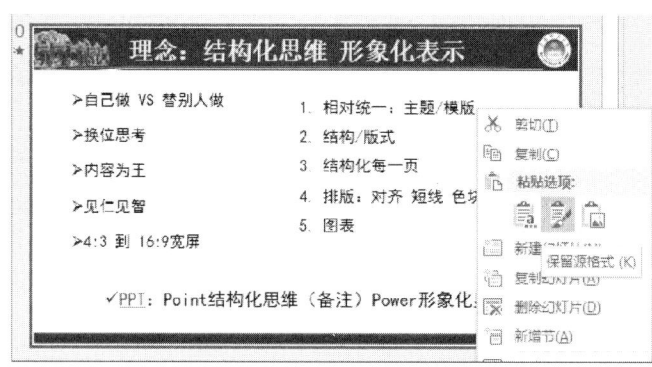

图 5-25 设置粘贴对象的格式

(5)通过【重置】改变"前台优先"原则。

有时,在幻灯片母版中统一修改了字体的格式,关闭母版编辑窗口,回到普通视图后,却发现幻灯片中的字体并没发生改变。其原因在于,对于字体的格式,PPT 有"前台优先"的原则,即单独设置调整的格式为优先,这时,单击菜单【开始】→【重置】进行重新应用即可。

3. 根据幻灯片的内容选择合适的幻灯片版式

任何一页幻灯片,都对应着一个子模版,即版式。前面说过,每套母版都默认内置了 11 种幻灯片版式。可能有些读者会继续问:每个母版中为什么要有这么多版式?

其实,每种版式的名称已经暗示了该版式的用途,根据用途,版式用占位符设置好该版式以怎样的格式放置内容,如在标题和竖排文字版式中,预置了竖排文本框用于

扫一扫,观看"幻灯片版式的选择"

放置垂直排列的文本，通过版式预置的合理布局提高幻灯片排版的质量，并产生统一的效果。

再强调一次，版式的设置方法是：选择需要设置版式的幻灯片，在菜单【开始】→【版式】中根据幻灯片的内容选择合适的版式，如图5-26所示。

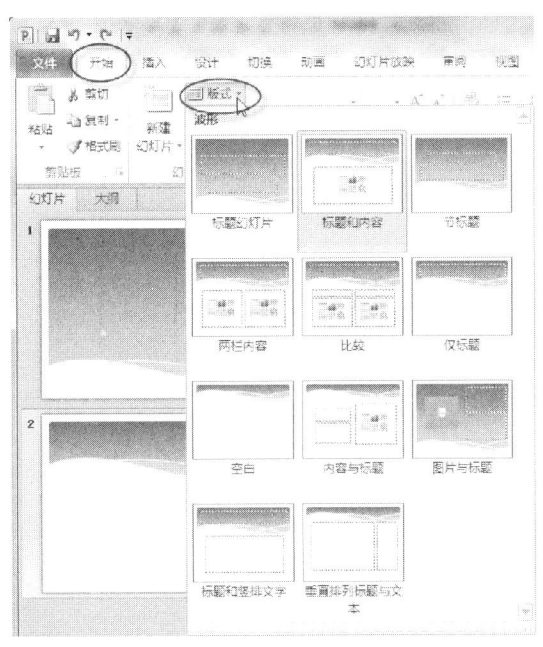

图5-26 给幻灯片应用母版中的版式

更改版式后，系统在幻灯片中添加新的版式所包含的占位符，并对已有的占位符应用新的格式，非占位符的内容不会发生变化。

5.5.3 建立演示文稿的导航系统和结构框架，制作内容

人工智能的相关研究提出了人类学习的板块机制，指出人类在学习过程中不断地将所获得的知识和经验以框架的形式记忆、存贮、再现、推理和迁移。在这个过程中，系统性的知识框架有助于知识板块的形成。演示文稿的导航系统和结构框架有助于听众建立对演讲内容的系统性框架，这点是我们前面反复强调的。

扫一扫，观看"演示文稿的导航系统和结构框架的建立"

在听PPT演讲时，PPT是一页一页往下翻的，一次只能看一页内容，前面看过的只能依靠记忆重现。因此，观众很容易迷失思路。如果演讲稿或演讲大纲可以事先发给听众，能更好地帮助听众建立起演示文稿的框架和逻辑结构。因此，有些演讲者会提前把PPT上传到草料二维码等网站上，下载该PPT链接

的二维码,放在 PPT 中。演讲时,请听众扫描二维码,下载 PPT,提高演讲的效率和质量。但多数情况下,主办方不方便提前把 PPT 给听众。这时就要借助于 PPT 目录页、过渡页、超级链接等导航功能,建立起 PPT 的导航系统和结构框架。

PPT 的结构主要体现在以下两个部分:每一页的幻灯片(结构化了的内容)和总的逻辑框架(知识内容的逻辑结构),实现 PPT 内容"既见树木,又见森林"的目的。

(1)建立能体现知识内容逻辑结构的总体逻辑框架。做 PPT 就像盖楼房,坚实的框架是整个 PPT 的基础。一个演示文稿应至少具有以下导航结构系统:封面、前言、目录页、过渡页、内容页、结尾页等一套完整的结构。把这一套完整的结构扁平化后,如图 5-27 所示,按此框架搭建 PPT 内容,有助于厘清知识内容的组成部分及各部分之间的层次和脉络。

封面	目录页	过渡页1
内容页1	过渡页2	内容页2
过渡页N……	内容页N……	结尾及致谢

图 5-27　PPT 的总体逻辑框架

(2)除了整体框架外,遵循共同经验原理、抽象层次原理、重复作用原理、最小代价原理、认知负荷原理等媒体编制原理,通过对知识的有序排列,减轻听众在大信息量环境下的认知负荷,结构化每一页幻灯片的内容,也是结构化思维的关键。

因此,明确了用途,有了模版,接着就是构思内容,形成包括封面、目录页、过渡页、内容页、结尾页等在内的逻辑框架,搭建演示文稿。

1. 封面

封面,或者说是标题页是整个 PPT 的第一页,其基本信息包括演示题目、演讲者姓名和单位;可选信息包括联系方式、日期、公司 LOGO 等。

标题页最好能突出整个 PPT 的重心,具有震撼性的视觉效果。图片是封面的关键元素之一,明确题目,选择与主题密切关联的、冲击力强、能帮助传达演讲者想传达的信息的图片,加强文字标题的表达效果。标题页可以是单张图片,也可以是多张图片的组合。

2. 前言

前言不是必须的内容,很多 PPT 都是标题页结束后直接切入目录。

3. 目录页

目录页是演示文稿基本逻辑结构的体现，是整个演示文稿系统性的体现。其作用在于围绕主题，整合内容，强调结构，注重逻辑，形成一目了然的结构线。

在演讲过程中不断重复展示 PPT 的系统逻辑框架，重复展示 PPT 目录，形成对整个 PPT 结构的不断强化和刺激，有效地帮助听众形成有秩序的内在联系，更好地把握内容的系统性和逻辑结构，促进知识的建构。目录页的重复方式主要有以下两种。

（1）与过渡页结合，在每个部分转换内容的时候呈现出来。其操作方法在后面的内容中详细阐述。

（2）过渡页固然直接，但存在着以下问题：如果修改了目录的内容，则需要修改所有过渡页的内容。因此，也有演讲者不使用过渡页，特别是目录内容较多且内容可能需要较多修改的演讲，只利用一个目录页，通过在目录页的超链接和在结束页的动作按钮，建立目录页与各部分内容的跳转和返回的导航关系，如图 5-28 所示。

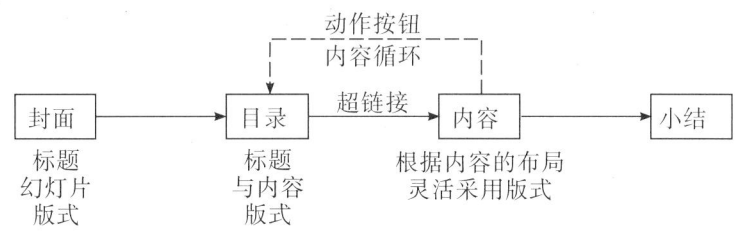

图 5-28　构建演示文稿的系统逻辑框架的基本流程

每次跳转返回到目录时，演讲者可以对目录进行承上启下的小结，回顾主题，表达结论性内容，在目录框架的引导下，帮助听众形成知识地图和知识网络。下面，我们一起来看看，如何通过超链接的跳转功能和动作按钮的返回功能，建立起 PPT 的导航结构。

（1）选择目录页的第一大点的文字，单击鼠标右键，在弹出菜单中选择【超链接】，如图 5-29 所示。

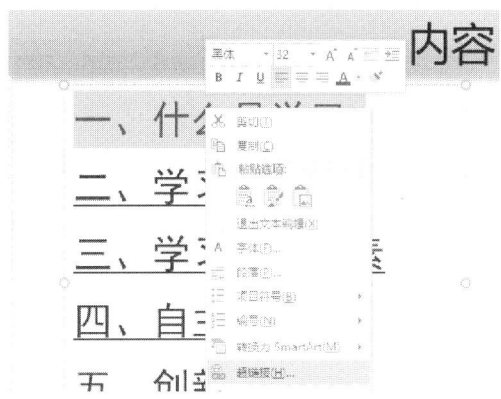

图 5-29　插入超链接功能

（2）在弹出【插入超链接】窗口中，选择【本文档中的位置（A）】，在右侧出现的幻灯片列表上，选择第一大点内容的第一张幻灯片作为需要跳转的幻灯片，如图 5-30 所示。

图 5-30　设置需要跳转的位置

（3）接着，选择本大点的最后一张幻灯片，制作返回的跳转按钮。在本例中，选择第一大点的最后一张幻灯片，选择【插入】→【形状】→【动作按钮】，选择像房子一样的第 5 个动作按钮 。这时，鼠标形状变为十字形，在幻灯片上绘制出动作按钮。

（4）绘制好动作按钮后，在自动弹出的【操作设置】窗口中，选择【超链接到】→【幻灯片】。

（5）在弹出的【超链接到幻灯片】窗口中选择目录页，如图 5-31 所示。这样，就在内容幻灯片上设置好返回目录的动作按钮，单击该动作按钮即可跳转回目录页。

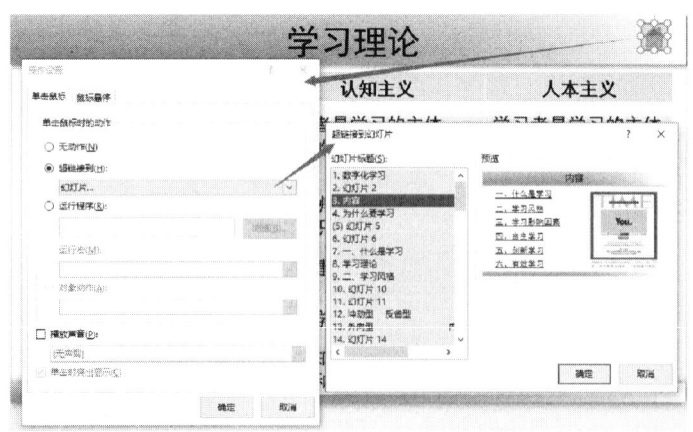

图 5-31　动作按钮的动作设置

重复上面的步骤,直到播放演示文稿时,单击目录页的所有项目均可跳转至相应部分的幻灯片,并通过该部分结尾的幻灯片的动作按钮都可返回到目录页。

总结一下,在演讲过程中,以目录导航页作为转场页的作用在于:

①有利于观众建立起演讲内容的逻辑框架,易于理解;
②帮助演讲者自然过渡和进入到下一部分的内容;
③当目录的内容修改时,不需要修改多个过渡页。

4. 过渡页

过渡页也称转场页,是在 PPT 中起到内容转换作用的幻灯片页面,在整个演示文稿中起着承上启下的作用。一般,演示文稿中包含着几个部分的内容就会对应着几个过渡页。因此,在设计时应注意所有的过渡页保持相对统一的格式,并与目录页相呼应,形成完整统一的设计风格,如图 5-32 所示。

扫一扫,观看"过渡页的制作"

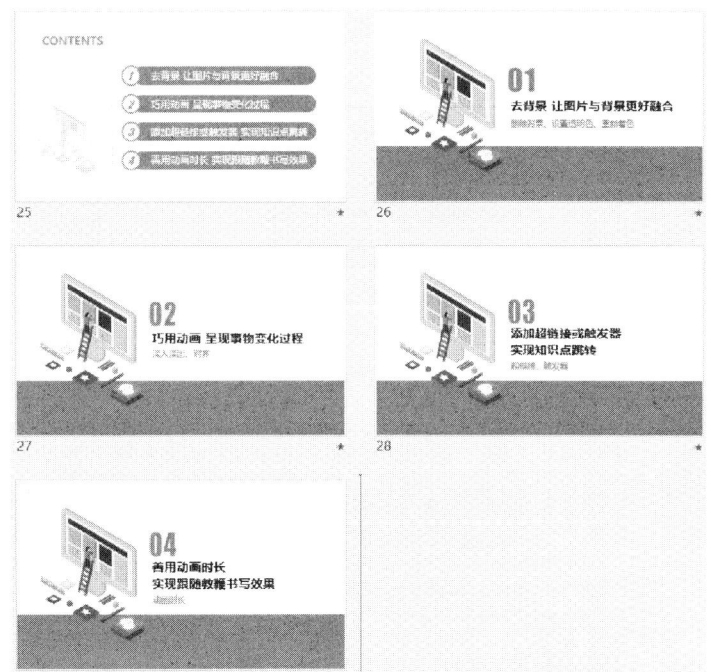

图 5-32　与目录相对应的 4 张过渡页

图 5-32 的这种过渡页方式,虽然美观,但并没有把 PPT 目录的整体框架列出来,不利于听众建立 PPT 的系统架构。

因此,很多的演示文稿直接把目录页作为过渡页并突显当前的选择要点。

以下是两种常见的改变效果的方法。

（1）用灰色显示当前条目以外的条目。

无论目录条目是文字型还是图片型，把当前条目以外的条目设置为灰色，进行暗化和淡化，凸显出当前的条目，如图5-33所示。

图5-33　目录页作为过渡页：灰色显示当前条目以外的条目

（2）放大显示当前条目。

把当前条目放大，突出显示即将演示的内容，吸引观众的视线。这种设计方式，过渡页中每个条目间的距离都需要重新调整，以免产生重叠。但对于图片型过渡页，适当地遮挡了左右侧图片的部分区域，让即将展示的项目在页面上突出显示，也是可以的，不需要重新调整。

5. 标题

标题是主旨，表征着内容的主题和中心，是幻灯片结构化的方法之一。在标题党时代，人们已经逐渐形成了"两眼规律"。第一眼看标题，因此，标题首先要能吸引听众的眼球，精准且没有歧义。只有标题引起观众的兴趣，观众才会有兴趣看"第二眼"。第二眼看内容，即关注标题后面（PPT首页标题的后面）及下面（每页幻灯片的标题下面）的内容，看是不是预期的内容，以及赞同与否。

设计型、口号型、"文字+数字"型都是常见的标题形式。在标题的形状上，不一定是中规中矩的水平形，也可以是弧形、竖排形等。标题的位置一般在最上面的标题区域，尽可能精练，控制在一行之内，不要换行。

6. 内容页

内容页是演示文稿的主要构成部分。相对于标题页、目录页和过渡页来说，内容页承载的信息量最多，形式的变化也最多。设计内容页时，最好做到一个页面一个中心。"金字塔原理"认为，当核心概念超过7个时，应重新组织呈现信息的方式。在层次设置方面，要求清晰，不超过3层。

开始设计某一内容页面时，应先提炼该页内容的观点，再添加到幻灯片中，然后考虑是否使用了最恰当的展示方式，最后还需要从颜色、版式、对齐等角度考虑页面的整体美观性。内容页的色彩、版式需要与标题页、目录页等相协调，但并不要求完全一致，在统一中又要有适当的变化。

7. 分组

当 PPT 的内容较多时，利用 PowerPoint 的"节"功能，可以对连续的幻灯片进行分组，把同一小节的内容归为一组，为节设置名称，并显示在左侧窗格上，使 PPT 更具结构化。其操作步骤如下。

扫一扫，观看"对幻灯片进行分组"

（1）插入节：在左侧窗格中将文本插入点定位到第一张幻灯片上方的空白位置，然后单击菜单【开始】→【节】，如图 5-34 所示，在 PPT 的开始处插入一个节。

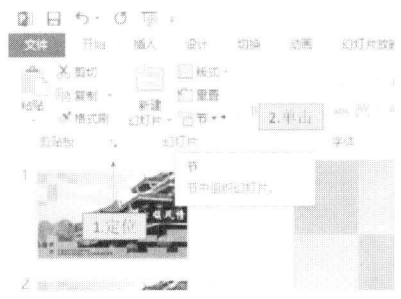

图 5-34　插入新的节

（2）命名节：左侧窗格中自动出现了【无标题节】，对其单击鼠标右键，在弹出菜单中选择【重命名节】，如图 5-35 所示。

按同样的方法重复步骤（1）和（2），按照目录结构，对整个 PPT 进行分节。

（3）折叠或展开节：单击节旁边的小三角，可折叠或展开节，节名称旁边的数字表示该小节具有的幻灯片数量，如图 5-36 所示。

8. 结尾页（致谢页）

致谢页一般放置诸如感谢聆听、请提宝贵意见、重申演讲人、二维码等信息。有虎头就不要有蛇尾，选择合适的图片，做到与封面页和内容页首尾呼应。

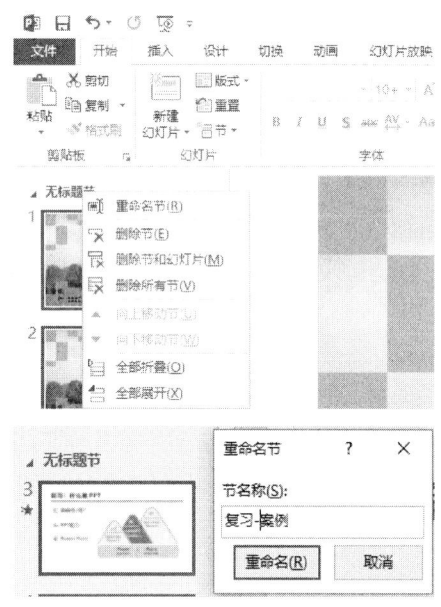

图 5-35 重命名节

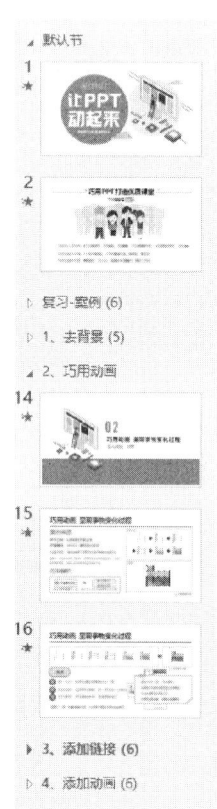

图 5-36 包含 4 小节的 PPT

5.5.4 统一排版和美化页面

我们在前面已经讲过排版和美化的相关内容,从整个演示文稿的角度出发,还应注意以下几点。

(1) 做到简洁美观。

(2) 一致性原则。采用相对一致的演示文稿模版和母版。模版定义了演示文稿内容的统一规范和样式,易于后期对 PPT 格式的统一修改和保持一致性。

(3) 流畅性原则。设置演示文稿的超链接和动作按钮、幻灯片切换、幻灯片动画效果等,使播放更流畅。

(4) 关注交流而不是装饰。剔除无用的噪点,让存在的元素有助于信息的传递和交流。

(5) 避免杂乱无序,像有强迫症一样,对齐,对齐,再对齐。这是对听众表示尊重的最基本的要求。

(6) 他山之石可以攻玉。美的熏陶也很重要,多看锐普、扑奔、无忧、般若黑洞、slideshare（全球最大的幻灯片共享网站）、TED Talk 等网站的精美案例，在潜移默化中提高 PPT 的设计和应用能力。

（7）关注演讲者的个人魅力展现。演讲者是实施形象化的主体，其肢体动作、语言表达等演讲艺术的应用对演示文稿的形象化有着更具个人魅力的影响。

5.5.5 设置动画

动画的作用主要体现在以下两点：一是通过动画的变化强调重点，引导观众的视线和思路，调动气氛；二是逐项显示，使内容的出现与演讲节奏同步，聚焦在当前的观点，逐层推进。

5.5.5.1 PPT 动画的类型

根据应用对象的不同，PPT 动画分为页面切换动画和页内动画两种。

1. 页面切换动画

页面切换动画用于幻灯片与幻灯片间转场的动画，通过动画的变化，使 PowerPoint 幻灯片转换时的画面生动起来，同时起到切割情景的作用。从动画的呈现效果上分，主要包括以下三大类型，如图 5-37 所示。

①细微型的切换动画：平面、简洁、柔和、自然，较多使用。

②华丽型的切换动画：立体、醒目、夸张，切换效果非常明显，但在整个演示过程中，如果有较多的幻灯片采用这类动画，会产生眼花缭乱的感觉。

③动态内容的切换动画：背景没有动画效果，不动；仅内容有动画效果；类似于页内动画的效果。

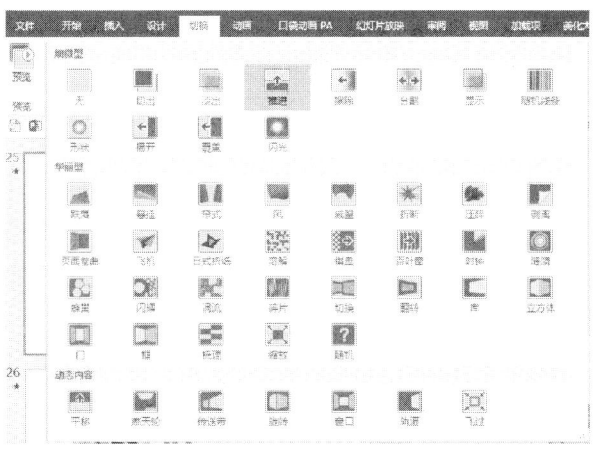

图 5-37 页面切换动画

2. 页内动画

页内动画亦称自定义动画，是针对幻灯片内对象的动画，即我们平常所讲的动画。按动画运动时间的不同，分为进入动画、强调动画、退出动画、路径动画4种。

（1）进入动画。进入动画是最基本的和应用最多的自定义动画效果，是让PPT页面里的对象（包括文本、图形、图片、组合及多媒体素材）从无到有、陆续出现的动画效果。

根据动画进入动作的夸张程度，进入动画分为四种：最常用的基本型动画，在动作过程中，对象所占版面大小、位置不会发生变化；细微型和温和型的动画效果适中；华丽型动画则动作较夸张，动画幅度较大，变形明显。

（2）强调动画。强调动画主要作用于对象的形状或颜色，通过放大、缩小、闪烁等动画，引起观众注意。

（3）退出动画。退出动画是进入动画的逆过程，即对象从有到无、陆续消失的动画过程。退出动画一般非常少用。当退出动画与下一张幻灯片的对象的进入动画一致时，可使画面之间连贯过渡，无接缝。

（4）路径动画。路径动画使对象按照绘制的路径运动，产生较炫的效果。

5.5.5.2 动画制作的注意事项

（1）重点内容，可适当夸张，但其他内容的动画要低调，否则导致PPT眼花缭乱，hold不住重点。适当的动画可以增强PPT的视觉吸引力，但过渡炫目的动画却容易喧宾夺主，让观众关注动画本身而忽略PPT要传达的信息，甚至产生烦厌的感觉。

（2）用什么类型的动画、速度、用多还是用少等均视乎PPT的用途而定，恰当就好。例如严肃的、快节奏的、正式的场合，则不需要修饰性动画，当一针见血，直奔内容；即便是必要的动画，也尽量加快节奏、干净利落。而婚礼庆典、年轻人的活动等则可多用动画。

（3）多种动画组合应用。例如一片羽毛随风飘扬的效果，除了要设置路径动画，还要加上陀螺旋的强调动画以产生翻转效果。

动画的设置是为了更好地表达内容和调动气氛，好的动画有助于把观众引导到演讲者希望听众关注的重点上，高效传递信息的原意，助力成功的演讲。

5.6 演示文稿的放映

5.6.1 排练计时

1. 排练计时的应用方法

排练计时对于重要的演示必不可少。通过多次演练，掌握好每页幻灯片大概需要的播放时间，检查和修改PPT，直到在规定时间内能流利阐述完PPT

内容。

（1）打开需要设置排练计时的演示文稿，单击菜单【幻灯片放映】→【排练计时】，进入全屏 PPT 播放窗口。

（2）与平常播放窗口不同，屏幕左上方多了一个【录制】对话框，自动记录每页幻灯片播放的时间和总放映时间，演讲者可以根据演讲允许的时间与排练计时所记录的试讲过程中实际花费的时间等，调整每一页幻灯片和整个 PPT 的演讲节奏。

【录制】对话框上的按钮从左到右分别是下一项、暂停/开始录制、当前页的播放时间（计时）、当前页时间复位按钮、PPT 的总播放时间（计时），如图 5-38 所示。

图 5-38　【录制】对话框

（3）排练计时结束后应否记录下排练计时的时间？

排练计时结束后，自动弹出问问窗口，如图 5-39 所示。

图 5-39　设置是否保留新的幻灯片计时

如果选择【是】，则保留新的幻灯片计时。这时，PPT 在以下两方面，有重要变化：

①PPT 的外观会有变化，体现在浏览视图中，每页幻灯片的右下角显示该幻灯片排练计时的时间；

②播放 PPT 时，将按排练计时的时间进行幻灯片切换。

一般来讲，平常幻灯片放映，我们都是单击鼠标左键或按回车键，播放下一页幻灯片，即手动换片。但其实【放映方式】默认的【换片方式】是【如果存在排练时间，则使用它】，如图 5-40 所示。

也就是说，如果选择保留排练计时的时间，播放 PPT 时，系统将根据排练计时所设置的换片时间，自动进行幻灯片切换。如果某一页，演讲时间比原来的短，没有问题，手动换页的时间优先；但是，如果演讲时间比原来长一些就不行了，幻灯片已经自动切换到下一页了。因此，若不想在演讲过程中采用排练计时的时间，应不保留新的幻灯片计到下一页时，或把换片方式设为手动。

图 5-40　设置幻灯片放映方式的换片方式

2. 错误地应用排练计时的情景

• 场景一

个别演讲者担心自己的演讲时间控制不好，演讲时采用排练时间播放幻灯片。但在讲到某页幻灯时，看到听众目光茫然，露出不太理解的神情，临时添加了解释的内容，正讲着，页面按照原来的设定自动翻到下一页，影响演讲的效果，打乱后面的节奏。

• 场景二

某演讲者在演讲前利用【排练计时】做了最后一次排练，但结束后，在是否保留新的幻灯片计时的提示框中不小心选择了【是】，而且没有把【换片方式】设置回【手动】，结果演讲时跟不上幻灯片的节奏，一紧张，忘记出错原因，在一片的忙乱中，只好跟听众解释说 PPT 出问题了。好在台下的助手猜想到当中的原因，赶紧上台把菜单【幻灯片放映】→【使用计时】选项的方框取消□ 使用计时（效果与换片方式切换到【手动】相同）。幸亏演讲才开始了几页，没有搞砸演讲。

因此，关于记录下排练计时的时间这一操作，应用情景非常少，因为其目的主要是用于排练，并不是用于实际的演讲。实际演讲时要根据现场的反应做出灵活的调整，难以严格地匹配排练计时的时间。

5.6.2 演示者视图放映模式

1. 备注页上要放什么

判断一个人是否具有较好的 PPT 能力和演讲能力的其中一个标准，就是看他/她所用的 PPT 的备注页中，是否有丰富的信息。

扫一扫，观看"备注页的使用"

备注页的作用非常大，但遗憾的是，很多人都没有用好备注页。

看完以下的备注页常用情景后，希望大家能用好备注页，提升演讲能力。

（1）把演讲该幻灯片时需要说的话，写在备注页中，这点对于新手很重要。

（2）把结构化幻灯片时，多余的且不需要保留在幻灯片上的文字，存放在备注页中。

（3）把平常看到的、突然想到的关于该幻灯片的信息，写在备注页中。

其实，看到这里，大家心里就明白了，正如其名，备注页就是放备注的，放该幻灯片的素材等文字材料。

2. 备注页的用法

（1）演讲前，浏览一下备注页的内容，重温要讲的内容。

（2）打印为【备注页】模式，每张幻灯片及其备注占一页纸，作为演讲时自己使用的讲义。

（3）利用演示者视图放映模式，备注页的内容显示在演讲者电脑的屏幕上，作为提词稿，使演讲更流利。这是最常用的方法。

3. 演示者视图放映模式的设置

虽然演讲者对自己的演讲内容基本上都比较熟悉，但碰上重大场合或演讲新的、不是特别熟悉的内容时，会有所忧虑，担心遗漏一些重要的问题或讲述时不够流利。这也是有些演讲者不愿意把内容结构化的主要顾忌之一，宁愿放上大段文字并照念之。这种情况下，就应该采用演示者视图，步骤如下。

（1）在幻灯片下方的备注页写上需要备注和提示的内容，如对概念的进一步解释、对事件的记录、特别的提示语等。备注页的内容除了可以在备注播放模式中提示演讲者，还起到积累资源的作用，有助于演讲者记录与该幻灯片主题相关的资源。

（2）确保播放演示文稿的计算机已经连接了已经正常运转的投影仪。

（3）在菜单【幻灯片放映】→【使用演示者视图】选项上打勾

☑ 使用演示者视图。

设置完毕后，PPT 不会有任何的变化，仅在放映幻灯片时才出现效果。

4. 演示者视图放映模式的界面

一旦计算机连接了投影仪等外部显示器，并播放经过设置后的演示文稿，演讲者的计算机屏幕上不再是全屏的 PPT，而是演示者视图。不同的操作系统所显示内容有所不同，但基本结构如图 5-41 所示，主要包括以下六大部分。

（1）当前播放的幻灯片的全屏画面。该画面与投影仪等外部显示器上显示的内容一致，也是听众所看到的内容。

（2）显示正在播放的幻灯片的备注页的内容。该界面作为演讲者的提词器。

（3）该幻灯片的下一页幻灯片的缩略图。该界面显示正在播放的幻灯片的下一页幻灯片。

（4）显示演讲时间。该界面有利于演讲者控制演讲时间。

（5）用于控制演示文稿播放的按钮。

（6）显示当前播放的幻灯序号以及全部幻灯片的数量等。

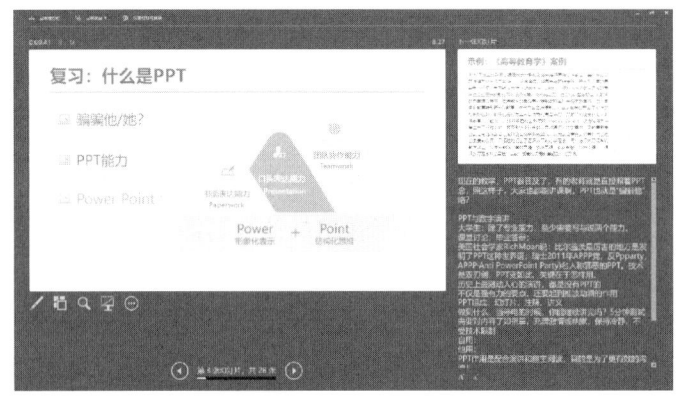

图 5-41　设置成功后在播放演示文稿的计算机上呈现的界面效果

5.6.3　创建自定义幻灯片放映

做好一个 PPT 后，通常会基于此 PPT 进行多个场合的应用，不断迭代和优化。有些人会针对不同的应用场景，制作多个版本，但一旦某些页需要修改时，就需要逐一替换所有版本的 PPT；另外，版本控制也费时费力，容易出错。因此，比较恰当的做法是只做一个 PPT，针对不同的应用场合，产生不同版本的放映顺序，以不变应万变。方法如下：

扫一扫，观看"自定义幻灯片放映的创建方法"

（1）单击菜单【幻灯片放映】→【自定义幻灯片放映】→【自定义放映】；

(2) 在弹出窗口中,单击【新建】按钮,新建一个自定义的放映顺序;

(3) 在弹出窗口中,在左侧【在演示文稿中的幻灯片】窗口中选择需要放映的幻灯片,单击【添加】,添加到右侧【在自定义放映中的幻灯片】中,如图 5 - 42 所示;

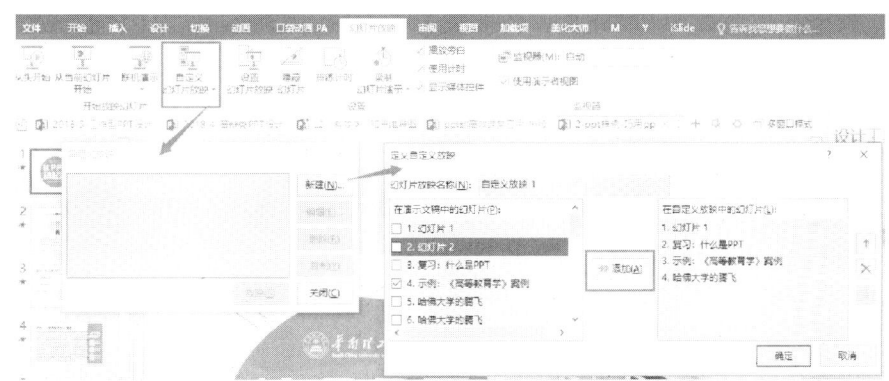

图 5 - 42　创建自定义幻灯片放映

(4) 右侧窗口的标题顺序就是幻灯片播放的顺序,最右侧的向上和向下箭头用于调整已选中的某个幻灯片的播放顺序;

(5) 根据应用场合以及演讲时间等信息,为该幻灯片放映设置一个容易记忆和管理的名称;

(6) 设置好【自定义放映】后,在菜单【幻灯片放映】→【自定义幻灯片放映】中选择某一个已经定义好的放映名称,即可播放自定义放映。

5.6.4　录制幻灯片演示

【录制幻灯片演示】功能在【幻灯片放映】菜单栏上,主要用于录制 PPT,制作展场或网站上由受众自己播放的展示类 PPT,形成像宣传片的效果。录制演示时,可以添加旁白配音。录制完毕后,通过菜单【文件】→【导出】→【创建视频】,输出为视频格式。

5.6.5　联机演示幻灯片

【幻灯片放映】→【联机演示】功能的主要目的在于通过互联网向听众演示 PPT。开启联机演示的【连接】功能时,要求演讲者输入 Windows Live 的账号和密码进行登录;登录后,PowerPoint 生成一个链接地址,发送给需要远程观看的听众;收到该链接的听众,登录 Windows Live 后,通过 Web 浏览器打开地址;演讲者单击【启动演示文稿】按钮开始播放,听众同步看到演讲者播放的 PPT。

5.6.6 演示文稿制作的常见问题及注意事项

1. 演示文稿制作的常见问题及解决方法

(1) 内容、表达、结构等方面的问题。

内容乏味，文字太多，缺少逻辑，结构杂乱。

解决方法：尝试把演讲主题凝练成一句能让人记住的话；用目录或过渡页、页码、标题等建立起逻辑结构，对每张幻灯片的内容进一步结构化；保证重点突出，语言恰当，内在逻辑关系合理。

PPT与写文章类似，合理的整体布局可以更好地把内容逐层解剖和推进。

(2) 细节问题。

链接出错，有错别字，视音频播放出错。

解决方法：多检查是硬道理，除了自查外，请人检查比自己检查更容易发现错误问题；把视音频嵌入到PPT中，或利用格式工厂等视音频转换工具，把视音频转换为主流的视音频格式，保证常规播放器可以播放；检查外部链接和超链接跳转及返回的顺畅性；字体最好嵌入到PPT或使用PPT内置字体，以免更换计算机播放时出现排版混乱。

(3) 演讲问题。

紧张，卡壳，对演讲场地和设备不熟悉，演讲过程不够流畅。

解决方法：利用排练计时反复演练直至对内容娴熟；检查演示设备、投影设备、PPT clicker等沟通设备、音响设备、控制设备、照明设备、摄像设备、辅助设备等场地硬件设备；熟悉演示快捷键和绘图笔等PPT播放状态下的辅助工具。

(4) 照屏宣科。

即演讲时对着自己计算机的显示器或者是投影仪的大屏幕，甚至照念内容，缺少与观众的交互。

解决方法：如果原因是对内容不熟悉，则通过排练计时反复排练，做到心中有数，并把相应的解说放在备注中，利用演示者视图放映模式，演讲时适当瞄一瞄，提醒自己；如果已经熟悉内容，是个人演讲习惯问题，可以多看看TED Talk的演讲，对着镜子，尝试模仿，多练习，逐步提高演讲水平。

2. 注意事项

(1) 要时常换位思考，站在听众的角度去思考和设计PPT。想想听众希望从中获得什么，你希望传递什么信息，观众能否从PPT和演讲中理解进而接受你想传递的信息；设计自问自答的问题，可以有效地帮助我们剖析自己和听众，使PPT更容易理解和更具吸引力。

(2) 掌握常见的播放快捷键，让演讲更流畅和更显专业。演讲过程中，按下【W】键，屏幕变为白色，或按下【B】键，屏幕变为黑色，让观众思考。

播放幻灯片时，在播放状态的屏幕左下角有一个笔形的按钮，单击后会弹出菜单，在菜单中可以选择箭头、笔、荧光笔等笔的形状，设置墨迹颜色。这时，鼠标变成笔形，可以在屏幕上涂画或者写字，但要注意把握好笔，不要画得太难看。按下【E】键可以快速清除墨迹。

（3）激光翻页器几乎是 PPT 演讲的标配。从几十元到上千元不等，当然价格越高，功能则越强大。有些翻页笔与软件或 APP 结合，具备控制该软件的功能。

罗技的 Spotlight 等翻页笔堪称演讲神器，具有以下功能：

①放大局部画面，对于展示细节或计算机软件的菜单等很有帮助，如图 5-43（a）所示；

②高亮局部，突出重点，如图 5-43（b）所示；

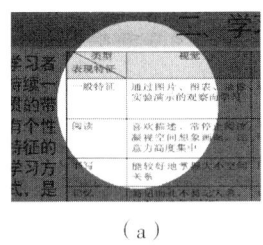 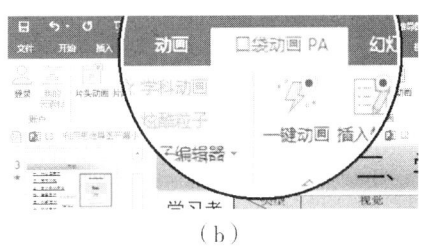

（a） （b）

图 5-43 利用 Spotlight 翻页笔高亮和放大局部

③设置演讲提醒时间，时间一到，翻页笔震动，提示演讲者注意时间；

④具备鼠标功能，移动到按钮或链接等交互区域，按下翻页笔的播放按钮实现跳转。

使用翻页笔前，注意检查电量是否充足，在演讲场地中检查与 USB 接收器的有效接收距离。

如果没有翻页笔，可以在计算机上安装"PPT 遥控器"等软件，如图 5-44 所示，用手机微信扫一扫，让手机变成了 PPT 遥控器。

图 5-44 结合计算机软件，利用手机遥控 PPT 的播放

5.7 PPT 的应用

互联网、移动互联网、自媒体的盛行，让各种演讲可以在网络上得到更广泛地传播，演讲变得越来越普遍。TED 等组织的演讲，引领着演讲潮流。不断证明，设计精良的演讲不仅能更好地传递信息，还可以在情绪上打动听众，会让听众从心里接受。要做好一个演讲，至少需要考虑以下三个方面。

（1）内容上，形成结构化思维，提炼重点，架构清晰的逻辑。

（2）形式上，具有形象化展示，有设计创意，尽量做到四"目"标准，即让听众过目不忘、耳目一新、赏心悦目和一目了然。形象突出的 PPT 有助于加强主题的渲染，整洁美观的 PPT 给人专业和认真的感觉，让人感受到演讲者对听众的尊重和诚意。

以上这两方面，我们在前面已经做了较多篇幅的阐述。

（3）应用上，演讲者与 PPT 完美结合，灵活掌控演讲节奏，达到传递信息和说服的目的。很多演讲高手就像讲故事一样演讲，把 PPT 变成演讲情节串联板，配合根据内容精心设计的段子，反复排练，形成强大的气场，引导观众走进 PPT 叙述的故事中。过度依赖 PPT，会让听众觉得烦闷，只有记住演讲内容，才不会把 PPT 变成提词器。

简单概括起来，就是选好主题，讲好故事，写好方案，做好设计，理好细节，当好演员。

5.7.1 乔布斯演讲的六大特点

史蒂夫·乔布斯是商业领域中最杰出的演说家之一，语言表达清晰，内容紧扣主题，引领演说潮流。为什么乔布斯的演讲有如此大的魅力，以下六点是比较关键的。

（1）换位思考，用户思维至上。无论是演讲还是做产品，乔布斯在对客户需求的推测上可谓做到了极致：能从受众的角度出发，思考受众心里可能想要的东西，甚至是挖掘受众可能自己都不知道自己想要的东西。

（2）把要表达的思想、希望达到的效果等，写成文字进行分析。

（3）文不如表，表不如图。PPT 尽量少文字、多图片。用最简单的话道出观点，高度凝练概括出能反映结论性、实质性的内容。

（4）"一分为三"的演讲习惯。即每次演讲不超过三个部分。PPT 属于线性传播，内容不可逆，因此，要求 PPT 的逻辑性非常清晰，要点尽量简明。

（5）会讲故事。乔布斯是个讲故事的高手，幽默，不刻板。

（6）注重肢体语言。TED 大会管理者 Chris Anderson 曾指出肢体语言的重要性："（通过演说）被传递的不仅仅是演说者的讲话，那些具有神奇魔力的正是非语言的部分，它们隐藏在演说者的肢体动作、讲话节奏、面部表情、目光交流之中。"乔布斯很注意与观众的互动，很少面对屏幕和背对听众讲话，控场能力非常强。即便是走动，也是有目的性和技巧的。有时是停着讲述一个观点，然后慢慢地走到另一边，再停下来讲述另一个观点。适当的走动可以关注到不同位置的观众，更有亲和力。

5.7.2 保护隐私的笔记本电脑与投影仪的连接模式：扩展模式

1. 笔记本电脑与投影仪的连接模式

以 Windows10 操作系统为例，当笔记本电脑连接投影仪后，按下【win】+【P】组合快捷键，即可打开笔记本电脑与投影仪连接模式的切换菜单，如图5-45所示。以下是四种常用的连接模式。

（1）仅计算机：仅显示在计算机屏幕上，不显示在投影仪上。

（2）仅投影仪：仅显示在投影仪上，不显示在计算机屏幕上。

（3）复制：投影仪和计算机屏幕上的显示内容相同。

（4）扩展：用于保护隐私及商业机密的连接模式。

笔记本电脑投影时有可能会出现泄露隐私的场景，我们来看看投影时经常出现的场景。

①投影过程中，需要打开某个文件，在寻找过程中，其电脑的桌面文件、程序、计算机的文件系统等信息一览无余，泄露个人信息。

②某具有资深工作经验的应聘者应聘某工作岗位，演讲过程让面试官甚感满意，但 PPT 演示结束后，显示出了混乱的桌面及文档，面试官觉得此人不具备基本信息素养能力，结果，与工作失之交臂。

③投影过程中，部分没有关闭推荐的程序，推送用户曾经浏览或关注的信息、购买过的产品等。通常，单位配的笔记本电脑不允许用于个人用途，但由于人们越来越依赖网购，并且闲时也会上网浏

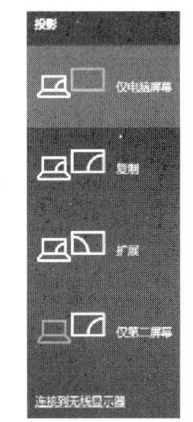

图 5-45 笔记本电脑与投影仪的连接模式

览自己感兴趣的网站和内容，一些与用户习惯相关的信息也就被记录在公用的笔记本电脑上。因为连接了投影仪，在听众面前暴露了个人隐私和不良的办公行为。

利用扩展模式就可以避免投影过程中带来的这些尴尬场面。

2. 扩展模式的应用

扩展模式类似于计算机的双显示器功能，想象计算机屏幕和投影仪屏幕是连接计算机的两个屏幕。电脑桌面延伸至投影，投影所显示的延伸桌面上没有桌面图标和任务栏快捷图标，只有空白的桌面，把需要投影的内容向右拖动至

投影屏幕显示，两个屏幕的内容互不干扰，其设置方法如下。

（1）计算机连接投影仪后，默认的播放模式就是扩展模式，这时，投影仪上仅出现没有桌面图标和任务栏快捷图标的空白桌面。如果不是扩展模式，则按下【win】+【P】组合快捷键进行切换。

（2）打开需要投影的内容，可以是 PPT，或是 Word 文档、网页、程序等。

（3）鼠标按住需要投影的内容的窗口标题栏，往屏幕外拖动，即可放到扩展屏幕（即投影屏幕）上。这时，可以自由操作本机桌面，不受影响，保护隐私。

3. 应用扩展模式播放 PPT 时应注意的问题

常见问题：扩展模式固然好，但用于播放 PPT 时，会出现小问题，例如在 PPT 中以超链接方式打开的、或关闭 PPT 后直接用播放器及相关联的程序播放的视频和文档等外部文件，都只显示在电脑屏幕上，而无法显示在投影仪上。

主要原因：大部分软件默认在主显示器显示。在传统的放映模式下，投影屏幕和电脑显示器同步显示，不存在以上问题。但采用扩展模式播放 PPT 时，电脑的显示屏幕自动切换为双显示器系统，投影仪默认为副显示器，部分内容也就无法显示。

解决办法：把显示器的程序窗口拖到投影仪窗口，即把投影仪屏幕作为主显示器；或在放映模式中选择"复制"，即取消"扩展"模式，让电脑的屏幕直接复制到投影仪屏幕上。

因此，如果 PPT 中的外部链接文件的容量不是很大，建议把视频等外部文件嵌入到 PPT 中，便于应用扩展模式。

5.7.3 利用小测试保障 PPT 应用效果

就像多媒体被戏称为"倒霉体"一样，随着 PowerPoint 的广泛应用，甚至滥用，以及演讲者对它的过度依赖，人们根据其名称 PPT，戏称 PowerPoint 为"骗骗他/她（Pian Pian Ta）"。即把演示文稿当成提稿词，一旦出现停电等无法播放演示文稿的情况，演讲者脱离演示文稿后，甚至不清楚该如何进行演讲；或是把配合 PPT 的演讲词背熟或复制他人的内容，但实际上，并不太理解内容的深入含义。

因此，演讲前，除了使用常用的"排练计时"预演，还可以做以下两个小测试。

1. 五分钟测试或电梯测试

五分钟测试的典型场景是演讲者做了一个项目报告，正准备跟投资者汇报，投资者突然有要事离开，从办公室到电梯到上车，仅有五分钟时间，在这个时间内，需要演讲者把握仅有的机会，把项目报告说清楚。实际上就要求演讲者对演讲的内容，特别是系统架构和关键点胸有成竹（可以借助于思维导图来实现)。

电梯测试是麦肯锡公司检验其陈述咨询报告的方法之一,要求的时间更短,在乘电梯的 30 秒到两分钟的时间内向客户清晰准确地解释解决方案。

2. 断电测试

断电测试是假设在演讲过程中,出现断电、投影仪或计算机故障、演讲者的演示文稿受损无法打开等意外时,在没有演示文稿的情况下,如何让演讲继续。

经过模拟和测试,让自己的思路和条理更清晰,内容更紧凑,做到胸有成竹。

5.7.4 PowerPoint 的输出

通过 PowerPoint 的菜单【文件】→【导出】,可以把演示文稿输出为以下常用格式。

(1)保存为 PDF:把演示文稿保存为不受操作系统和播放程序影响的 PDF/XPS 文档。

(2)保存为视频:把演示文稿及【录制旁白】所录制的声音一同输出为 AVI、WMV 等视频格式;或设置放映每张幻灯片的时间,创建为视频,如图 5-46 所示。如 PPT 中没有动画,每页大约停留 5 秒;若有动画,动画播放时长就是该页时长。

如 PPT 已录制了排练计时,则按排练计时换页。

图 5-46 把 PPT 输出为视频文件

(3)保存为图片 PPT:单击菜单【文件】→【另存为】→【PowerPoint 图片演示文稿 pptx】,每页幻灯片以图片的形式被保存。采用这种输出形式,可以保证 PPT 不能被编辑,同时,听众仍可以利用 PPT 的备注,写下感想。

5.8 从此我和他的PPT之间只隔了一个"美化大师"

有个段子是这么说的：我穿越了大半个网络，寻遍了百度，搜遍了谷歌，访遍了大神，只为了求一模版，要么付费，要么没版权，要么不让改；自从有了美化大师，从此我和他的PPT之间只隔了一个美化大师。

扫一扫，观看"美化大师的使用"

美化大师是金山公司出品的一款软件，支持 2003（仅提供部分功能）、2007、2010、2013 以及 2016 等版本的 PowerPoint，虽于 2018 年 7 月停止服务，但仍然可以使用，其部分功能同步融合于同一公司的 PowerPoint 插件"口袋动画 PA"中。

美化大师的安装与普通软件相同，注意安装过程中可能有捆绑软件，需谨慎勾选。安装完成后，嵌套在 PowerPoint 中，以选项卡菜单的形式存在，只有打开 PowerPoint 才能使用，其界面如图 5-47 所示。正如美化大师官方网站（http://meihua.docer.com）首页所写的："PPT 美化大师让制作专业精美的 PPT 变得简单"，美化大师操作简易，运行快速，可以大大提高 PPT 的制作效率和质量。

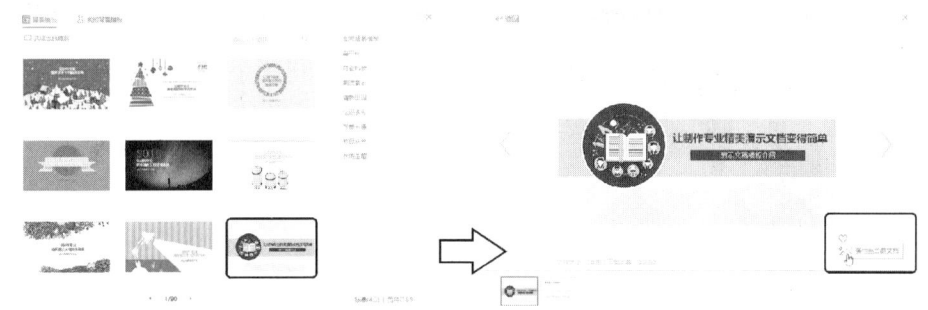

图 5-47　PPT 美化大师功能界面

需要特别注意的是，美化大师的许多功能只对模版版式所预置的文本框的文字有效，因此，应用美化大师美化之前，要用 PPT 模版规范 PPT 的格式。例如，文本最好不要放在绘制的文本框中，应放在某个版式的文本占位符中。这是不是又让应用模版制作 PPT 多了个理由呢？

下面，我们按照选项的顺序介绍美化大师的使用。

1. 账户

单击【登录】，可在线注册 WPS Office 账户或登录，登录后可收藏喜欢的模版、图片或形状，利用美化大师的云同步功能，在其他终端登录后可以在【我的收藏】中查看并调用。

2. 美化

(1) 更换背景：单击后，在弹出的【背景模版】窗口中选择模版，为当前 PPT 更换模版，如图 5-48 所示。

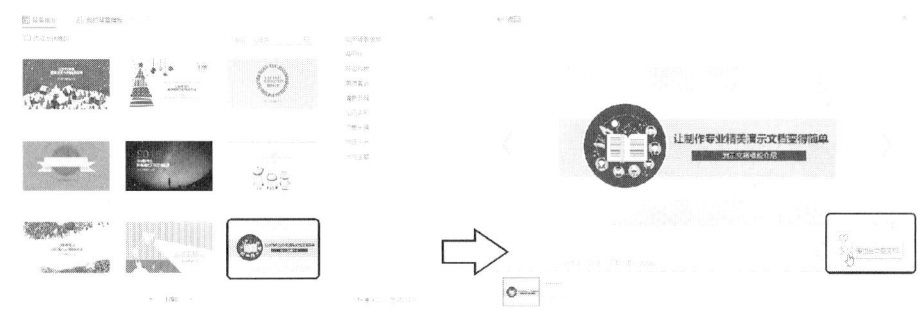

图 5-48　更换背景功能：挑选模版并应用

(2) 魔法换装：美化大师自动对当前 PPT 随机配置模版，如图 5-49 所示。若对模版不满意，可再次换装。每次更改换装都是随机的，软件不会对已经使用过的模版进行自动保存，如果想保留多个模版方便后续选择，则需要保存副本。

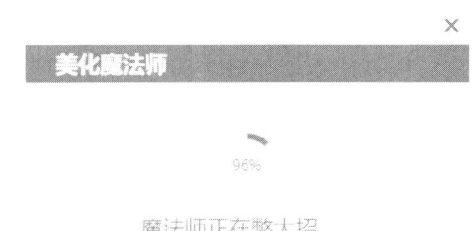

图 5-49　正在【魔法换装】提示窗

(3) 魔法图示：与【魔法换装】类似，选中需要应用图示（美化大师中的专用词，指利用美化大师的图库形象化幻灯片的内容）的幻灯片，单击该按钮，美化大师会对当前选中内容自动添加图示，并以新的一页幻灯片插入到当前页后面。需要注意的是，该功能只支持标题+正文（有内容）版式或者美化大师生成的图示内容，同样，每次生成的图示软件都没有自动保存，如有需要，应手动保存到本地。

第 (2)(3) 种方法是采用随机的方式制作，效果经常不尽如人意，但在没有思路的情况下，或许能带来一些灵感。

3. 在线素材

(1) 范文：提供海量模版，用户可按类别选择喜欢的模版，也可搜索关键词查找。单击需要的模版，可以大图查看该模版所包含的每页幻灯片，单击窗口右下角的【打开】按钮可下载该模版，如图 5 - 50 所示，所有模版均可编辑修改。

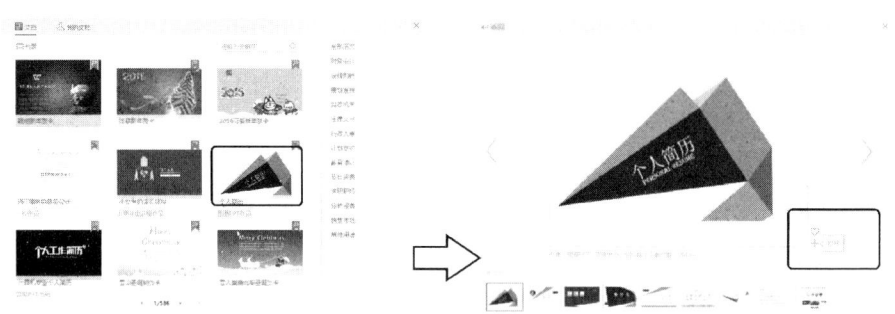

图 5 - 50　"范文"功能演示

（2）图片：提供海量图片素材，使用方法与【范文】相似。

（3）形状：提供海量的矢量形状，使用方法与【图片】相似。

（4）在线动画：打开【口袋动画】。口袋动画是金山公司专门制作 PPT 动画的软件，功能强大，使用简单。

4. 新建

（1）新建文档：从模版新建文档，或者新建空白文档。缩略图左上角标识有货币符号【¥】的模版，属于收费模版。

（2）幻灯片：提供大量的 PPT 图示模版，包括目录、章节过渡页、图示、结束页等类别。使用者可以在右边的导航区域中选择数量或者颜色，或在搜索框中用关键词查找，筛选模版，如图 5 - 51 所示。使用方法与【更换背景】相似，单击喜欢的图示模版的缩略图，弹出大图查看窗口，单击右下角的【插入（自动变色）】（将使用与所插入幻灯片的模版配色方案一致的颜色搭配）或【插入（保留原色）】（将使用现有的颜色搭配），如图 5 - 52 所示，图示将插入到当前 PPT 页面的下一页。

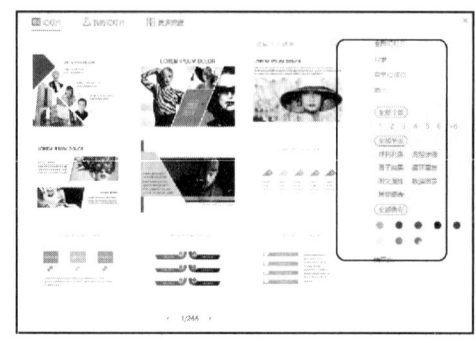

图 5 - 51　【幻灯片】窗口的目录、章节过渡页、图示、结束页

图 5-52　【幻灯片】两种插入选择

(3) 目录：打开【PPT 目录】的编辑窗口，单击【目录】按钮，在弹出的左边模版区域中选择一个合适的模版，在右边的编辑区逐行输入目录，目录的顺序可用右边的按钮拖动调整，单击左边的删除按钮删除目录项，单击右边或下面的小加号【+】，增加目录项，如图 5-53 所示。

完成内容编辑后，在界面下方选择【创建章节页】，选择章节页的表现方式及目录配色方式，最后单击【完成】，目录及章节页作为 PPT 第二页插入。其中，选择【列表突出】，则列出章节页的每一点，但凸显当前点弱化其他点（是否觉得似曾相识？记不记得 5.5.3 学过的过渡页制作？）；选择【单点独立】，章节页只列出当前一点（类似于目录页）。

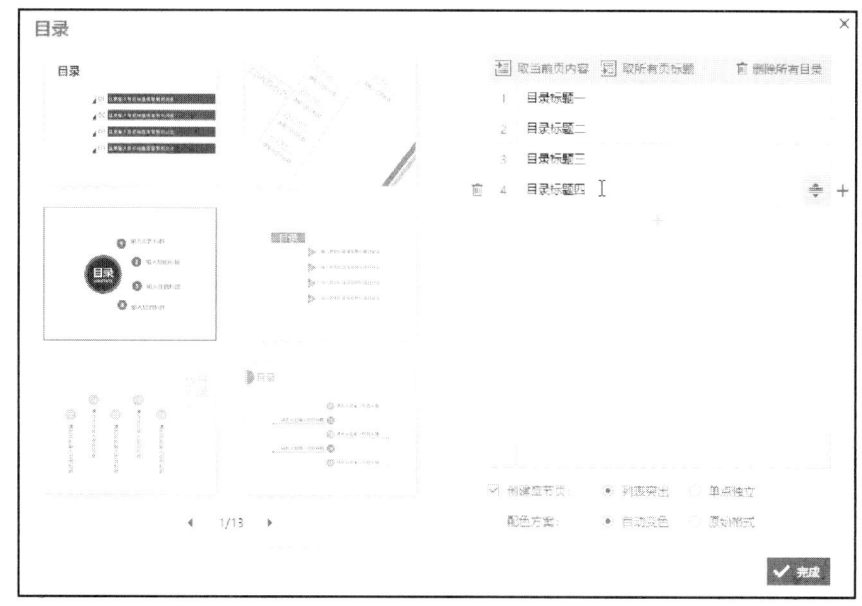

图 5-53　【目录】编辑窗口

(4) 内容规划：打开【规划 PPT 内容】编辑窗口，帮助使用者快速创建 PPT 大纲。输入一级、二级、三级标题，在左下角选择 PPT 风格，美化大师将自动创建一个包含目录、章节页及主体内容的 PPT。单击 🗑 或【+】，可删除或增加标题，如图 5-54 所示。

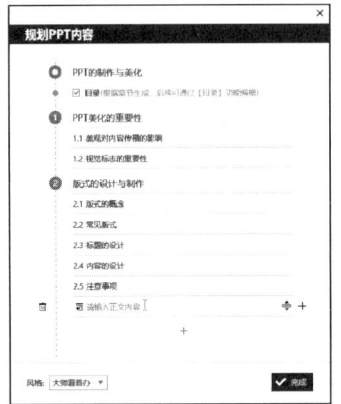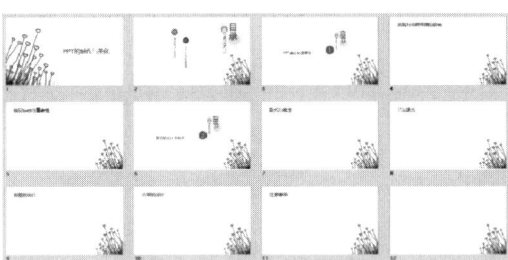

图 5-54 【规划 PPT 内容】的编辑窗口及所生成的 PPT

(5) 画册：打开【画册】编辑窗口，帮助使用者快速做出照片拼图效果的 PPT 页面。

在【画册】窗口中，通过右边分类导航查找画册模版，或者搜索关键词找到需要的拼图方式，单击缩略图进入编辑界面，如图 5-55 所示。先在窗口最下面选择一个照片排版样式，再单击右边的【+】号，添加或更换照片，照片的横竖版式最好与预览图中模版的版式相同。添加过的照片的右上角会多出【x】，用于删除照片。窗口右边的数字对应左边预览图中的数字。添加完毕，单击【完成并插入 PPT】按钮，即可生成一页与预览图形式一样的幻灯片插入到当前 PPT 中。

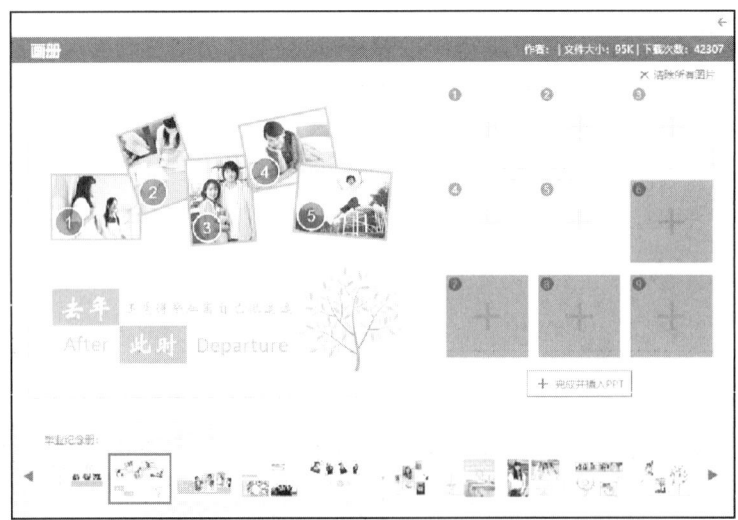

图 5-55 【画册】编辑界面

插入后的图片,可能会出现一些问题,需选中图片后调整【填充】属性的参数。例如:出现照片循环平铺时,需取消勾选【将图片平铺为纹理】;如照片出现的区域不是理想区域,则需要调整【偏移量】;若希望照片与形状一起旋转,需勾选【与形状一起旋转】。

5. 工具

(1) 替换字体:可以批量设置字体统一为某种字体,设置字体大小和基本样式;替换字体的对象可以指定为标题、正文框、形状、文本框和表格五种,如图 5-56 所示,功能非常强大。

图 5-56　【替换字体】设置窗口

(2) 设置行距:批量设置 PPT 中文本的行距和段距。

(3) 批量删除:分享 PPT 之前,为了便于受众观看,一般都会利用该功能提供批量删除动画、切换页动画以及备注的功能。使用方法:先选择需要删除动画、切换页动画或备注的页面,可以多选,然后单击【批量删除】按钮,在旁边滑出的菜单中选择需要删除的项目,接着选择删除范围,可以删除当前页、选中页或者全部幻灯片,删除完成,会弹出告知对话框。

(4) 导出:提供多种导出功能。

①多页拼图:将所选幻灯片导出到一张拼图 jpg 图片中,方便查看或打印。可选择【竖排一列】或者【竖排两列】。

②全图 PPT:生成一个每页内容保存为图片的新 PPT。

③导出图片:将全部或选中的幻灯片导出为一个个单独的 png 格式图片文件。

④导出视频:与 5.6.4 的视频输出功能类似。

⑤只读:将当前 PPT 另存为一个不可编辑的 PPT 版本。

6. 资源广场

资源广场提供了大量的 PPT、Word、Excel 模版,使用者可以很方便的查找、查看和下载使用。

7. 其他

（1）设置：设置侧边栏（不支持高版本的PowerPoint）、浮动框、文档标签以及新建幻灯片窗口是否显示在界面上。

①浮动框是最常用的，当选中文本、形状、图片等多个对象时，会自动出现所选对象的编辑功能浮动窗，如图5-57所示，帮助提高工作效率。

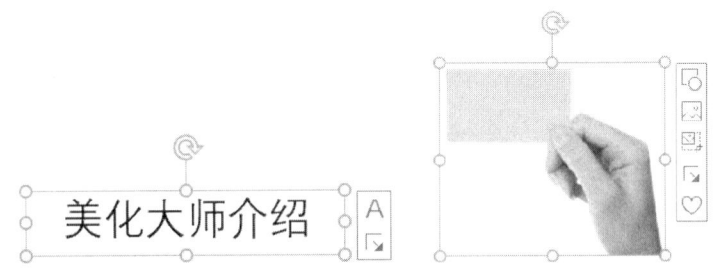

图5-57　选中文本、形状、图片后出现【浮动框】

选中多个对象时，自动出现对齐和分布浮动框，如图5-58所示，可以设置对象的对齐和分布等排列形式。

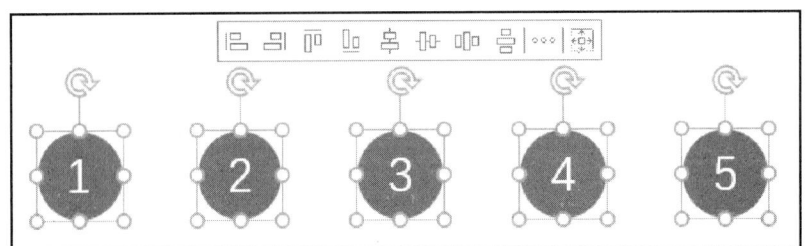

图5-58　选中多个对象后出现对齐及分布按钮

②文档标签也是很有用的功能，把所有打开的PPT以标签卡片的形式，置于幻灯片编辑区域的上方，如图5-59所示，方便文档间切换，节省任务栏的空间。

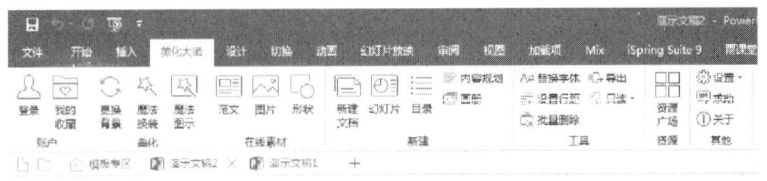

图5-59　文档标签

③新建幻灯片：单击编辑视图的左边缩略图区域最下边的【+】按钮。在

弹出的模板对话框中,选择喜欢的模板,如图 5-60 所示,用于快速新建一页套用模板的幻灯片。

图 5-60　新建幻灯片

(2) 求助:打开美化大师官网中的【常见问题】网页,提供一些常见问题的解决方法。

(3) 关于:显示美化大师的简介及版本号。

5.9　其他制作 PPT 的必备插件

与美化大师类似的 PPT 插件还包括以下几种,堪称制作 PPT 的必备插件。

1. OneKeyTools

OneKeyTools 简称 OK 插件,是名为"只为设计"的开发者开发的 PowerPoint 和 WPS 演示的第三方插件,该插件属于开源软件,免费且源代码公开。登录其官网 oktools.xyz 可以下载软件和一系列制作精良的视频与图文教程。安装后,在 PowerPoint 菜单栏上形成【OneKey Lite】选项卡,如图 5-61 所示。

图 5-61　OK 插件

2. Office Mix

Office Mix 是微软推出的插件,比 PowerPoint 自带的【录制幻灯片演示】功能强大很多,可以录制音频、视频和手写笔迹,并在录制的视频中插入投票、测试题等互动内容,创建在线课程等。Office Mix 界面如图 5-62 所示。单击【Mix】选项卡的第 1 个选项【Slide Recording Record】,即可进入录制界面。

图 5-62　Office Mix 的界面

3. iSlide

iSlide 具有非常丰富的主题库、图标库和图片库,设计排版功能强大,但部分资源收费。在其官网(https://www.islide.cc/)上号称"即便您不懂设计,也能简单、高效的创建各类专业 PPT 演示文档",与美化大师一样,都是常用的插件,软件界面如图 5-63 所示。

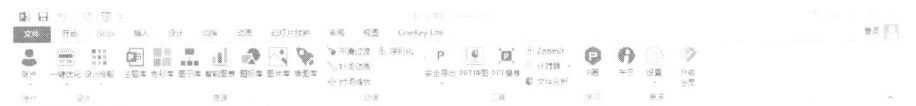

图 5-63　iSlide 的界面

4. 口袋动画 PA

口袋动画 PA 是金山旗下软件,可以简化 PPT 动画设计过程,增强 PPT 动画功能,部分资源收费,软件界面如图 5-64 所示。

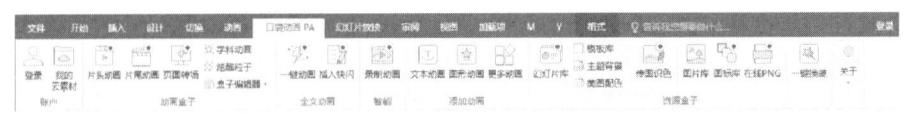

图 5-64　口袋动画 PA 的界面

讲了这么多 PPT 的好话,但 PPT 不是万能的,详尽的 Word 文档可能比炫目的 PPT 更能还原事实,Excel、水晶易表等数据分析软件可以比 PPT 更好地分析和形象化数据,思维导图可以更好地让思维过程可视化。

Daniel Pink 在其畅销书《全新思维》中指出,设计(design)、讲故事(story)、整合(symphony)、移情(empathy)、幽默(play)和探寻意义(meaning)这六大感知力(右半脑驱使的六大能力)是成功人士的必备。一个优秀的 PPT 需要并体现着这六种能力的运用。一个好的 PPT 需要持续不断地优化，日积月累，才能形成经典。一个好的PPT不但能起到提示的作用，更重要的是帮助故事的讲述和好的演讲的达成，把我们的知识更好地创造性表达和分享。

【参考文献】

[1] 秋叶. 和秋叶一起学PPT [M]. 3版. 北京：人民邮电出版社，2017.
[2] 邵云蛟. PPT设计思维：教你又好又快搞定幻灯片（全彩）[M]. 北京：电子工业出版社，2016.
[3] 秋叶. 和秋叶一起学Word Excel PPT [M]. 北京：人民邮电出版社，2017.
[4] 罗欣. PPT设计原理：教你系统设计专业级幻灯片 [M]. 北京：电子工业出版社，2018.
[5] 秋叶. 缔造完美PPT说服力：让你的PPT会说话+工作型PPT该这样做+教你做出专业又出彩的演示PPT [M]. 北京：人民邮电出版社，2014.
[6] 曹将. PPT炼成记：高效能PPT达人的10堂必修课 [M]. 北京：中国青年出版社，2014.
[7] 德胜书坊. PPT设计制作演示从新手到高手 [M]. 北京：中国青年出版社，2017.
[8] 凤凰高新教育. PPT 2016完全自学教程 [M]. 北京：北京大学出版社，2017.
[9] 杨臻. PPT，要你好看 [M]. 2版. 北京：电子工业出版社，2015.
[10] 凤凰高新教育，李状训. 精进PPT：PPT设计思维、技术与实践 [M]. 北京：北京大学出版社，2017.
[11] 芭芭拉·明托. 金字塔原理 [M]. 海口：南海出版公司，2013.
[12] 加尔·雷纳德. 演说之禅：职场必知的幻灯片秘技 [M]. 2版. 王佑，汪亮，译. 北京：电子工业出版社，2017.
[13] 孙宁. 精P之道：高效沟通PPT [M]. 北京：电子工业出版社，2016.

第6章 利用思维导图整理知识，启发思维

思维是人脑对客观事物的本质属性及其内在规律的反映，是通过大脑中的信息加工对问题或情景的内部表征（internal representation）的反映。对思维和知识进行可视化表示、思维启发等关于思维的研究一直是脑科学、教育心理学等领域的研究重点和热点。思维导图（mind mapping）是英国学者东尼·博赞（Tony Buzan）在20世纪70年代初期所创建的一种使人类更有效地利用大脑的笔记方法。比尔·盖茨认为思维导图能够将众多的知识和想法连接起来，并有效地加以分析，从而最大限度地实现创新。

时至今日，思维导图已经成为很多领域的工作者和学习者进行知识整理和思维启发、使知识和思维可视化的得力工具。

6.1 思维导图概述

1. 思维导图的来源

关于大脑的研究发现，成人大脑新皮质约有200亿个神经元，大脑中估计有1000亿个神经元，10～50倍于神经元的神经胶质细胞，可贮存相当于15个藏书3千万册的美国国会图书馆所蕴含的信息量。人的大脑细胞具有很大的潜力，大脑每秒能接受10亿比特的信息，处于激活状态下的大脑，每天可以完整地记住四本书的全部内容。如何更好地激发大脑的潜力，启发思维？思维导图被公认为是一种有效的解决方案。

思维导图的创造者东尼·博赞在研究大脑的力量和潜能过程中，发现伟大的艺术家达·芬奇在他的笔记中使用了许多图画、代号和连线。通过多年的研究，结合自己在心理学、大脑神经生理学、语义学、神经语言学、信息理论、记忆和助记法、感知理论、创造性思维及普通科学等多门学科的深入学习，东尼·博赞发现思维导图对人类有效利用大脑的作用非常巨大；并认为，人类智力的发展史可以看作是大脑寻求与自己进行交流的最佳办法的历史，即人类从使用符号作为表达语言，到使用文字作为表达语言，再到将文字与符号相互结合产生更具有魅力的表达方式——思维导图。《泰晤士报》认为东尼·博赞的

思维导图对大脑的开发的贡献，就同斯蒂芬·霍金的《时间简史》对理解整个宇宙所做出的贡献一样伟大。

2. 思维导图的概念

综合许多文献的观点认为，思维导图是采用发射性思维的有效的图形思维工具，运用颜色、线条、符号、词汇和图像等，把各级主题的关系用相互隶属和相关的层级图表现出来，建立主题关键词与图像、颜色等的记忆链接，充分运用左右脑的机能，利用记忆、阅读、思维的规律，帮助人们更高效、快速地学习，提高记忆效率，掌握信息的整体架构和分枝细节，激发更有创造力的思维，协助人们在科学与艺术、逻辑与想象之间平衡发展，从而开启人类大脑的巨大潜能。

3. 思维导图的优点

东尼·巴赞及其他学者发现，思维导图在以下几个方面显示了它作为思维工具的优点。

（1）系统性的、整体性的概念有助于大脑记忆。1956 年，著名认知心理学家乔治·米勒（George Miller）发表了在认知领域内引用次数最高的论文之一——《神奇数字 7±2》(*The Magical Number Seven, Plus or Minus Two*)。在论文中，他认为，尽管大脑可以用数以亿计的神经连接来储存人一生的知识，但能在意识中短期储存的事物数量却是有限的——平均来说，大概 7 个。思维导图"既见树木又见森林"的结构可以提升大脑的记忆能力。

（2）人的大脑的神经连接呈放射性的网状结构，思维特征呈放射状，进入大脑的每一条信息、感觉、记忆（包括每个词汇、数字、代码、食物、香味、线条、色彩、图像、节拍、音符和纹路），都可作为一个思维分支，以放射性立体结构表现出来。思维导图的发散性结构与之相对应。线性思维是直线的、单向的，按照时间、空间或某一顺序进行推进的思维方式。发散性思维是来自或连接到一个中心点的联想过程，让诸多因素联系在一起，从多个角度、多方向看待事物，拓展思路，提升创造力。人类学习和收集数据的方法越集中，思维就越具有发散性和放射性，语言表达组织就越好，学习本身也显得越容易。

（3）思维导图的开放性框架，符合人们对事物归类时，所采取的联想式工作方式，并能利用相互隶属的层级图表现出各级主题的联系。

（4）思维导图省略了因组织语言而浪费的时间。

（5）人对图像的记忆和注意程度远远大于文字，通过思维导图的颜色、线条、图形等刺激思维的兴奋度。

思维导图等图形化和流程化的思维工具，可以清晰化和简单化思维，让思考变得有序和高效，激发创造力和提高效率。

6.2 思维导图的用途

美国波音公司把思维导图用于波音 747 飞机的设计,波音公司的斯坦利博士(Mike Stanley),展示了一幅 25 英尺长的波音 747 飞机工程手册思维导图墙,利用思维导图只用 6 个月就完了原计划要花 6 年时间的设计,认为:"使用思维导图是波音公司的质量提高项目的有效组成部分之一。这帮助我们公司节省了一千万美元。"

目前,思维导图已被哈佛大学、剑桥大学等知名学府广泛运用于教与学中,国内的部分高校也开设了"思维导图""学习方法与学习技术""数字化学习"之类的课程,以提升学生的学习效率,培养创新思维能力和个人知识管理能力。在企业中,思维导图更多用于帮助员工提升思考技巧,增进记忆与创造力,开展头脑风暴,提升绩效。因此,很多人也把思维导图称为"瑞士军刀般的思维工具"。思维导图可以应用在我们的工作、生活和学习等很多方面。

在东尼·博赞的《思维导图——放射性思维》一书中,把思维导图的用途分为个人用途、家庭用途、教育用途以及商业用途。下面结合例子说明思维导图的具体应用。

(1)笔记(适用场景:阅读、课堂、学习、面试、演讲、研讨会、会议记录……需要记录要点时)。接收信息时,用思维导图作记录,将要点以词语的形式记下,把相关的意念用连接线连接起来,加以组织,方便记忆,如图 6-1 所示。

有研究者曾用线性文字记录法和图示记录法分别记录同一内容的笔记,以此来测试大脑对两种不同的笔记记录方法的记忆效率。实验结果表明:丰富的图示、颜色等可以刺激大脑记忆,用思维导图整理的笔记可以大大提高大脑的记忆效率。

(2)温习或自我剖析(适用物景:预备考试、预备演说……需要加深记忆时)。将已知的资料或意念从记忆中提取以思维导图画出,或将以往的思维导图重复画出,通过思维导图帮助加深意念,使意念和内容框架更清晰,记忆更深,如图 6-2 所示。

(3)小组学习(适用场景:小组讨论、制订家庭计划……需要共同思考时)。首先由各人分别画出已知的资料和意念,在随后的共同讨论中,将各人的思维导图中的重点提取出来加工合并,最后重组成一个新的思维导图。在共同思考时,可以产生许多有创新的意念。在这一过程中,每个成员的意见都被考虑到,提升团队归属感和合作效率。某大学某宿舍,在大一刚入学时,利用思维导图进行"如何成为一名卓越大学生"的头脑风暴,形成如图 6-3 所示的思维导图。

第6章 利用思维导图整理知识启发思维

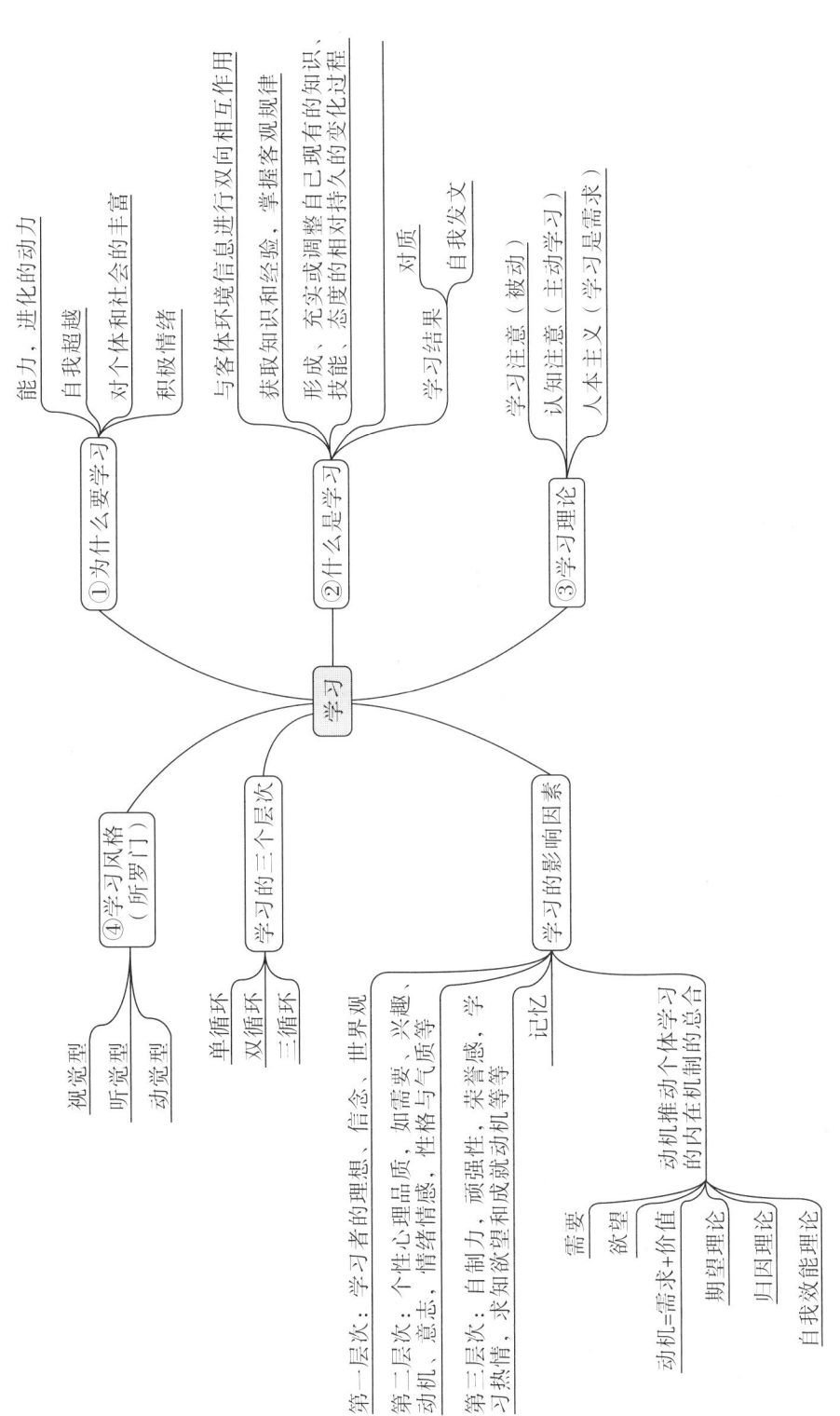

图6-1 利用思维导图记录听讲座的笔记

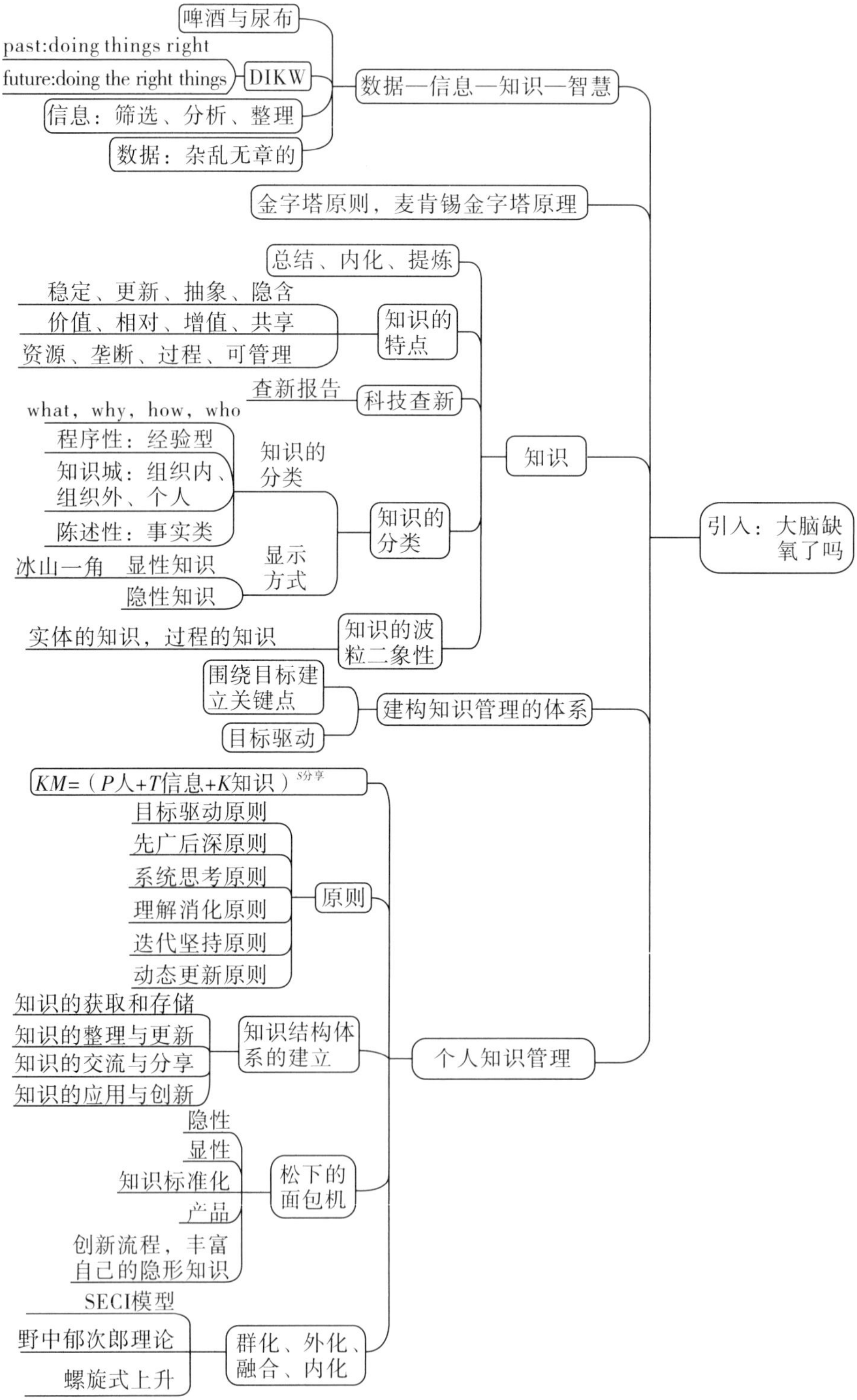

图6-2 通过绘制思维导图复习个人知识管理的知识

第 6 章 利用思维导图整理知识启发思维

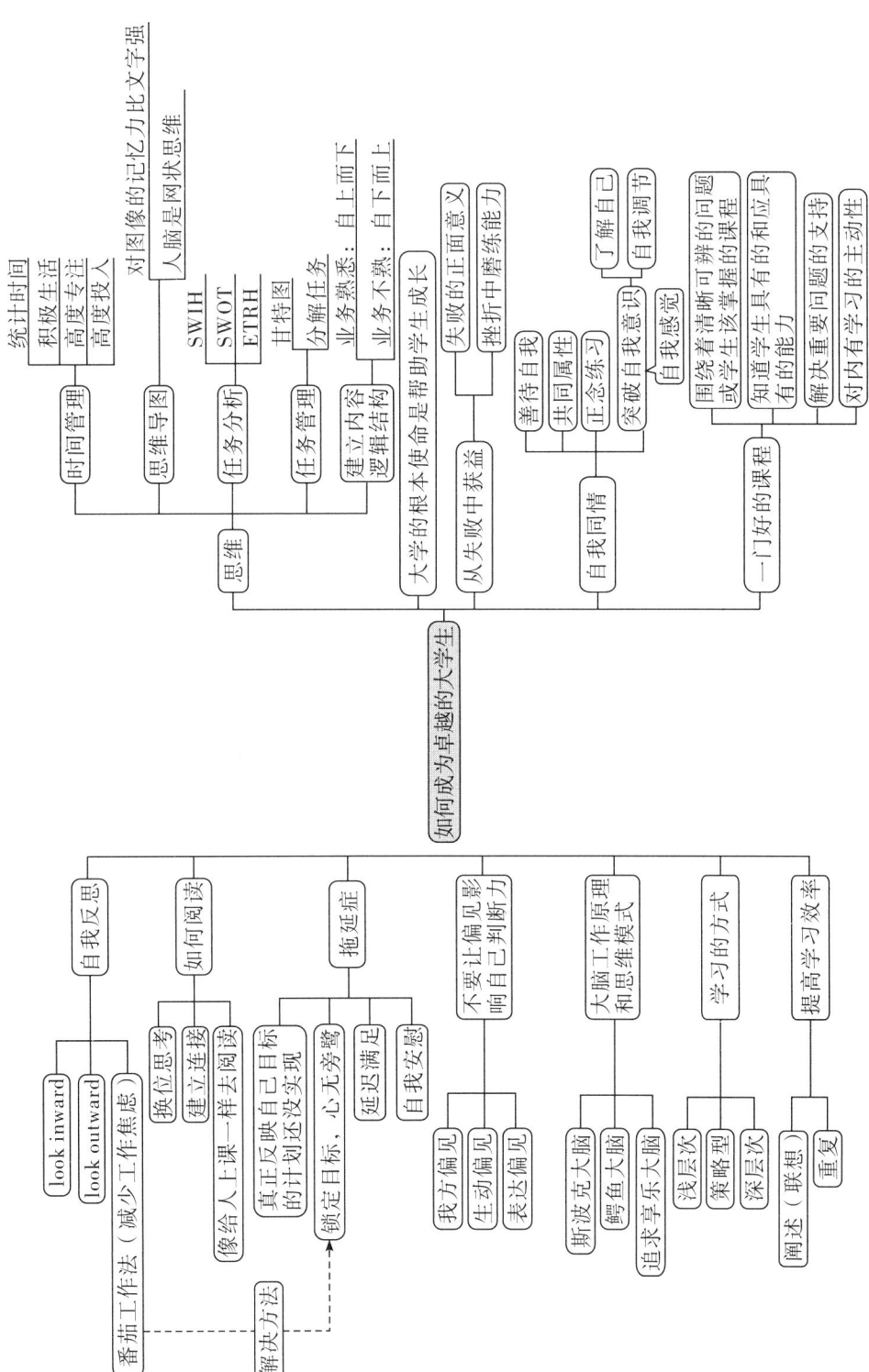

图6-3 小组头脑风暴后形成的思维导图

(4) 创作（适用场景：写作、学科研习、水平思维、制订新计划……需要创新时）。首先将所有意念都写下来，无论理解与否、对或错，然后再对它们进行筛选，重新组织、合并以及最后修改。这一过程，有助于我们把大量的意念联系起来，产生新的意念；由于思维导图的中心主题始终居中且突出显示，因此，中心目标十分明确，使创作不会偏离主题。

(5) 选择（适用场景：决定个人行动、团队决议、设定先后次序……需要做出决定时）。当有多个意念需要我们去选择的时候，思维导图可以帮助我们更全面、更清晰地理解和分析问题。首先将需要考虑的因素、可行性等用思维导图画出来；当结构清晰明了之后，再将所有的因素结合自身实际加以权衡，做出决定。例如企业组织年终会议，组织者利用思维导图进行头脑风暴，列出可能的活动地点和主题，并将各个选择的有利因素、不利因素以及可行性分析画出来，进行权衡，选出最佳方案。

(6) 展示（适用场景：演讲、教学、推销、报告……需要向别人说出自己想法时）。当我们需要向别人讲解我们的想法时，思维导图可以帮助我们预先整理自己的构思，让我们更容易记忆，在演说时更具有组织性。记得我们在第3章提过的李总吗？他发现近期团队成员工作状态较差，效率较低，于是给大家展示了自己如何让头脑保持清醒和高效的思维导图案例，如图6-4所示，激发团队的意志。

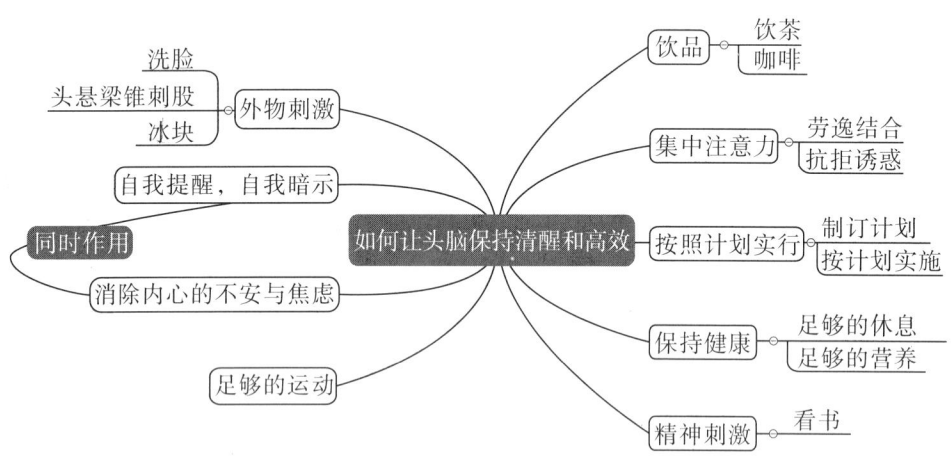

图6-4 如何让头脑保持清醒和高效的思维导图

(7) 计划（适用场景：制订个人计划、研究计划，设计问卷设计……需要行动前思考时）。当我们要做计划时，思维导图可以帮助我们将所有要留意的意念罗列出来，再组织成清楚的、有目标的计划。

如果把思维导图比作一幅城市地图，中心点就是市中心，还有主要街道、二级街道、小巷子。利用思维导图制作一个大的主题或领域的全景图，对行走路线进行规划和选择,知道要去哪里或去过哪里,集中大量的数据,发掘新的解决方案。如果把大脑和其中的知识比作一个图书馆,思维导图则是存在于大脑中的数据检索工具和存取系统,使信息变得有序。

6.3 思维导图的制作

6.3.1 思维导图的主要元素及术语

(1) 主题(central topic):主题是思维导图中最顶层的内容和核心焦点,所有的其他内容都围绕主题展开,一般放在思维导图的中央位置或核心位置。

(2) 分支(subtopic):思维导图中除主题以外的次主题(也称单元)统称为分支,分支的内容一般用附在分支线上的关键字或短语表示。

(3) 连接线:连接线表示分支与分支之间的关系。

(4) 注释框分支(callout):一般跟随一个特定的分支,或放在连接线边上,起注释作用。

(5) 图形和颜色:用于帮助主题和分支的表达。

(6) 层次或级(lever):用于表示分支与主题直接或间接关联的程度。主要分支是第一级分支,与主要分支直接相关联的分支是第二级分支;分支之间的关系包括同级分支、上一级分支、下一级分支等。

(7) 节点:分支与下一级分支之间的汇集点,"⊖"表示下级分支是展开的,"⊕"则表示该分支下面有下级分支没被展开。

6.3.2 思维导图的制作思路及遵循的原则

1. 制作思路

首先,应熟悉绘制的思维导图的主题内容,在头脑中形成一个整体的雏形。一般来说,可以按照以下步骤整理自己的思路:

第1步:将中心主题置于中央位置,整个思维导图围绕这个主题向四周展开;

第2步:不受任何约束,围绕主题进行思考,画出各个分支,在分支上写出代表性的关键词或短语,及时记下瞬间闪现的灵感;

第3步:留有适当的空间,以便随时增加内容;

第4步:整理各分支内容,做到不重复、不遗漏;

第5步:寻找它们之间的关系,运用连线、注释等标注;

第6步:利用颜色、图形等增加思维导图的视觉表现力。

2. 遵循原则

在思维导图制作过程中,应遵循以下原则。

（1）突出重点。为了改善记忆和提高创造力，对于中心主题、关键性分支等重点内容可以通过添加图像、填充颜色、设置不同层次等方式加以强调，吸引眼睛和大脑的注意力，触发联想，帮助记忆。

（2）发挥联想。联想也是改善记忆和提高创造力的重要因素，它是大脑使用的另一个整合工具，是记忆和理解的关键。用于联想的方法也能用于强调重点。例如使用箭头来引导眼睛，从而引起联想。

（3）清晰明白。清晰的思维导图能够增加美感，增强感知力。因此分支上的关键词应简洁明了，最好配上能够表达相应含义的图形，这点在前面已经强调过了。

（4）形成个人风格。在上述基础之上，能够画出自己的思维导图，逐渐形成自己的个人风格。具有个性的思维导图能充分显示思维导图创作者的大脑工作成果。

6.3.3 与管理理念结合的思维导图

Mindmanager、Inspiration 等功能较强大的思维导图工具与管理理念相融合，开发了时间管理、SWOT 分析等多种管理工具模版，帮助我们更好地分析问题，启发思维。下面，以"Mindmanager2018 试用版"的使用为例介绍 SWOT 分析思维导图、甘特图思维导图、泳道图思维导图的制作。

扫一扫，观看"利用 Mindmanager 制作思维导图"

1. SWOT 分析思维导图

SWOT 分析法也称为态势分析法，取自于 strengths（优势）、weaknesses（劣势）、opportunities（机会）和 threats（威胁）四个单词的首字母，分析并罗列出与主题密切相关的这四个方面的因素，以矩阵形式排列，帮助管理人员匹配各种因素进行系统分析，做出行动计划或得出决策性的结论。

如图 6-5 所示，打开 Mindmanager 软件后，在系统自动弹出的新建文件窗口中，选择【战略规划】→【矩阵 SWOT 分析】，即可创建 SWOT 分析思维导图。例如，从主要来自于组织机构内部的优势和劣势、主要来自于组织机构外部的机会和威胁四个方面，分析公司所处的各种环境因素，系统地全面地诊断问题，开出"处方"，制订公司的发展战略。

2. 甘特图

甘特图（Gantt Chart）用于分解完成项目所需要的各项活动，以图示的方式通过活动列表和时间刻度形象地表示出任何特定项目的活动顺序与持续时间，明确连续任务 Sequential Task（即线性任务、依赖任务，需要在决定性活动完成之后按计划展开）和并行任务 Parallel Task（非依赖任务）等，如图 6-6 所示。

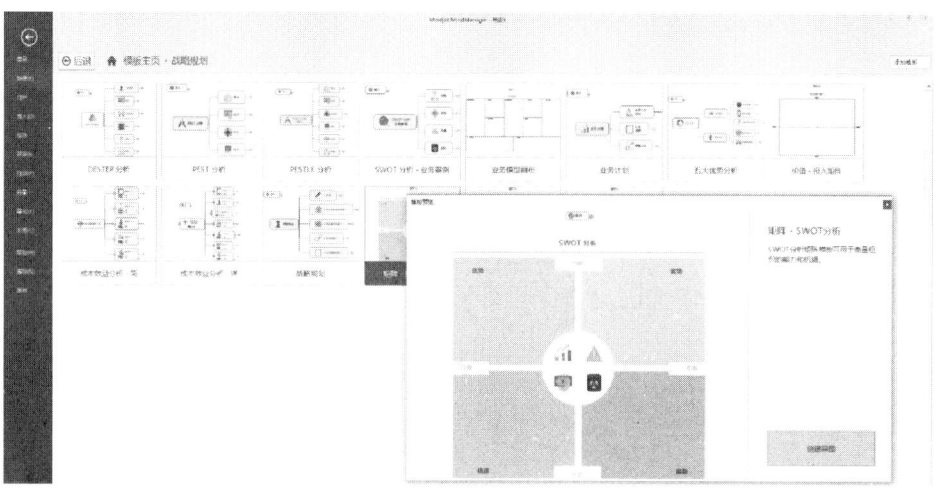

图6-5　利用Mindmanager制作SWOT分析思维导图

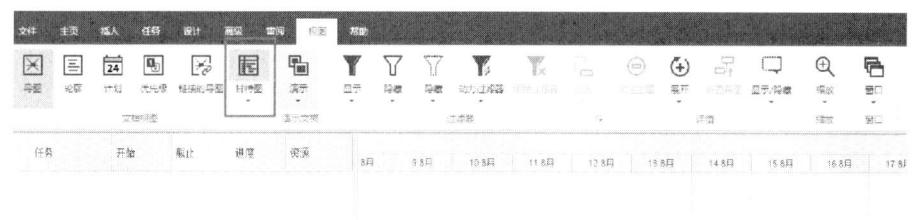

图6-6　利用Mindmanager制作甘特图

3．泳道图

泳道图用于厘清工作的执行主体，分析人及部门的工作范围及互动关系，如图6-7所示。

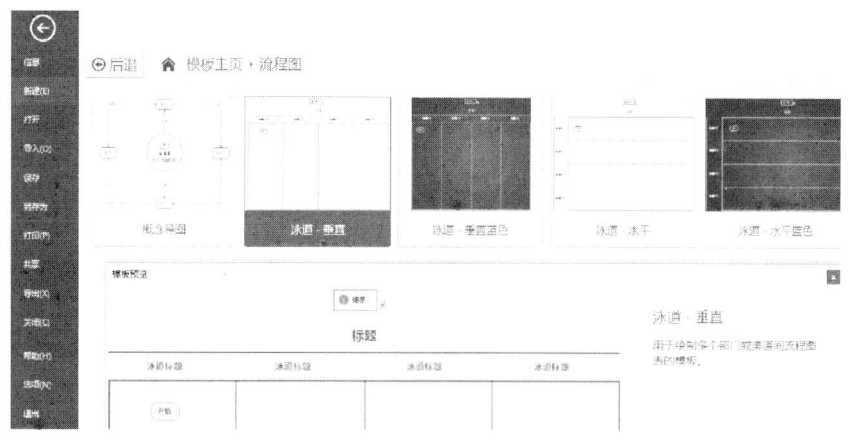

图6-7　利用Mindmanager制作泳道图

6.3.4 思维导图应用的常见误区

对于思维导图应用的新手,主要存在以下几个常见误区。

(1)"我对思维导图工具还不太了解,学会了再用吧!"

现在,很多小学生每天都用纸和笔画思维导图帮助学习。只有动起手来,走出第一步,把概念表达出来,才能逐渐养成应用思维导图思考和整理知识的习惯。

(2)"别人看不懂我画出来的思维导图,我也看不懂别人画出的某些思维导图,还是别用吧。"

其实,我们做的思维导图更多是自己在进行思维和知识整理,不具有类似情境的人当然不容易看懂。因此,也要注意,如果是用于分享的思维导图,就不能过于抽象和随意。

(3)"思维导图是万能的。"

思维导图只是众多思维和知识整理工具中的一种,另外,也不是所有内容都适合使用思维导图,例如,数理演算就不太适合用思维导图展现。

(4)"思维导图一定要加上图片,使用尽可能丰富的颜色,画得漂亮才算是好的思维导图。"

始终要记住思维导图是用于启发和整理思维的,颜色有助于刺激大脑进行快速记忆,但过于花哨,过于拘泥于形式,也是没必要的。例如 5 种颜色以上的思维导图就容易淹没重点,产生干扰。

6.3.5 思维导图资源

与做 PPT 一样,多看看思维导图的范例有助于提升思维导图的应用能力,以下是常用的思维导图资源网站。

①栖息谷论坛思维导图版块:http://bbs.21manager.com.cn/forum.php?mod=forumdisplay&fid=161

②中国记忆力训练网论坛思维导图版块:http://www.jiyili.net/forum-15-1.html

③花匠论坛的思维导图作品展示版块:http://gardener.sh.cn/list.asp?id=4

④Mind Map Library 思维导图图书馆:http://mappio.com

6.4 利用传统的画图方式制作思维导图

思维导图是一种方法,即便没有计算机,在纸张、黑板、白板上也可作图。利用传统的纸张画图的方式制作思维导图,可以不受设备和场地的限制,是常见的思维导图制作方式。

1. 材料准备

准备 A4 纸或更大的白纸、不同颜色（5 色以上）的软芯笔和涂色笔、铅笔、钢笔、橡皮擦、涂改液（修正贴纸）、不干胶、便利贴等。从一张白纸的中心开始绘制，让思维向各个方向自由发散，表达自己的思想，也可以把白纸围绕中心向多个方向对折，产生折线，给大脑一个从各个方向发散思维的自由空间。

2. 确定主题

把纸横放，把主题放在纸的中心，形成中央图。最好能用一幅图像或图画表达中心思想。

3. 扩散分支

使用不同的颜色标注分支，建立主要分支和二、三级分支，主干与中心图像相联系，有联系的分支间建立连接。同一主干可采用相同的颜色，连接线专用一种颜色。

4. 注意事项

（1）多用有意义的代码替代短语，节省记录空间，例如，用 DL 替代数字化学习（digital learning），用 SWDT 替代思维导图等。

（2）在每条线上使用一个关键词（用思维导图软件绘制时，输入关键词后会自动绘出分支线）。

（3）层次感要分明，最靠近中间的线最粗，越往外延伸的线越细；相应地，最靠近中心图的字最大，越往后面的字越小（用思维导图软件绘制时会自动形成）。

（4）多使用环抱线把内容相关的分支、较多内容的分支包围起来，使整幅思维导图整洁美观。

（5）如果分支有顺序，则用数字标明。

（6）使用不同的颜色进行绘制，增添跳跃感和生命力。

（7）应使分支自然弯曲而不是一条直线。

6.5　利用思维导图制作工具制作思维导图

6.5.1　常见的思维导图制作工具

利用思维导图制作工具制作思维导图是目前最常用的思维导图制作方法。常见的制作工具有 Freemind、Xmind、iMindmap、MindManager、MindMapper、Inspiration、Novamind 等。

（1）Freemind。Freemind 是跨平台的免费软件，操作简单，功能较少，能展开和折叠思维导图，具有宽阔的编辑区域，支持 PC 端和移动端，以及在线协作制作。

（2）Xmind。Xmind 是应用 Eclipse RCP 软件架构开发的国产软件，提供了丰富的思维导图模版，其基础版是免费的，增强版需要付费使用。

（3）iMindmap。iMindmap 是思维导图创始人东尼·博赞开发的，提供 3D 视图，可从多个角度观看。线条优美，可导出到其他主流的思维导图制作软件。

（4）MindManager。MindManager 常被应用于教育与商业领域，其界面较为中规中矩，在 6.3.3 有所提及，提供非常丰富的模版，功能强大。

（5）MindMapper。MindMapper 是与东尼·博赞在《思维导图》一书中所描写的思想较为相符的思维导图制作工具，其界面及功能的使用与 MindManager 有相似之处，但拥有更多的图表、符号图标和表情标记。

（6）Inspiration。Inspiration 也称"灵感"，界面直观，操作简单，提供了基本图形、数字、艺术、科学、文化、地理、食品、健康、人物、技术及娱乐等 1300 多个彩色静态或动态的符号图标，支持用户自定义素材。

（7）Novamind。相比于前面的软件，Novamind 是一款较新的软件，视觉效果较好。

6.5.2　利用计算机绘制思维导图的两个常用按键

无论是利用思维导图软件还是利用在线服务制作思维导图，只需要掌握两个按键，就可以利用计算机绘制出简单的思维导图。

第一个按键是【Enter】键，按下后将建立同级主题。如果在中心主题上按回车键，由于思维导图只有一个中心主题，因此，将建立下一级分支，即连接中心主题的第一级分支，也称主干。

第二个按键是【Insert】（有些软件同时支持【Tab】键），按下后将基于当前主题建立下一级分支。

绝大多数的思维导图制作工具均使用【Enter】和【Insert】键新建分支，所有新插入的分支自动按序排列。建好内容后，利用软件面板中的相关标识工具，选中需要美化的分支，修饰主题元素的内容。

6.5.3　利用 Freemind 软件制作思维导图

下面，我们以 Freemind 思维导图制作工具为例，制作本书第 3 章的"知识的类型"内容的思维导图，并简述其制作过程。

（1）确定中心主题。运行 Freemind 软件，在软件编辑界面的中心，可以看到默认的中心主题【新建思维导

扫一扫，观看"利用 Freemind 软件制作思维导图"

图】,单击,输入本思维导图的主题"知识的类型",按下【Enter】键确定。

(2) 建立一级分支。依次按下【Enter】键,分别输入知识类型的分类依据:"内容""归属者""字面""认识论",建立四个一级分支。

(3) 建立二级分支。单击"内容"分支,按下【Insert】键,在"内容"这个一级分支下面输入"事实",建立二级分支;这时,鼠标处在二级分支的位置,依次按下【Enter】键,分别输入"原理""技能""人际"三个与"事实"同级的二级分支。这样,就在"内容"这个一级分支下面建立了四个二级分支。重复该过程,输入其他的二级分支,内容如图6-8所示。

(4) 建立分支间的关系。事实性知识和原理性知识均属于显性知识,可以为它们建立关系。单击选择"显性知识"和"事实"节点(注意选择的次序,箭头指向最后选择的节点),单击菜单【插入】→【在所选节点间添加图形连接线】,在两者之间建立连接线。重复该步骤,建立如图6-8所示的其他关系。

(5) 设置节点的样式。在思维导图的元素上单击鼠标右键,在弹出菜单中将显示该元素的编辑项。以第4点认识论建立的连接线为例,在连接线上单击鼠标右键,在弹出菜单上,可以改变编辑线条的颜色、样式和转换目标等,如图6-8所示。

(6) 为节点添加图标,形象化思维导图。单击界面左侧图标栏上的图标,为当前选择的节点添加图标,如图6-8所示,美化思维导图。

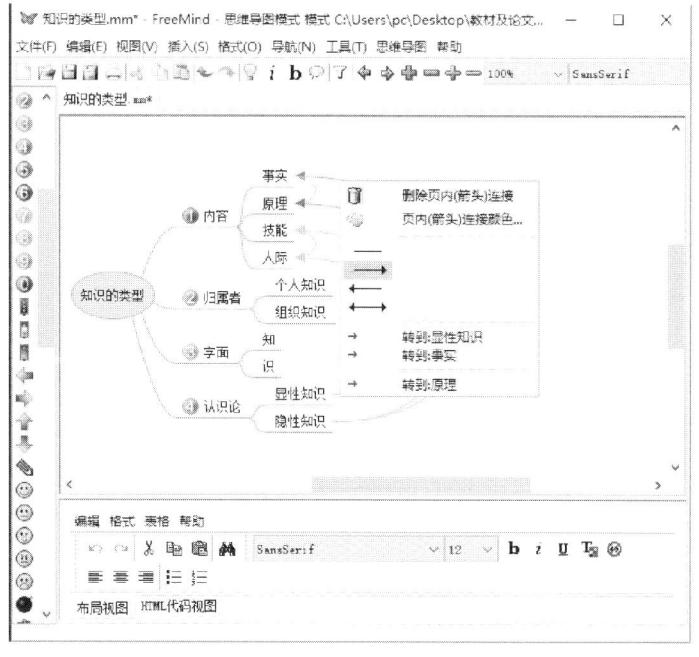

图6-8 以Freemind建立思维导图

6.6 利用在线思维导图网站制作思维导图

在高效能人士的 7 个习惯中,有个英文单词叫 synergy,指通过有效的合作实现 1 + 1 > 2 的效果,提高工作的质量和效率。随着网络的迅速发展,网上协作越来越重要,通过在线制作思维导图,可以邀请其他人一起协同创作思维导图,发挥集体智慧的力量。同时,利用在线思维导图网站制作思维导图,可以免去了搜索、下载和安装软件等环节,直接登录网站,甚至不用注册,就可以制作思维导图。大部分的思维导图在线制作网站与常用的思维导图制作软件之间的文件格式互通,可以互相导入和导出文件。

6.6.1 常用的在线思维导图制作网站

(1) https://bubbl.us:一个在线 Flash 工具,登录网站后,鼠标指针会变成画笔,网页就是一张白纸,任思维随着画笔在纸上舞动。

(2) https://www.mindmeister.com:一个利用 AJAX 技术构建的在线思维导图制作工具,支持中文、Blog 的发布和思维导图的在线协作绘制,集成 Skype 语音聊天工具,可以边聊天边制作。

(3) http://naotu.baidu.com:百度脑图是国内著名的在线思维导图制作工具,采用云存储的形式,简单方便易用,速度较快。

(4) https://www.processon.com:一个在线作图工具的聚合平台,如图 6 - 9 所示,功能强大,可以在线画思维导图、流程图、UI 原型图、UML、网络拓扑图、组织结构图等,并把作品分享给团队成员,一起进行编辑、阅读和评论,开展团队协作和头脑风暴等协作活动。

6.6.2 利用百度脑图在线制作思维导图

百度脑图是百度公司推出的在线思维导图制作工具,软件部署在云端,使用者不需要安装工具,方便易用,操作简单,支持自动实时保存。百度脑图可以直观清晰地梳理和展现制作者的思路,并使阅读者易于理解,清楚制作者的想法和思维。实际上,脑图就是广义上的思维导图。在本节,为了跟百度脑图工具的称呼一致,避免产生混乱,把思维导图统称为脑图。

扫一扫,观看"利用百度脑图在线制作思维导图"

(1) 登录百度账号。百度脑图属于云服务,使用前需要在百度网站上注册并登录百度账号,如图 6 - 10 所示。

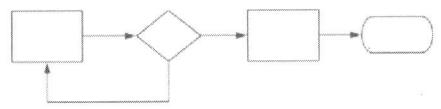

图6-9 ProcessOn在线思维导图制作网站的首页

图6-10 注册或登录百度账号

（2）在浏览器中输入百度脑图的网址（http://naotu.baidu.com），进入网站首页，非常简洁，单击正中间的【马上开启】按钮，进入脑图编辑界面。

（3）新建脑图。单击【新建脑图】，如图6-11所示。从【外观】栏目提供的思维导图、组织结构图、目录组织图、逻辑结构图、鱼骨头图、天盘图六种模板中选择一种模版，默认模版是第一种，即思维导图，如图6-12所示。

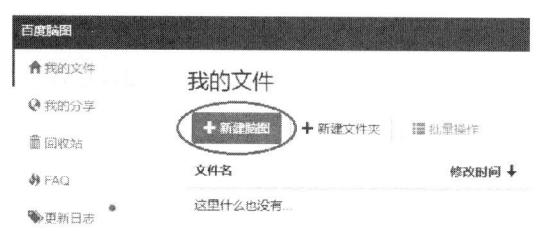
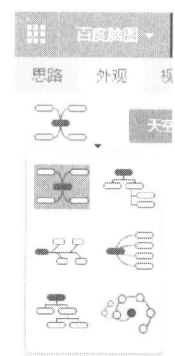

图6-11 新建百度脑图　　　　图6-12 选择思维导图的模版

（4）输入主题。双击百度脑图页面中间"新建脑图"四个字，输入脑图的主题。接下来所有其他"元素"或"内容"的添加及编辑操作，均围绕此"主题"展开。

（5）在【思路】菜单栏中编辑百度脑图，包括添加同级或下级主题，给主题添加超链接、图片、备注、序号、进度、标签等元素，如图6-13所示。

图6-13 用于编辑脑图的【思路】菜单栏

（6）在【外观】菜单栏中进行主题的修饰和美化。例如，应用前面提及的六种思维导图模板进行外观重组和改变布局；设置主题的前景色和背景色；修改字体样式等。

（7）在【视图】菜单栏中，通过【展开】→【展开到一级节点】等视图展示控制选项，可以控制哪些主题会在屏幕上展现。

（8）脑图的分享输出主要有以下三种形式。

①以源文件的形式直接保存在百度云端：直接按【Ctrl+S】把制作好的脑图保存在百度云端。

②输出为图片：单击【百度脑图】旁边的下拉三角形，在弹出的左侧菜单栏中，选择【另存为】→【导出】，如图6-14所示，选择导出的指定格式，一般保存为png图片格式。

③分享链接：在输出窗口中，选择【共享】→【与人共享】→【打开链接】→【复制链接】，如图6-15所示，可以把该脑图以超链接的形式分享给其他人，对方打开超链接后，进入该百度脑图的编辑界面，可以进行协同编辑。

第 6 章 利用思维导图整理知识启发思维

图 6-14 百度脑图的输出

图 6-15 百度脑图的共享

介绍完利用传统的画图方式、思维导图制作工具以及在线思维导图网站三种常用的思维导图制作方式后，再讲讲初学者在制作过程中经常会咨询的两个常见的疑问。

（1）如何处理一些重要的、不能删除的大段说明文字？

以注释的形式进行备注即可。以百度脑图为例，利用【思路】菜单栏的【备注】功能，把对某主题的解释性文字放在备注中，当鼠标划过该主题时，备注内的文字会显示出来。这有点像第 5 章所讲的 PowerPoint 备注页的作用。

（2）思维导图太大了如何浏览？

思维导图不建议做得太大，如果信息量太多，可以拆分成多个小图单独创建，用超链接连接在一起。如果确实需要大的思维导图，则利用展开/折叠功能控制节点的显示。以百度脑图为例，在【视图】工具栏中，可以一键批量折叠或重新展开指定级别的节点，结合左下角的导航视图进行快速定位。

看到这里，大家会不会觉得，怎么就结束了，思维导图就这么简单吗？是的，思维导图没有什么技术上的难度，其精华和重点在于思维的方式和思维的表达。从这一点上看，前文所讲的金字塔原理、PPT 的结构化思维和形象化表达以及这一章的思维导图都有异曲同工之处，通过建立结构化的框架辅助知识的存储、创造和共享，帮助我们的工作和学习。

【参考文献】

[1] 东尼·博赞. 思维导图系列 [M]. 卜煜婷, 译. 北京: 化学工业出版社, 2014.
[2] 东尼·博赞. 思维导图 [M]. 刘艳, 译. 北京: 化学工业出版社, 2018.
[3] 东尼·博赞. 思维导图 [M]. 北京: 化学工业出版社, 2015.
[4] 胡雅茹. 我的第一本思维导图入门书 [M]. 北京: 北京时代华文书局, 2014.
[5] 刘艳. 你一学就会的思维导图 [M]. 北京: 文化发展出版社, 2017.
[6] 孙易新, 胡雅茹. 思维导图入门与应用宝典 [M]. 北京: 北京时代华文书局, 2016.

[7] 胡雅茹. 思维导图笔记整理术［M］. 北京：北京时代华文书局，2018.

[8] 赵国庆. 小学思维训练：思维导图［M］. 北京：北京师范大学出版社，2015.

[9] 东尼·博赞，巴利·博赞. 东尼博赞思维导图纪念珍藏系列：世界脑力锦标赛银禧签名限量版［M］. 北京：化学工业出版社，2017.

[10] 博赞，格里菲斯. 思维导图实践版（第2版）［M］. 北京：化学工业出版社，2016.

[11] 王竹立. 你没听过的创新思维课［M］. 2版. 北京：电子工业出版社，2017.

第 7 章 微视频——知识呈现与表达的利器

数字化学习相比于传统的学校教育和个人自学，不仅是学习环境数字化、智能化，学习资源多元化、海量化，更重要的区别是在数字化的环境中可以凸显每个学习者的学习个性，为每个学习者提供充分展示和交流的渠道与平台，让数字化学习中的每个学习者不仅是知识、情感、态度、技能的获取者，同时还是它们的生产者、传播者，使学习者在知识生产、传播、接受之间灵活变身，知识在充满沟通、表达的学习交流中快速融合、迭代。人类工作、生活、学习、娱乐节奏越来越快，碎片化学习变得迫切而可行。

微视频与"微博""微信"等一样，伴随着互联网技术的发展成熟而出现，并在教育、生活、娱乐与工作等领域迅速流行起来。通过本章的介绍，可以使读者对微视频有一个整体的、直观的了解，明确微视频的起源、特点，掌握微视频的设计方法与常用的制作工具。

7.1 微视频制作的基础知识

7.1.1 微视频的起源与发展

人类一切的沟通表达都需借助于媒介，传播学先驱麦克鲁汉将媒介定义为人类功能和思想的延伸。从媒介发展的历史看，人类学习经历了口语传播时代、文字传播时代、印刷传播时代，目前正处于以信息技术、网络技术为基础的电子传播时代。随着视频制作和接收设备的普及、视频编码技术的不断提升、网络传播带宽的不断改进，既可以记录人的音貌，又可以集文字、图形、图像、动画、声音等多媒体于一身的视频在教育、学习领域中大行其道。一方面学习者可以通过微视频获得知识、技能，另一方面学习者也可以利用微视频作为信息沟通、学习结果呈现的方式。

在国外，微课最早可以追溯到美国北爱荷华大学 Leroy A. McGrew 教授 20 世纪 90 年代提出的 60 秒课程（60 - second course）。2008 年，美国新墨西哥州圣胡安学院的高级教学设计师 David Penrose 提出"Microlecture"的概念，他主张教师要把教学内容和教学目标紧密联系起来，一个小时的课程，删除冗余细节，只留下核心概念和框架，就变成了一分钟的微课。近年来，微视频形式的微课大量出现，在学科教学和自主学习等领域被大量采用。其中，影响最大的莫过于孟加

图7-1　可汗学院主页

拉裔美国人 Salman Khan 创办的非营利组织可汗学院（Khan Academy），如图7-1所示，可汗学院提供数学、科学、计算机编程、历史、经济学等学科的练习题、微视频使学习者在课堂内外能够按照自己的进度进行学习。TED 是另外一家影响深远的美国教育性非营利组织，致力以18分钟或更短的微视频演讲传播先进思想，几乎涵盖了技术、娱乐和设计等领域的所有主题。2011年TED发布了TED-ED项目，如图7-2所示，专门关注如何利用10分钟以内TED演讲微视频，插入生动的动画，配上微讲义等资源应用到中小学教学中。

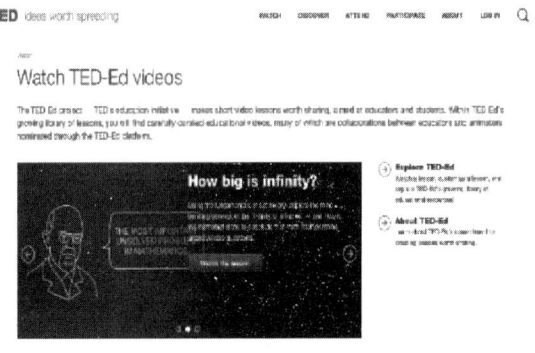

图7-2　TED-ED 页面

在国内，微视频推出的时间虽然不长，但早期教育电视教材、网络课程中的部分视频资源已经呈现出"微视频"的特点。而现在被大家所熟知的"微课"则起源于2010年佛山教育局针对当时传统课程数字资源单个视频时间长、制作成本高、使用率低、应用效差的状况，组织面向中小学教师的"微课"作品征集活动。活动要求教师只针对某个知识点、单一教学环节进行教学设计、视频课例录制，同时提交教学设计、课件、练习、反思等教学支撑材料，将教学资源发布在网上，供学习者观看、交流、评价。随着实践的不断深化，MOOC、移动学习、非正式学习等的推进，全国高校微课教学比赛（如图7-3所示）、全国中小学优秀微课征集（如图7-4所示）等全国性微课活动的开展，微视频在教育中的实践深入人心。

图 7-3　全国高校微课教学比赛主页　　图 7-4　全国中小学优秀微课征集活动主页

生活中，短视频作为一种互联网内容传播方式，近年来逐渐获得各大平台、资本和互联网用户的青睐。不同于微电影、微课视频，大部分短视频生产流程更简单、生产周期更短、制作门槛更低、参与性更强，知识性、趣味性更高的短视频带来的互联网流量与影响也更大。一些短视频以网红或草根恶搞型吸引了大量的收看观众，比如 papi 酱、艾克里里、报告老板、万万没想到等。微信朋友圈视频、西瓜、抖音、快手、秒拍等平台的流行，为普通互联网用户提供了广泛而简易的短视频创作软件与发布渠道。

7.1.2　微视频的特点

微视频出现的时间不长，但研究者、实践者众多，对它的认识并不统一，但从中我们不难发现存在一些共同点。

1. 微视频的核心媒体形式是"视频"

在很多人看来，微课、微课视频、微视频是相同的概念，视频是微视频最重要的媒体形式。虽然在荔枝微课等平台中存在以短音频或者短音频配合课件截图为主要媒体形式的微课，但毋庸置疑，微视频是目前微课采用率最高、接受程度最好的微课资源形式。一方面，视频具有集合口语、文字、印刷等其他形式的媒体特性（如图 7-5 所示）；另一方面，视频制作及移动接收设备的普及、视频编解码技术的不断提升、网络传播带宽的不断改进，为微视频制作提供了丰富的视频制作设备、操作方便的编辑软件和流畅的网络传输渠道。

2. 微视频内容容量要"小"

传统的课程视频强调系统性，视频多以课堂教学时长为单位。微视频则不强调知识呈现的系统性、完整性，而是围绕某个知识点或者活动环节，知识内容、目标单一、明确。在制作微视频的过程中，主题知识重点突出，设计开发工作量小、难度不高、成本适宜，具有可行性。

3. 微视频时长"短"

由于微视频选题小，知识容量小，微视频长度一般都较短。认知负荷理论

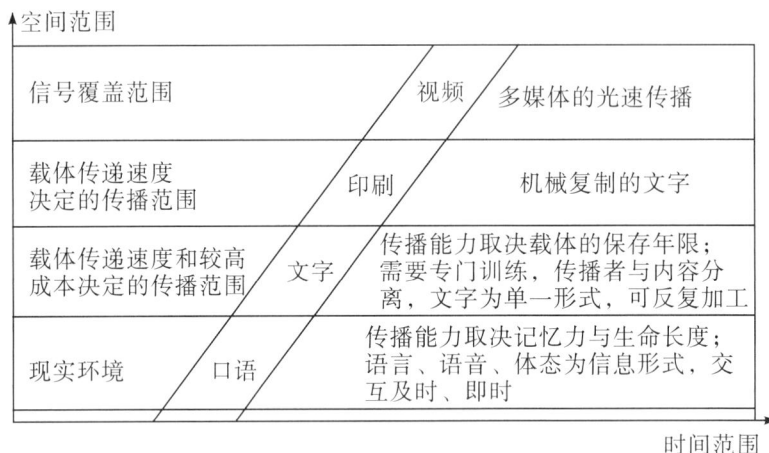

图 7-5 视频的媒体特性

认为人的认知结构由工作记忆和长时记忆组成,长时记忆几乎无限,但工作记忆容量有限,一次只能存储 5~9 条基本信息或信息块,同时处理两到三条信息。短视频可以有效降低外部认知负荷,让学习者可以有效处理短时记忆信息,提高学习质量。目前国内外微视频的定义和实例中时长多不超过 10 分钟。除了时长,微视频内容讲解中的语速、知识难易程度、学习者原有知识水平、学习者学习风格特点等也影响着学习者学习时长和难易程度。现在移动终端大多可以记忆播放,学习者既可以分几次完成观看学习,也可以反复观看多遍,甚至可以根据需要调节视频播放速度,用更短或更长的时间完成观看。所以视频时长并没有一个标准化的建议。

4. 微视频制作要"精"

微视频是半结构化的数字资源,可以作为辅助资源放入学科教学中,也可以作为主要教学资源提供给学习者自学、交流、作业提交使用。不管哪一种,微视频的主题选择要精心,设计要精细,制作要精良。制作者可以根据课程内容和教学活动设计,精心选择教学、学习中的重点、难点知识,或者重要的教学/学习活动环节作为微视频的主题。确定好知识主题后,根据学习目标和学习者水平,搜集资料素材、精心设计教学活动、分配各环节顺序和时长,形成精细的教学设计脚本。在具体的制作中通过精良的媒体技术手段,降低知识理解难度,提升课程的趣味性和吸引力,增强学习者的体验。

7.1.3 微视频的基本原理

1. 视觉暂留——视频呈现的原理

视频的感受是在人脑中完成的,视频之所以能给观者带来流畅的动作重现感觉，不得不说人类视觉的特点：视觉暂留（Persistence of vision）和似动现象（Apparent movement）。

视觉暂留又称余辉现象，是指物体光信号照射在视网膜传递到大脑神经，产生视觉形象，需要一段短暂的时间，光信号消失后，视觉形象也不会立刻消失的现象。物体颜色、光照强度等不同视觉暂留时长略有差异，对于中等亮度的物体，视觉暂留时间约为1/20秒。

似动现象是20世纪德国著名心理学家惠特海默最先发现，他先后呈现一条垂直、一条水平的发亮线段，两条线段呈现的间隔短于0.03秒，人们会感觉两条线段同时出现，当呈现的间隔长于0.2秒时，人们感觉两条线段先后出现，当呈现的间隔约0.06秒时，人们会感觉两条线段前后出现，产生运动的感觉。

基于人类这两种视觉特性，必须要保证组成视频的静态影像要满足一定的播放速度，于是就有了视频帧率（Frame rate）的概念。帧率是指视频每秒钟记录/播放的静态影像的数量。视频帧率越大，动作记录的会越精细，视频的观看效果会越流畅；否则拍摄的动作特别是高速运动的动作就不清晰，观看效果会不流畅。但是，视频帧率太大，视频数据也会相应增大，而且人眼观看到的视觉精细度有限，视频流畅度感觉不会无限提升。因此，在人物出镜类的微视频制作中，视频帧率为24fps（fps：每秒传输帧数），中国电视节目的帧率为25fps。在电脑中播放的视频，则可以根据拍摄对象的运动特点，灵活的选择帧率，比如拍摄高速运动的物体时，使用较高的帧率记录；使用低一些的帧率播放，则可以得到慢动作视频，以便细致观察动作细节。而在PPT等录屏类微视频的制作中，考虑到PPT画面变化较慢，则可以选择较小的帧率录制，录制的视频也会相对较小。

2. 蒙太奇——微视频编辑的基本方法

视频也是一种"语言"，需要遵循一定的语言规则。蒙太奇就是微视频的基本语法，是微视频编辑的基本方法。

最初的视频在制作时都是使用连续不间断拍摄的方法。而法国人乔治·梅里埃等人开始尝试"停机再拍"，后期编辑时将不同的场景、变化的角度、不同景别的镜头组合在一起，这样得到的视频不仅可以再现现实，还可以创造不同的现实意义。

蒙太奇原来是一个建筑学术语，意思为构成、装配。视频的蒙太奇是指对视频画面镜头的分切与组合，包括画面与画面、画面与声音之间组接的具体技巧和方法。不同时间、不同地点拍摄的视频使用蒙太奇的编辑手法，可以使无序的画面变得有序，激发观众的联想，引发观众的共鸣，可以创造虚拟的时空关系。

蒙太奇一般可以分为叙事蒙太奇和表现蒙太奇。叙事蒙太奇是指按照时间顺序、空间顺序、逻辑关系，分切和组合视频画面，以达到交代事情发生过程

的剪辑方法。比如按照时间顺序,组接一个化学实验的操作画面。

表现蒙太奇则不完全遵照时间、空间的顺序来组接画面,而是强调画面之间的内部联系,加强视频画面的内涵表现,激发观众的共鸣和感想。比如,在表现思乡情绪的时候,我们可以在视频中插入明月的镜头画面;在祝愿前景光明时,我们使用初升的太阳、茁壮的大树等镜头画面。这样,把真实景物和具有隐喻意义的空镜头结合在一起,强化视频的内涵。

3. 视频编码——微视频大小和质量的均衡

连续播放的静态图像可以形成动态效果,但视频文件在存储时,假如只机械的把全部静态图像进行累积记录,视频文件将会有多大呢?比如现在常见的25帧全高清(1920*1080像素)视频,假设每个像素深度为24位(bit),经过计算,每秒钟的视频文件大小约为148MB。

完成制作的视频文件既要保持一定的清晰度,又不能使文件太大,同时要保证视频通用性较好,根据不同的播放设备、传输带宽、观看环境等条件,灵活设定视频的分辨率、码流等视频基本参数,使视频在文件大小、清晰度、流畅度之间取得均衡,完成这一工作的就是视频编码。

(1) 视频文件格式。电脑操作系统中的所有文件都有后缀名,以方便系统中安装的应用程序来识别、关联这些文件,自动选择恰当的应用程序打开文件。视频文件同样具有这些后缀名,如.avi、.mp4等,以便和电脑中安装的视频播放器关联。当一个文件具有.avi、.mp4这些后缀名时,只能说明这是视频文件,并不能说明它的编码方式。具有同样编码方式的视频文件,其后缀名可能会不一样,具有同样后缀名的视频文件,其编码方式也未必相同。这就是为什么一个播放器有时候不能播放具有同类后缀名的所有视频。

(2) 视频编码方式。视频编码方式可以简称为视频编码,是指对数字视频文件进行压缩和解压的技术。目前国际上通用的编码方式有两种:一种是国际电信联盟(ITU-T)主导的H.26X系列编码标准(如表7-1所示);一种是由国际标准组织(ISO)下属的运动图像专家组(MPEG)开发的MPEG系列编码标准(如表7-2所示)。

表7-1 H.26X系列编码标准

序号	编码方式	主要应用
1	H.261	用于老的基于ISDN的网络会议、视频电话等双向视频。
2	H.263	用于视频会议、视频电话、网络视频上。
3	H.264/AVC	等同于MPEG-4的第十部分,是一种广泛使用的高精度视频的录制、压缩和发布格式。
4	H.265	高效率视频编码,支持4k、8k分辨率,属于下一代编码技术。

表7-2 MPEG系列编码标准

序号	编码方式	主要应用
1	MPEG-1	应用在VCD视频，视频分辨率相当于VHS质量视频
2	MPEG-2	用于DVD等数字视频，清晰度一般为标清电视分辨率
3	MPEG-4 第二部分	用于网络传输、视频广播等视频上
4	MPEG-4 第十部分	和H.264是相同的标准，是目前最优化的视频编码方式

视频封装格式也叫视频容器，是将已经编码好的数字视频、数字音频、字幕等放在一个文件中，使之能同步放映。封装格式一般由不同的公司开发（如表7-3所示）。

表7-3 主要视频封装格式

序号	封装格式	特点	文件格式
1	AVI	图像质量好、使用率高，文件大	.avi
2	Quick Time	具有较高的压缩率、较好的清晰度	.mov
3	MPEG	MPEG-4主要为流媒体高质量视频设计	.MPEG .DAT .VOB .ASF .3GP .MP4
4	WMV	方便于网络流媒体视频的播放	.wmv
5	Real Video	较好的压缩率和清晰度，编码方式非公开	.rm .rmvb
6	Flash Video	Adobe Flash开发的网络视频格式	.flv
7	Matroska	可把多种不同编码视频、音频、字幕封装	.mkv

7.2 微视频制作的软硬件环境

7.2.1 微视频制作所需的硬件

微视频有很多类型，根据使用的制作工具，可以分为演播室录制、虚拟制作、屏幕录制等。每种类型的微视频用到的硬件设备都不同，使用的硬件设备可以从以下几个方面来认识。

1. 微视频拍摄可以使用不同档次的设备

微视频项目预算、学科知识特点、应用方式等各不相同,既可以使用广播级、专业级的摄像机、电影机进行拍摄,也可以使用单反照相机、数码照相机、手机、平板电脑、个人电脑、摄像头等设备制作。

摄像机是专门用来拍摄视频的设备,根据使用的领域以及档次不同,可以分为广播级摄像机、专业级摄像机、消费级摄像机。摄像机的主要参数如成像元件 CCD 的片数和尺寸、支持的最高像素、摄像机的灵敏度、镜头变焦比、镜头光圈参数等对拍摄的视频质量具有决定性的影响,如果对清晰度、色彩还原度、景深效果等视频画面有较高要求,需要选择由多片成像元件构成的、成像元件面积较大的、支持 1920 * 1080 分辨率或更高像素分辨率的、灵敏度高的、光圈口径大的广播级或专业级摄像机,如索尼 PMW F55 或佳能 5D 专业单反照相机等(如图 7-6 所示)。相比于电影、电视视频来说,大部分微视频对视频形式、图像质量等参数的要求会低很多,另外考虑到设备成本、制作成本,制作微视频应基于知识内容的特性和表达需要应选择最优化的设备。比如,有些数学推理类的知识内容,我们可以选择简单的家用摄像机配合支架,拍摄在白纸、黑板上书写的过程,而有些原理传授类的知识内容,可以先在 PowerPoint 上制作课件,然后把 PPT 文件转为视频。

索尼广播级摄像机　　　　　　　佳能单反照相机

图 7-6　常见的专业录像设备

2. 微视频拍摄可以使用不同数量的设备

微视频制作可以使用不同数量的设备。选择多个摄像设备同时拍摄视频的优势明显,可以减短前期拍摄花费的时间,在相同的时间内,可以记录更加全面的教学信息、得到更加丰富的视频画面。但是,多机拍摄成本较高,需要较多的设备和前期拍摄人员,在后期剪辑时,要考虑多机之间的声画同步。因此,在微视频的制作中,大多选择单机位的拍摄方式,这样基本可以实现自助式的拍摄制作,一个人就可以完成视频的制作和编辑。使用单个设备拍摄前,要制作详细的微视频脚本,确定好每个镜头的拍摄内容与构图角度,并做好场记,以便后期能快速编辑。

3. 可以使用虚实结合的微视频制作设备

微视频可以使用普通的摄像设备制作影像记录和复现类的微视频，也可以结合虚拟演播室技术、专业编辑软件，制作虚实结合的微视频。由于计算机图形技术的支持，视频中图表、图形、动画、虚拟仿真等要素越来越多。有些微视频甚至可以不使用摄像设备，全部在计算机上设计实现。而真人实景的微视频，也可以选择配有演播室灯光、蓝箱或绿箱等设备的虚拟演播室的制作环境，把演播室拍摄的人物实景和其他情景视频素材或者虚拟仿真的虚拟场景、使用专业编辑软件进行合成，得到虚实结合的微视频。制作虚拟还是真实的影像主要考虑课程学科的特点、知识点类型、知识传播讲授的方式和渠道，如在动作技能类的知识点视频制作中，真实的影像方式是最好的选择，而在抽象原理知识的视频制作中，结构图、模拟动画的视频形式无疑具有一定优势。

扫一扫，观看"什么是虚拟演播室"

4. 微视频制作需要良好的声音录制设备

声音是微视频的重要组成元素。知识内容的性质不同、表达形式不同，声音和画面的重要程度不同，声音录制的方式也不同。微视频声音录制可以分为两大类：同期声录制、后期配音。

扫一扫，观看"麦克风的使用"

微视频制作可以选用同期声录制，这样画面和视频的同步性好，声音效果真实。且大部分的摄像设备都有内置的麦克风，可以支持同期声录制，但是这些内置的录音设备录制的声音质量一般，机器和环境噪声较高。因此，不管是使用摄像机还是照相机、平板电脑，最好选择使用外置麦克风。

在选择外置麦克风时要考虑麦克风的性能特性。动圈麦克风（如图7-7所示）不需要独立电池供电，但一般声音较小，需要有放大电路放大，才能得到合适的音量，所以最好使用调音台或外置声卡设备进行调音；电容麦克风（如图7-8所示），高频特性好、灵敏度高，需要在相对安静的环境中录制，声音质量较好。

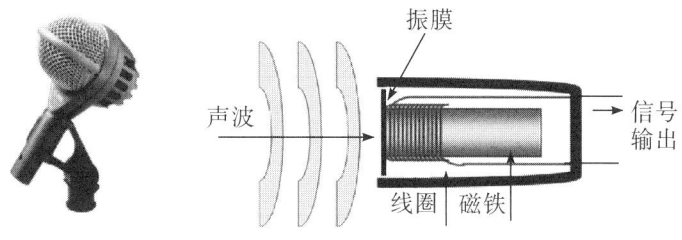

图7-7 动圈麦克风

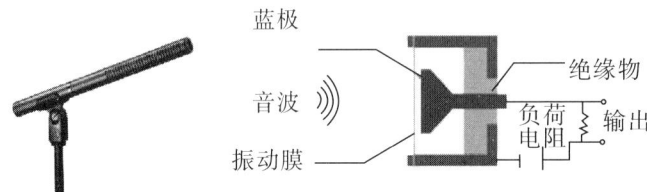

图 7-8 电容麦克风

话筒的选择还要考虑话筒的指向性。环境噪声比较大时,选择指向性强的麦克风收音,这样可以有效避免环境噪声的干扰。当有多个声源的声音要录制时,则选择双指向或者无指向话筒录音。总之,通过合适的麦克风,把有用的声音信息记录下来,尽可能屏蔽环境噪声等无用声音信号。

7.2.2 微视频制作常用的软件

微视频制作需要用到的软件有多种,比如微视频脚本创作软件、微视频课件制作软件、屏幕录制软件、图像素材制作软件、声音素材处理软件、视频编辑软件、动漫制作软件、交互课件软件等,常见具体软件如表 7-4 所示。

表 7-4 常用微视频制作软件

序号	软件类型	常用软件
1	微视频脚本创作	Microsoft Word、WPS Office
2	微视频课件制作	PowerPoint、Keynote、斧子演示、Prezi、PPT 美化大师
3	屏幕录制	Camtasia Studio、屏幕录像专家、ApowerREC、Smooth Draw
4	图像素材制作	Photoshop、Lightroom、美图秀秀、Polarr
5	声音素材制作	Audition、Balabolka、NeoSpeech、iVona、语音库
6	视频编辑	大洋非编、Premiere、edius、Final Cut Pro、会声会影、爱剪辑
7	动漫制作	CrazyTalk、Adobe Character Animator、EasySketch
8	交互课件	Adobe Presenter、Camtasia Studio、iSpring

1. 屏幕录制软件 Camtasia Studio

Camtasia Studio(喀秋莎)是专业的屏幕录像和编辑的软件。软件具有强大的屏幕录像、视频剪辑与编辑、视频菜单制作和视频播放功能等,可以方便地进行屏幕操作的录制和配音、视频的剪辑和过场动画、添加说明字幕和水印、制作视频封面和菜单、视频压缩和播放。目前比较

扫一扫,观看"Camtasia Studio 的操作"

新的版本为 Camtasia 9。这个版本可以安装在 Windows 7 或以上的操作系统，同时也需要电脑配置较高。安装好后，只需点击桌面上的 Camtasia Studio 图标，即可启动软件，如图 7-9 所示。Camtasia Studio 的使用步骤可以分为三步：屏幕录制、视频剪辑、视频保存和发布。具体操作可以扫描二维码观看教学微视频。

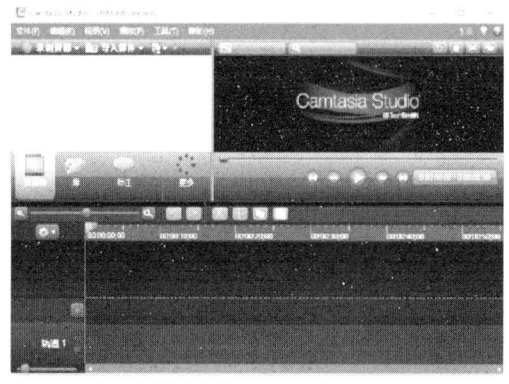

图 7-9　Camtasia Studio **界面**

2．Lightroom

Lightroom 是 Adobe 公司的一款以后期制作为重点的图形工具软件，具有强大的校正工具、强大的组织功能以及灵活的打印选项，可以加快图片素材后期批量处理速度。与 Photoshop 相比，Lightroom 的操作复杂程度较低、功能略少，但 Lightroom 更像是一体化的图像处理解决方案，

扫一扫，观看
"Lightroom 的操作"

具有 Photoshop、Bridge、Camera Raw 等软件的集合功能。软件下载安装后，在桌面生成快捷方式，双击打开后，其界面如图 7-10 所示。其功能主要包括四个部分：图像载入、图像管理、图片调整、图像展示。大量图片，特别是相同场景拍摄的图片，导入软件后，可以选择其中一张，调整其高光、阴影、对比度等基本属性，也可以通过 HSL/颜色/黑白等选项卡来调整其饱和度、亮度等参数，得到需要的画面效果。调节完成以后的图片属性，可以一次同步到所选的多张图像中，具体操作可以扫描二维码观

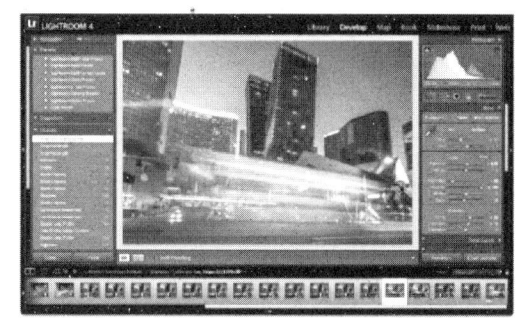

图 7-10　Lightroom **软件界面**

看操作微视频。

7.3 微视频的教学设计与制作流程

不同类型的微视频,设计制作流程也不同。微视频制作不能脱离教学/学习的过程、活动的整体设计流程,首先是内容,然后才是形式。教学设计是微视频制作过程的首要环节。

7.3.1 微视频的教学设计

教学设计是根据课程标准要求和学习者特点,将教师、学生、教学内容、教学媒体等教学要素进行系统安排,确定教学方案的设想和计划。微视频的知识内容无论是知识、技能还是情感内容,都需要遵照教学设计的流程。在众多的教学设计模型中,ADDIE 教学设计模型无疑是被使用最多的典型模型之一。

ADDIE 教学设计模型将教学设计分为 Analysis(分析)、Design(设计)、Development(开发)、Implementation(实施)、Evaluation(评价)五部分,如图 7-11 所示。

(1)分析——对教学所要达到的行为目标、任务、学习者、环境、绩效目标等进行一系列的分析。通过分析,确定教学/学习的绩效目标,明确具体的教学内容、技能,了解学习者的学习特性,确定教学内容的深度,选择合适的学习/教学评估方式。

(2)设计——对将要进行的教学/学习活动进行设计。对知识、技能等知识点进行分类,根据学习者特点,为不同类型的知识和技能选择合适的媒体呈现方式,确定知识点之间的关系和呈现顺序。同时,对学习目标进行验证,设计评估学习效果的策略和手段。

(3)开发——针对设计好的知识框架、评估手段,进行内容撰写、媒体制作、测试和评价。包括制作知识内容 PPT、微视频等学生学习材料,教师教案、教学程序、课程 PPT 等辅助材料等。

(4)实施——使用开发的微视频等资源进行实践。

(5)评价——对已完成的微视频的教学应用效果评价。对前期的教学设计阶段进行回顾评价,确定教学目标达成程度。通过教学/学习过程表现、学习效果量化评估,制订改进教学/学习的措施手段。

7.3.2 微视频的制作流程

微视频制作的流程可分为前期策划、脚本制作、素材准备、前期摄录、后期剪辑等五个部分,如图 7-12 所示。

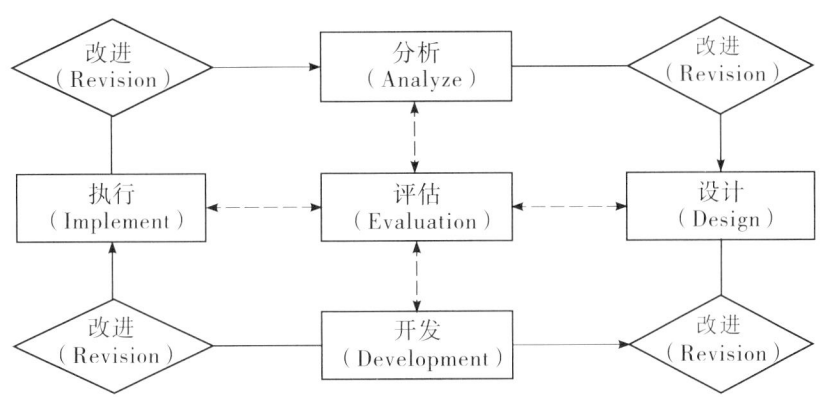

图 7-11 ADDIE 教学设计模型

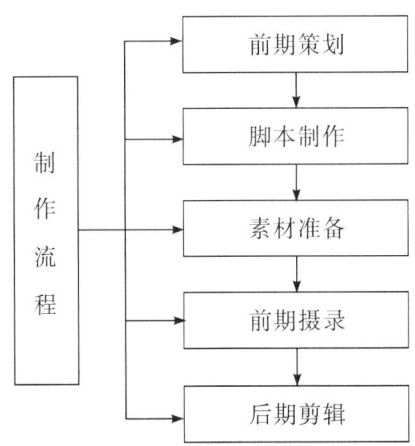

图 7-12 微视频制作的流程

1. 前期策划

前期策划和 ADDIE 模型中"设计"环节的内容相仿,是其设计部分的具体和深化。策划主要完成的是对微视频的主题内容和呈现形式的确定,强调"内容为王"和"形式为重"结合。策划内容包括以下几点。

①主题策划。视频的优势是形象化、多种媒体组合利用、可反复收看。但考虑到制作的复杂度和较高的人工、时间投入,一般选择面授讲解、文字表达难以完成或者效果有限的知识主题进行制作。

②录制策划。确定表现知识主题后,对知识主题组成的具体内容进行分析,确定不同部分的录制方式,确定录制的重点、难点。

③拍摄策划。确定使用摄像设备的类型和数量、拍摄的方式、收音的方式、制作人员的组成和分工、机位的确定、素材的保存方式、拍摄辅助设备的准备

等工作。

④后期策划。后期策划要确定视频的样式、形态、画面的风格节奏,以及传播的渠道、使用的方式等。

2. 脚本制作

脚本是微视频拍摄的具体依据。在前期策划的基础上,通过脚本的制作可以确定微视频拍摄的具体方式和要求,在具体录制时全面准确地得到需要的镜头画面。

脚本有剧本、文字脚本、分镜头脚本、原画脚本等,学习者可以根据拍摄的主题、内容特点不同,选择相应的脚本形式。一般的分镜头脚本可以依据下面的表格样例来做(如表7-5所示),在表格里分别确定镜头画面的景别、画面内容、台词、音效等视频要素。

表7-5 微视频脚本模板

镜号	景别	画面内容	解说/台词	音效
1				
……				

3. 素材准备

在教学视频制作中,需要的辅助资料会比较多,如知识内容的文字概念、原理图表、演示动画、课件等素材。确定好微视频脚本后,可以通过网络搜索、二次加工、自主创作等方式进行素材的搜集准备,以便后期制作时使用。

4. 前期摄录

前期摄录是视频制作的主要环节,在摄录时不仅要保证视频的亮度、清晰度、颜色还原达到一定标准,还要根据画面内容选择合适的拍摄高度、角度和拍摄手法,后面会根据不同的视频类型进行详细介绍。

5. 后期剪辑

后期剪辑主要是把前期搜集到的资料和拍摄的影像视频,根据微视频脚本的设计,使用非线性编辑软件进行视频画面的选择和组织、声画的同步对位、字幕的制作和应用、转场特技与视频特效的选择和使用。

7.4 实景类微视频的制作

7.4.1 实景类微视频概述

实景类微视频是指由真人出镜,背景为拍摄的真实场景,或由电脑设计的虚拟场景的这一类微视频。常见的实景类微视频形式如图7-13所示。出镜者可以是一个知识内容讲解者,可以是采用主持访谈式的两人或多人,也可以是参与情境表演的多个角色人物;拍摄的场地可以在教室、报告厅、实验室等常见的学校室内场景,可以是操场、绿地等室外场景,也可以选择校外商场、工厂、农田、历史或风景名胜地等校外场景,还可以选择实景演播厅等专门的影视制作场地;知识信息的呈现可以仅凭人物的肢体语言、声音,也可以借助黑板、投影机、交互白板、大屏幕交互一体机、真实的实验设备器材等道具。从使用的拍摄器材看,一般多选择性能指标较高、操作简便的专业高清摄像机。

新世纪以来,实景类微视频经历了精品课程录像、视频公开课录像和MOOC视频三个阶段。精品课程中的视频一般采用教师课程讲授实录,这种视频缺少视频主题选择与形式策划、几乎没有镜头语言的应用,视频知识表达趣味性、精确度不高;2011年开始的视频公开课有了一定改进,还是采用知识讲授的视频制作场景,但摄像机机位一般采用3个或3个以上,注意了镜头语言的运用,在知识内容的表现上做了设计,这种方式则是视频公开课录像;在MOOC视频中,则明确以网络学习者为视频传播对象,努力营造一对一的知识传授氛围,迎合了网络学习者的学习特点,是数字化学习中喜闻乐见的一种视频制作形式。

教室实景类微视频

报告厅实景微视频

访谈式实景微视频

音乐厅实景微视频

图 7-13 常见的实景类微视频形式

7.4.2 实景微视频的类型

在数字化学习中制作、使用的实景视频根据人物是否出镜、拍摄的场地等，分为人物出镜讲解、手写讲解、实景拍摄、专题短片、访谈式讲解 5 种类型，如表 7-6 所示。

表 7-6 数字化学习中实景视频的类型

	视频形式	适合内容	优点	缺点	制作
1	人物出镜讲解	人文社科科目讲解	一对一教学感	无推导过程	制作团队
2	手写讲解	理工科目讲解	推导过程清晰、成本低	缺少情境感	个人自助式制作
3	实景拍摄	人文社科科目讲解	情境感强	拍摄成本高	制作团队
4	专题短片	知识背景交代	知识量大、视觉效果好	制作成本高	制作团队
5	访谈式讲解	开放式知识讲解	观点多、形式新	课程结构不高	制作团队

1. 人物出镜讲解

人物出镜讲解是教育视频中采用最多的一种类型，这类微视频中，语言是最重要的知识传播媒介，在后期制作中根据知识内容需要可以穿插部分文字、图片等媒体形式。这类微视频容易给学习者带来一对一的面授教学感，人物的肢体动作、面部表情等给学习者带来现场学习情境感（如图 7-14（a）所示），多用于人文社科类课程、知识传授内容的视频制作中，制作过程相对复杂，需要团队进行前期准备和后期制作。

2. 手写讲解

这类微视频中，人物不出镜讲解，摄像机/照相机拍摄视频制作者在白纸、黑板上手写的过程，这类视频制作简单，对设备和后期制作技术要求低，教师可以进行自助式的制作。手写讲解对理工类课程原理、方程推导过程呈现清晰。但由于全部是推导过程，没有人物面部表情和肢体动作，这类微视频缺少情境感（图 7-14（b））。

3. 实景拍摄

实景拍摄是指根据知识呈现的内容选择实验室、工厂、博物馆等拍摄场地，人物通过语言、肢体语言结合场地实物，进行拍摄（如图 7-15（a）所示）。这类视频具有很强的情境感，画面变换丰富，但制作成本较高，需要采用团队的制作方式。

(a)   (b)

图 7-14 人物出镜讲解和手写讲解

4. 专题短片

专题短片，不以时空关系为视频主线，而是采用知识内部逻辑关系来组织视频。可以在很短的时间内组织丰富的知识内容，知识量大、视觉效果好，但制作成本高，比较适合交代综合知识背景（图 7-15（b））。

(a)   (b)

图 7-15 实景拍摄和专题短片

5. 访谈式讲解

访谈式讲解微视频一般在两人或两人以上的开放式问题交流时录制，这种视频包含的知识多样、开放，具有不确定性，学习者一般会感觉比较新颖，但是这类视频知识结构不强。制作时一般需要 2 个以上的机位拍摄，现场使用切换台进行视频切换，或者后期使用较长时间进行剪辑。

7.4.3 实景类微视频的摄像器材

实景类微视频拍摄中可以选择的器材种类有以下几类。

1. 使用高清摄像机拍摄

根据视频的清晰度，摄像机可以分为标清摄像机、高清摄像机、超高清（4k、8k）摄像机。数字化学习中，微视频一般通过网络的形式传输，以移动智能终端的形式观看，仅从视频清晰度的角度看，720×576 像素的标清摄像设备就可以满足大部分的移动设备清晰度感受,但考虑到人眼习惯的画幅比以及为多次编辑压缩预留适当的视频损耗余量,我们最好选择高清摄像机进行拍摄。如果对画面颜色、景深效果、图像锐利度有较高要求,则应考虑更高端的 4k 摄像机、电影机等设备。

扫一扫,观看"实景类微视频的摄像器材"

(1)广播级摄像机。

目前广播级摄像机中索尼、松下两家占据了绝对优势,佳能、JVC、池上、BMD、RED、ARRI、GoPro 等品牌在某些领域中具有领先的技术和市场优势。广播级摄像机一般为肩扛式机型(如图 7-16 所示),成像元件 CCD 多为 3 片 2/3 英寸或以上尺寸组成,像素在 1080p 或以上,镜头可以拆换,通过转接环可以使用电影镜头,拍摄电影画质的视频。摄像机提供了丰富的拍摄功能,可以手动进行参数调节,如可以调整记录格式、码流、帧率,可以进行升降格的拍摄,可以调节图像伽马值,以获得各种视频风格。索尼的广播级摄像机一般采用专业蓝光盘、sxs 卡的存储方式;松下广播级摄像机一般采用 P2 卡的存储模式。

图 7-16　松下、索尼广播级摄像机

(2)专业级摄像机。

专业级摄像机多为手持式机型,结构紧凑,操作简单,成像元件 CCD 多为单片 1/2 或以下尺寸,存储介质一般选用通用性高的高速 SD 卡和适配器组合使用。在摄像机的快门、光圈、对焦等模式中可以根据创作目的手动调节,也可以由摄像机自动调节,如图 7-17 所示。

图 7-17　松下、索尼专业级摄像机

(3) 消费级摄像机

随着社会经济的不断发展,摄影器材在人们的日常生活中已经普及。这些消费级摄像器材,小巧玲珑,参数性能强大,价格多在1万元以下,给视频制作带来极大的便利。消费级摄像机的像素等参数指标一般与同代广播级、专业级摄像机相似,但由于采用较小 CCD 元件,在弱光等特殊条件下拍摄时,画面与专业摄像机差距明显。光圈、快门、色温等参数手动调节功能有限,快慢动作等特殊视频效果比较难实现,如图 7-18 所示。

图 7-18 消费级数码摄像机

2. 使用单反相机拍摄

现在主流数码单镜头反光照相机可以拍摄 1000 万以上高像素的照片、1080p 以上的动态视频。照相机不仅能制作高清视频,还可以制作 4k、8k 甚至更高像素的超高清视频。先用单反相机拍摄照片,再使用非编等后期软件制作出动态视频,而且照片在转成视频之前,可以使用 Adobe Lightroom 等软件对大量照片进行颜色、对比度、明暗度的批量处理,从而得到颜色更饱和、对比度更大的视频,在延时摄影视频中,已经普遍采用这种方法。

使用单反照相机拍摄视频还有一个显著的优势。佳能、尼康等单反相机都有焦段覆盖全面、光圈参数优异的系列原厂和副厂镜头。单反相机配合不同镜头,可以完成具有电影画质的风光、人像视频的制作。单反相机从几千元到几万元的价格定位,给视频制作者带来多样化的选择,如图 7-19 所示。

图 7-19 佳能、尼康的单反相机

3. 使用移动终端设备拍摄

手机、平板等移动终端集成的摄像功能日益强大，使用这些移动终端设备代替专业的摄像机、照相机拍摄的视频质量不断提高，这为广大数字化学习提供了很大的便利条件，不用购置昂贵的摄像器材也可以创作视频，已经成为现实，如图7-20所示。

图7-20 移动终端设备

虽然部分智能移动终端提供了较多的视频拍摄功能，比如现在苹果、华为部分新机型提供了120fps、240fps等高帧率拍摄的功能，可以拍摄清楚的高速运动影像。但总体来说，影像拍摄功能有限，比如光圈一般较小，不具备光学变焦功能，内置拾音效果差等。所以在使用这类设备拍摄时，一般需要结合一些辅助设备，如使用手机三脚架来稳定拍摄，使用外接3.5mm接口麦克风进行收音，尽量使用广角拍摄，以减少晃动、增强画质。

4. 摄像辅助器材

在拍摄一些特殊的运动镜头与独特的光影效果时，仅仅使用摄像器材并不能完成拍摄，需要根据画面要求选择使用摄像灯光、反光板、斯坦尼康稳定器、摄像导轨、摇臂、无人机等辅助摄像器材（如图7-21所示），才能获得精美的微视频画面效果。

摄像灯光不仅具有照亮物体以便摄像机记录的作用，还对造型有重要影响，可以塑造人物性格特点，营造视频整体画面风格。在夜景、室内背光等特殊拍摄环境下，摄像灯光几乎是必不可少的辅助器材。当环境要求或灯光器材有限不能使用摄像灯光时，可以考虑使用反光板替代简单灯光。

实景类视频拍摄时一般要保证拍摄视频的稳定，固定镜头拍摄时，尽可能地使用三脚架。而在运动镜头的拍摄中，则可以根据运动镜头的种类选择使用斯坦尼康稳定器、摄像导轨、摇臂等器材来辅助拍摄。

摄像灯光

摄像导轨

斯坦尼康稳定器

摇臂

图 7-21　辅助设备

7.4.4　实景类微视频的拍摄要点

1. 基本的摄像操作技术

微视频画面应该具有什么样的特点呢？这个问题可以简单归纳为两个方面：视频画面亮度合适；画面对焦准确、画面稳定。要达到这两个方面的要求，必须掌握基础的摄像技术。

（1）恰当的画面亮度调节。

视频记录的过程就是摄像机 CCD 把物体光信号转为电信号并记录存储的过程，这个过程称之为曝光。曝光不足画面过暗；曝光过度画面过亮，这是曝光对视频最直接的影响。曝光在一定程度上还会影响视频的清晰度，视频过亮或过暗，画面细节的表现不足；画面轮廓不够清晰，视频总体清晰度就会下降。

影响摄像机曝光的因素主要有五点：光源亮度、快门速度、光圈、ISO、测光方式。如图 7-22 所示。

①光源亮度是影响视频亮度最直接、最根本的原因，当环境光线太弱时，

需要考虑通过增加人工光源或反光板的方式改善物体亮度。

②摄像机快门速度是指完成视频一帧图像拍摄所用的曝光时间，如果曝光时间太短，CCD光电转化时间不足，视频图像就容易偏暗。在增帧拍摄慢动作时，相同时间拍摄视频图像帧数增多，每帧图像的曝光时间减少，容易造成拍摄视频偏暗。

③光圈是摄像机镜头进光装置。光圈大，单位时间物体光线进入摄像机的多；光圈小，单位时间物体光线进入摄像机的少。

④ISO是指感光元件的感光灵敏度，当光线过暗时，可以增大ISO（摄像机一般标为增益），有效提高画面亮度，但提高ISO，也会带来画面噪波增大，画面颗粒性明显。

⑤摄像机的测光方式也会影响视频画面的亮度。摄像机一般对进入画面的所有景物进行平均测光，依据平均值设置画面亮度。而人眼观看视频时，焦点并不是平均分配到画面中所有景物的，而是观察画面中的主要人物/景物中的主要部分，比如主角的脸部。在光线分布均匀的画面中，平均测光不会有问题，但是在聚光、逆光环境中，依据平均测光方式的主要人物往往会曝光过度或曝光不足。这时，就必须使用摄像机的局部测光等测光方式（图7-23）。

 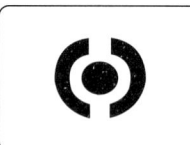  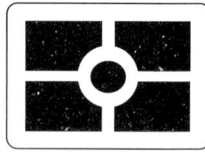

平均测光　　　中央重点测光　　　点测光　　　矩阵测光

图7-22 **摄像机多种测光方式**

影响视频亮度的五个因素，还对画面其他效果具有影响，所以需要灵活调整某个或多个因素以得到亮度合适的视频。

（2）画面稳定的微视频拍摄。

除特殊镜头画面外，稳定的画面是合格视频的基本要求。保持摄像机稳定可以从以下三个方面入手。

①选择高质量的三脚架或其他替代稳定物体。三脚架是基本的摄像稳定设备，一般来说三脚架越重，稳定性越好，如果三脚架较轻，可以在三脚架上挂置重物来增加稳定性。如果特殊场景没有三脚架，则寻找拍摄现场有没有座椅等稳定性较好的平台，替代三脚架，把摄像机放置到上面拍摄。

②使用广角端拍摄视频。当必须使用肩扛/手持方式摄像时，最好使用摄像机的广角端，把画面拉开进行拍摄，而避免使用长焦，把画面推上去后进行拍摄。如果需要近景、特写等景别画面，就尽量让摄像机靠近被摄对象。

③掌握基本的拍摄姿势。手持摄像中，站拍、蹲拍、卧拍等不同拍摄姿势

中,都要尽量保持身体稳定,给手臂寻找稳定的支持点,左右手进行合理分工,以右手、右肩为主要支持点和稳定点,左手进行辅助稳定和摄像参数调节等。

(3) 对焦准确的微视频拍摄。

当视频画面中具有多个人物时,摄像机拍摄容易出现焦点对焦不准,如图7-23所示,特别是当要聚焦图像不在视频中央时,这种现象更容易出现。这时,可以把摄像机调节为手动聚焦方式,通过聚焦环的手动调整,确定焦点位置,也可以选择摄像机的多焦点识别模式,让摄像机焦点转换到需要的焦点上。

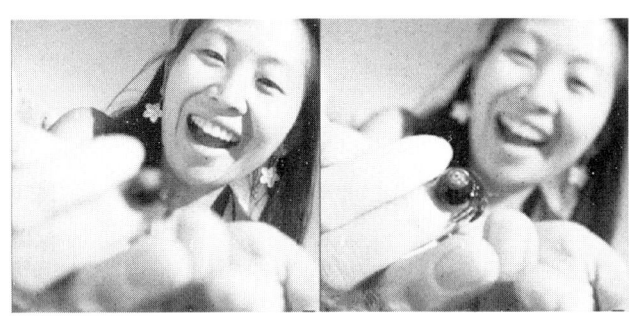

图7-23　不同焦点选择的画面效果

2. 微视频画面的构图

微视频画面不仅要满足基本的技术要求,还要具有一定的审美特点,给观众一定的审美感受。构图是形成视频画面审美感受的重要手段。构图是指对视频画面中光线、影调、线条、色彩等各元素的布局和安排。视频拍摄时,画面的对象在连续运动、画面视点多变、后期二次构图机会少,因此对构图的要求更高。拍摄之前,在脑海中,要先思考确定构图方式。

在处理主体和配体的位置关系时,一般选用九宫格的构图方式处理,如图7-24所示。在视频画面中,人的注意力并不是平均分配的。可以把画面使用两横、两纵四条线进行均分,这四条线以及四条线形成的4个交叉点位置,是人的视觉注意中心,拍摄时,把主体放在这些位置上,更容易突出主体的位置,也更符合人的审美感受。

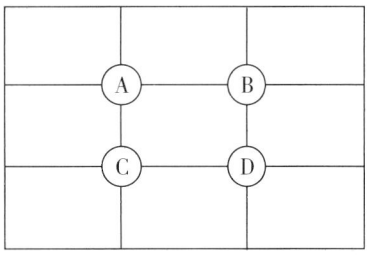

图7-24　九宫格构图

7.4.5　实景类微视频的编辑

视频拍摄只是完成了微视频制作的部分工作,要得到最终的微视频,需要对拍摄的视频资料进行或多或少的剪辑和包装。

数字化学习

1. 常用的非线性编辑软件

非线性编辑软件（简称非编软件）是对数字视频剪辑软件的总称，常见的非编软件有很多。在广播电视节目编辑中，常用的有大洋非编、上洋非编、索贝、奥维讯等非编软件；在专业视频编辑中，Edius、Avid、Adobe Premiere、Final Cut Pro 则比较常见；而一般的视频爱好者多选择会声会影、movie maker、爱剪辑等简单实用的非编软件。

本部分以 Adobe Premiere pro 版本为例，介绍微视频编辑的主要流程和方法。

2. Adobe Premiere 的使用

（1）Adobe Premiere 简介

Adobe Premiere 是世界知名的数字媒体软件公司 Adobe 开发的视频编辑软件，最新版本为 Adobe Premiere pro CC 2018，软件易学、高效、精确，被广大视频编辑爱好者和专业人士广泛使用。Adobe Premiere 具有视频采集、剪辑、调色、音频特效、字幕设计、输出、DVD 刻录等视频全流程操作功能，并且可以和 Adobe 其他媒体软件如 Photoshop、After Effects 等项目进行便利的交互共用。

扫一扫，观看"Adobe Premiere 的操作"

（2）Adobe Premiere Pro 的功能界面组成。

Adobe Premiere Pro 具有中文版本，软件的界面可以根据自己的喜好和习惯进行定制。打开的默认界面如图 7-25 所示。

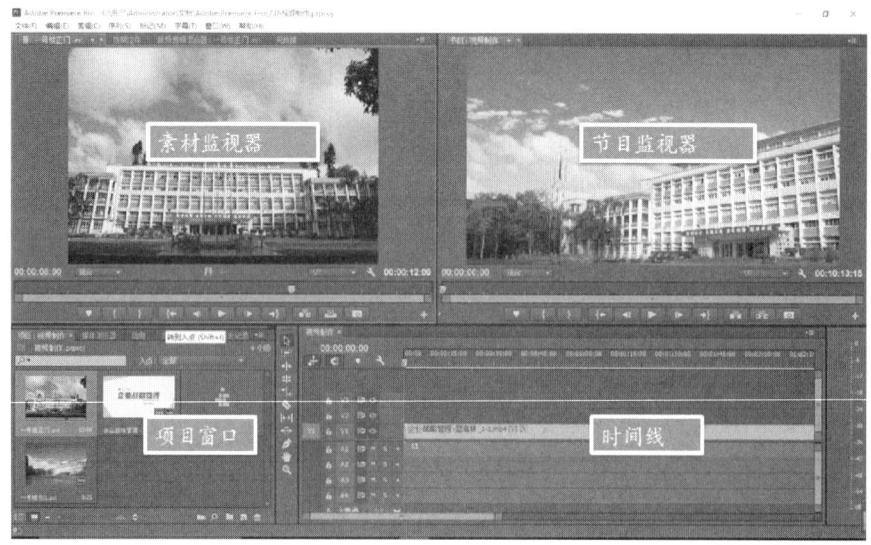

图 7-25 工作界面

①项目窗口（如图7-26所示）。Adobe Premiere 项目窗口是 Premiere 所有项目素材和序列故事板的管理器，类似于 Windows 操作系统的资源管理器。在进行视频编辑之前，需要把所有的视频文件、音频文件、图片、图片序列都在这个窗口中导入。在视频编辑过程中，创建的序列故事版、字幕文件，也需要在项目窗口里进行管理。同时，通过项目窗口可以查看项目素材的名称、分配不同颜色的标签、视频帧数率、时长等媒体属性。

②素材监视窗口（如图7-27所示）。项目中采集、导入的音视频、图像文件等都可以通过双击，在素材监视窗口中显示、进行预览。根据编辑需要，可以通过 按钮，为需要的素材视频设置出入点，通过 按钮，确定素材到时间线上是采用插入还是覆盖的方式。

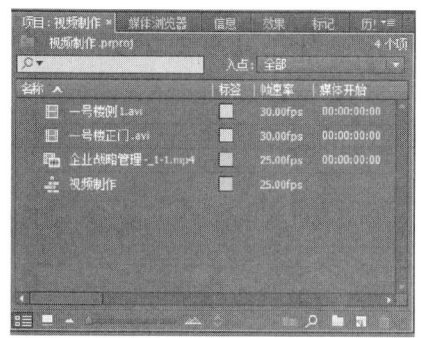

图7-26　项目窗口

图7-27　素材监视窗口

③时间线窗口（如图7-28所示）。在 Adobe Premiere 中编辑视频，必须首先建立一个故事版时间线，在时间线上依照时间先后的顺序放置素材，时间线是非编的核心工作区。时间线窗口中分为视频轨道和音频轨道两部分，可以把有链接关系的视音频和独立的视音频文件放置在相应的轨道上。

④节目监视窗口（如图7-29所示）。节目监视窗口与素材监视窗口功能类似，可以预览时间线上的素材。监视窗口下方的 这些

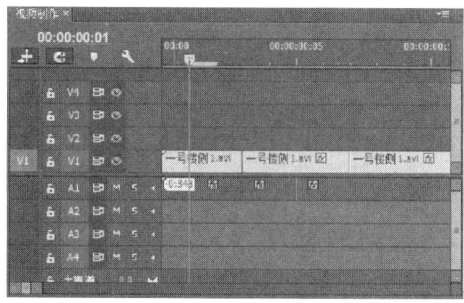

图7-28　时间线窗口

图7-29　节目监视窗口

工具按钮可以对时间线素材进行标记、剪辑。

⑤工具窗口（如图7－30所示）。Adobe Premiere 绝大部分操作都可以通过选择工具窗口中的工具来完成。

是选择按钮（快捷键V），可以单选一个素材或圈选多个素材，进行位置移动，当鼠标落在素材的连接处时，变成红色单向箭头，这个时候就可以对素材进行剪短或拉长。

是轨道选择工具（快捷键A），可以选择所有轨道素材进行剪辑。配合shift键可以选择某一轨道上的所有素材进行剪辑。

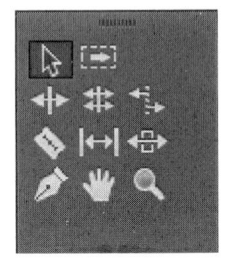

图7－30　工具窗口

是波纹移动工具（快捷键B），通过移动素材，素材间不会产生缝隙。

是滚动编辑工作（快捷键N），在两个素材间移动入点和出点，时间线故事长度不变，前后素材的出入点作相应变化。

是比率拉伸工具（快捷键R），可以改变素材播放的速度，得到快放或慢放的效果。

是剃刀工具（快捷键C），可以对素材进行分割。配合shift键可以对所有轨道素材进行切割。

是外滑工具（快捷键V），可以调整剪辑的入点和出点，剪辑的长度不变。

是内滑工具（快捷键U），相当于波纹工具，被拖动的片段出入点和剪辑长度不变，微调相临片段剪辑的出入点。

是钢笔工具（快捷键P），可以方便地给声音、视频添加关键帧，设置淡入淡出效果。

是手形工具（快捷键H），可以移动时间线。

是放大镜工具（快捷键Z），可以放大时间线，按住Alt键，可以缩小时间线。

⑥音频剪辑混合器（如图7－31所示）。在该窗口中，可以分别调整放置有声音的音轨的音量大小，相当于调音台的功能。

⑦字幕窗口（如图7－32所示）。Adobe Premiere 具有常用的字幕制作功能，可以制作静态和动态滚动字幕。文字的样式模板可以直接套用。内置的文字样式中不能很好地支持中文，有些中文不能正常显示，可以先套用样式，再更改文字字体，就可以正常显示。

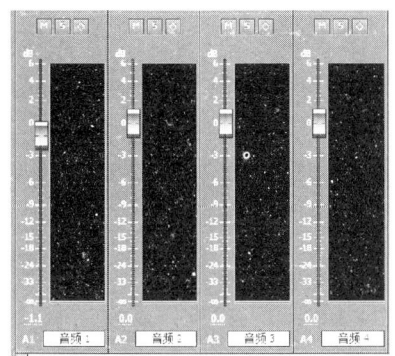

图 7-31　音频剪辑混合器　　　　图 7-32　字幕窗口

（3）Adobe Premiere 的编辑流程。

使用 Adobe Premiere 进行视频编辑和其他非编软件的编辑并没有根本的区别，编辑流程主要包含以下步骤。

①新建工程文件。打开 Adobe Premiere Pro CC 软件，新建项目文件，输入项目名称，选择设置常规选项（如图 7-33 所示）。通过快捷键"Crtl + N"，新建序列（如图 7-34 所示）。根据已有的预设文件或者自己新建序列的编辑模式、视频画幅、显示格式、音频采样率、音视频轨道数等参数信息。

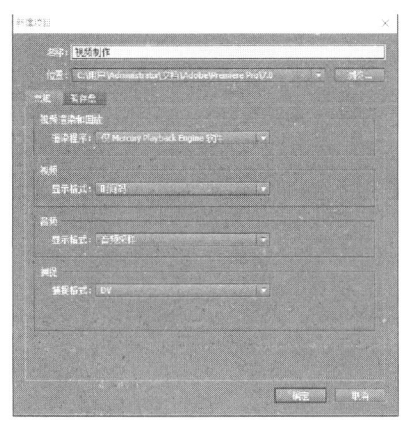

图 7-33　新建项目　　　　图 7-34　新建序列

②导入管理素材。通过文件菜单命令或者在项目窗口右键菜单导入视频、音频、图像、图像序列等所有素材。

③视频的粗剪。根据拍摄前期制作的分镜头脚本，选择素材，拖入时间线，完成故事粗剪。

④视频的精剪。使用波形移动工具等对视频进行细致调节，完成视频的精细剪辑。

⑤添加过渡特效设定（如图7－35所示）。镜头和镜头之间的变化称为视频转场，例如硬切、淡入淡出等。根据画面内容、创作意图，可以在"效果"选项卡中为视频添加过渡特效。Adobe Premiere 添加过渡特效的相邻两段视频，必须在同一轨道才能添加。

⑥添加视频效果（如图7－36所示）。选择一个视频剪辑，根据创作需要，进行形状、颜色、时间、扭曲等效果的改变。

⑦制作字幕。需要使用字幕进行解释、强调的地方，制作静态、动态字幕，并应用到时间线上。

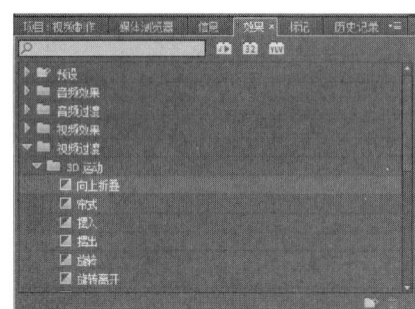
图7－35　过渡特效面板

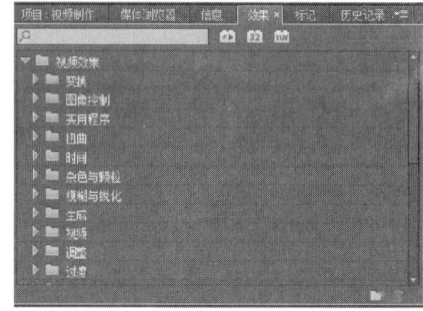
图7－36　视频效果面板

⑧打包生成视频文件（如图7－37所示）。拍摄编辑完成的视频最终要脱离前期的拍摄、编辑环境，借助磁带、存储卡、光盘、电脑硬盘、手机等各种媒介，通过物理拷贝或者网络传输的方式进行传播、共享。视频需要根据不同的播放设备、传输带宽、观看环境等条件，灵活设定视频的分辨率、码流等视频基本参数，确定视频编码格式与封装格式，使视频在文件大小和清晰度之间取得均衡。

对于需要跨用户、跨软件进行剪辑的项目，也可以导出 EDL、OMF、Final Cut ProXML 等交换文件。

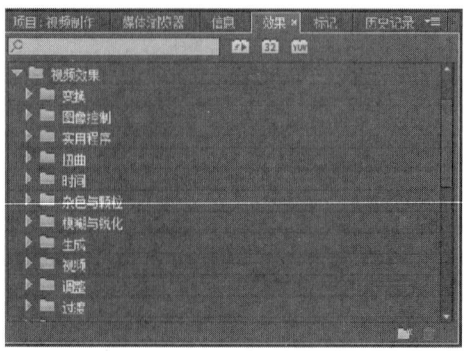
图7－37　Adobe premiere 输出设置界面

7.5 屏幕录像类微视频的制作

在微视频制作中,屏幕录制类的微视频制作简单、知识内容表达形象,应用也很广泛。

7.5.1 屏幕录像类的微视频概述

屏幕录像类的微视频是指使用屏幕录制软件,在电脑/平板上,录制 PPT 放映、应用软件的操作、画板手写等过程性知识内容的微视频。屏幕录像类的微视频一般不录制人的画面,即使录制也多采用电脑/平板的内置摄像头录制,人物画面镜头、景别单一,基本没有运动镜头;在屏幕录像中,制作者的声音讲授和 PPT、程序的演示,手写板的书写过程画面,才是视频的核心内容。这类微视频制作简单,一般一个人就可以进行制作、编辑、发布。

近年来,微视频在很多行业的应用日趋增加。很多的项目汇报、个人陈述、求职初试等需要提交微视频。高校在自然科学基金项目申报、国家自然科学奖、国家技术发明奖、国家科学技术进步奖等申报、答辩,长江学者等人才项目的申报中越来越多要求通过屏幕微视频录像的方式进行汇报。而在如火如荼的在线教育中,编程类课程、技术培训、软件应用类课程的资源形式也多采用屏幕录像视频形式。学校进行的翻转课堂、混合学习等教学改革中,屏幕录像类视频也作为一种重要的补充学习资源,起到越来越大的作用。

7.5.2 屏幕录像类的微视频类型

屏幕录像类的微视频形式比较单一,但根据屏幕录制的内容和使用的器材差异,可以简单分为三种:PPT 录屏、软件操作录屏、手写板录制,如表 7-7 所示。

表 7-7 屏幕录像类视频的主要类型

	视频形式	适合内容	优点	缺点	制作
1	PPT 录屏	汇报、人文科目、理工科目	PPT 版权保护,文字、声音集合,脱离 office 版本的共享	人物画面少,画面质量不太高,长时间观看易疲劳,缺少情境感	个人制作
2	软件操作录屏	程序编制、软件操作技能	操作过程清晰成本低		
3	手写板录制	公式、原理推导	推导过程清晰,注释方法		

1. PPT 录屏视频

PPT 录屏是指对制作完成的 PPT 文件，在 PowerPoint 中利用录制旁白的功能，边放映 PPT 文件边进行同步解说，得到嵌入旁白的 PPT 文件，再使用 PPT 另存为 .wmv 格式文件的功能，或者使用屏幕录像软件录制 PPT 文件的放映过程，从而得到视频。

2. 软件操作录屏视频

在计算机的各种应用软件的操作、程序的编程过程中，老师一般采用边演示、边讲授的方式。使用屏幕录像软件和外接的麦克风，就可以录制程序操作中的鼠标运动、程序输入和输出的结果以及教师的讲授声音。

3. 手写板录制

美国可汗学院的视频一般是实景录制在纸上的手写推演过程，在此基础上衍生出了使用电容笔在电脑屏幕上直接批注，或者使用具有手写功能的显示器做手写批注，把这个书写、批注的过程使用屏幕录像软件记录下来的方法，这就是手写板录制视频，如图 7-38 所示。

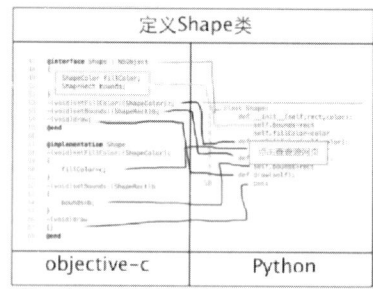

图 7-38　手写板录制场景和视频截图

7.5.3　屏幕录像类视频的制作器材

屏幕录像类视频的制作器材简单，主要涉及下面几种。

1. 电脑/平板

电脑/平板电脑的主要作用是用来放映 PPT 文件，运行应用软件程序和录屏软件。录屏软件占用的系统内存和硬盘容量较少，目前的主流电脑配置一般都可以达到要求，电脑/平板的性能主要考虑操作的应用软件对硬件的要求。

2. 话筒

话筒是屏幕录制类视频制作中非常重要的硬件设备。在操作的过程中，如果声音没有记录清晰，或者信噪比较低，则会极大影响视频学习者的感受。笔记本电脑、平板内置的话筒一般质量较差，电脑运行时也产生明显的噪声。所以，一般选用质量较好的外置麦克风（如图 7-39 所示），也可以选配一块外置声卡(如图 7-40 所示)来提高录音的质量和音量。

图 7-39 头戴式麦克风

图 7-40 外置声卡

3. 手写板、具有手写功能的显示器

使用手写板或具有手写功能的显示器(如图 7-41 所示),录制者可以进行实时交互,不仅可以把声音还可以把实时批注记录到屏幕录像视频中。

图 7-41 手写板、具有手写功能的显示器

4. 摄像头

根据在线教育的调查研究,在线学习者更希望通过视频看到主讲教师的形象。为避免单一的 PPT 或软件录屏,避免教师与学习者之间的情感交互缺失,在屏幕录制时,使用摄像头采集主讲人形象,这样屏幕录像视频就集屏幕内容、主讲人声音、主讲人形象画面与一身(如图 7-42 所示)。使用摄像头录制主讲人形象时,镜头比较单一,应该尽量调整好摄像头的高度和拍摄角度,避免明显的俯视或仰视带来的画面变形;同时为了保证画面恰当的亮度,应该选择顺光拍摄,或者添加辅助灯光照明主讲人面部。

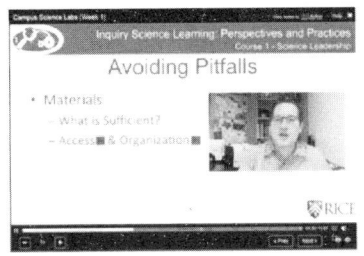

图 7-42 带有主讲人形象的屏幕录像视频

7.5.4 屏幕录像类微视频的制作软件

屏幕录像软件较多，如屏幕录像大师、屏幕录像专家、Camtasia Studio、Camtasia Studio 等，这些软件功能也各有所长，下面我们以"屏幕录像专家"为例介绍屏幕录像的制作。

扫一扫，观看"屏幕录像专家的操作"

"屏幕录像专家"是一款专业的屏幕录像制作工具。使用它可以轻松地将屏幕上的软件操作过程、网络教学课件、网络电视、网络电影、聊天视频等录制成 flash 动画、ASF 动画、AVI 动画或者自播放的 EXE 动画。软件具有长时间录像并保证声音完全同步的能力，使用简单，功能比较强大，是制作各种屏幕录像和软件教学动画的较常选用的软件之一。

1. 软件的基本设置

双击屏幕录像专家桌面快捷方式，打开软件（如图 7-43 所示）。在基本设置选项卡里（如图 7-44 所示），可以进行功能设置。它可以同时录制声音、光标、视频、透明窗体。视频帧率可以灵活设置，一般软件操作类视频默认 5 帧/秒的帧率，视频已经比较流畅，看不出卡顿。视频格式支持 LXE、EXE、AVI、WMV 等，也可以在自设选项中设置制作者 LOGO 等信息。

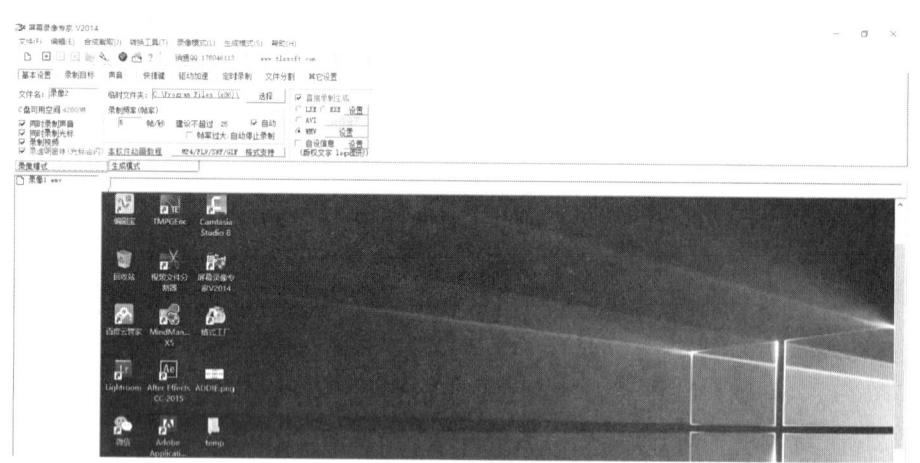

图 7-43　屏幕录像专家工作界面

图 7-44　屏幕录像专家基本设置选项卡

2. 录制目标

屏幕录像专家录制目标选项卡里（如图7-45所示），可以设置屏幕录制的范围，是否录制摄像头图像，已经录制开始后，屏幕录像专家的显示与否。

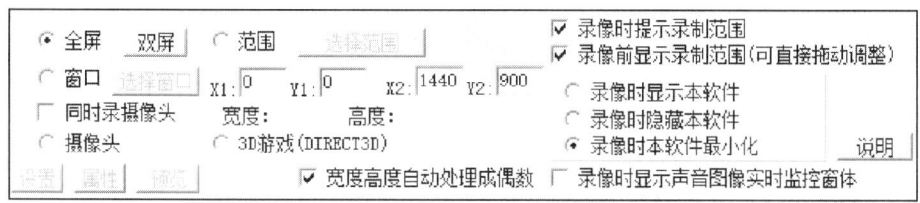

图7-45　屏幕录像专家录制目标选项卡

3. 声音选项卡

声音选项卡（如图7-46所示）里可以设置声音采样位数、采样频率。录音来源可以选择录制麦克风设备和系统播放声音其中的一种，也可以同时录制。

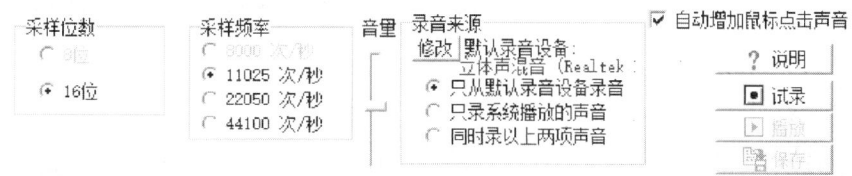

图7-46　屏幕录像专家声音选项卡

4. 录制方法

设定好基本选项、录制目标、声音选项卡的相关参数后，就可以按录制按钮 （快捷键F2）开始/停止录制，按 按钮（快捷键F3）暂停/继续录制。

5. 屏幕录像视频的剪辑

如果录制的是.avi、.wmv格式的视频文件，可以导入非编软件里进行剪辑，由于编码格式不同，导入部分非编软件时，需要对屏幕录像视频进行转码。如果只需要对视频进行简单的截取、合并操作，在屏幕录像专家里就有截取、合并功能，可以进行简单的剪辑。

7.6　短视频的制作

7.6.1　短视频概述

短视频是移动端时长更短的微视频应用，主要指以新媒体为传播渠道，时长在几秒到几分钟以内的微视频。短视频生产成本低，用户创作门槛低；传播速度快、社交属性强；生产和消费之间界限模糊的特点，受众从被动接受转向积极参与；视频内容从精致化向多样化转变。

从内容生产者角度看，短视频的创造者主要有两类：具有领域知识背景、资质的专业短视频生产内容（PGC），出于兴趣和爱好的用户生产内容（UGC）。PGC 具有较强的创作力、吸引力和影响力，如搞笑定位的 papi 酱，受众定位中产人物、内容定位高端、画面节奏缓慢的"一条""二更"（如图 7-47、图 7-48 所示），其他广为熟知的还有新片场、暴走漫画、何仙姑夫、陈翔六点半等。UGC 群体基数大、与短视频观看人群重合度高，是短视频社群氛围的维护者，UGC 的创作对短视频平台生态形成具有重要影响。

扫一扫，观看"美拍短视频的拍摄制作"

图 7-47 一条频道

图 7-48 二更主页

从短视频平台功能定位出发，短视频平台可以分为三种类型：工具类、社交类、资讯类。

工具类短视频平台集合了短视频拍摄、剪辑和分享功能，影响力比较大的有小影、小咖秀等，以小影为例，它提供了手机录制、逐帧剪辑、镜头调速、效果滤镜、字幕、配音等功能，可以让非专业用户也能在手机上制作专业的短视频作品。工具类短视频平台是生成高质量短视频内容的入口，后续短视频内容发布需要和外部短视频分发平台合作。

社交类短视频以快手、抖音为代表，这类平台社交氛围浓厚，UGC 每天生产视频内容数量巨大。如快手以记录和分享为内核，定位体现个性化的社区，试图最大化全方位展示用户，快手活跃用户超过 1 亿，每天内容生产超过 1000 万条。

资讯类短视频以新闻资讯和专业知识分享为主要目的，代表性平台有梨视频、西瓜视频以及其他更重视高品质短片分享的"场库""秒懂百科"等。梨视频是资讯短视频平台，由专业媒体团队和拍客共同创造的深度编辑内容和独家原创报道，内容涵盖了商业、社会、科技、娱乐等领域。"场库"（如图 7-

49 所示）联合优质影视创作人，关注收录分享国内外剧情片、创意广告、纪录片、延时摄影等优质短片作品，是国内优质短视频分享网站。秒懂百科是百度 2016 年推出的知识短视频平台，以短视频重新定义知识，其栏目包括秒懂星课堂、真人秒懂、秒懂少儿、百科校闻、百科实验室等。

图 7-49　场库网页版

7.6.2　短视频的拍摄

几乎所有的短视频平台都支持利用手机自带相机拍摄视频和上传本地已有视频两种方式。下面以"美拍"为例介绍使用手机拍摄短视频。

在手机下载安装"美拍"后启动，点击软件下方中间的拍摄按钮 ，美拍提供了直播、视频、图片三种拍摄类型，其中最常用的是视频。美拍视频拍摄可以使用相机自带的镜头拍摄，也可以导入本地已有视频进行编辑，短视频拍摄的流程包括以下内容。

1. 设置拍摄时长

美拍视频设置了 10 秒、15 秒、60 秒、5 分钟四种时长，用户可以根据需要选定时长。

2. 设置拍摄效果

在拍摄界面右上角的 中依次设定拍摄参数和效果。点击按钮 ，选择视频拍摄的效果滤镜，如图 7-50 所示。点击按钮 ，设置视频的美颜、美型效果，如图 7-51 所示； 按钮可以设置 3 秒或 6 秒的延时拍摄； 可以开启闪光灯； 按钮可以切换手机前后镜头。

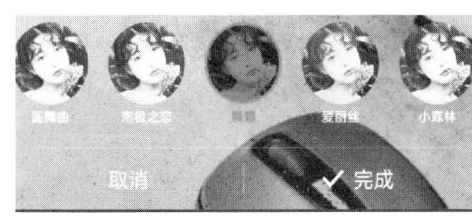

图 7-50　设置视频滤镜效果

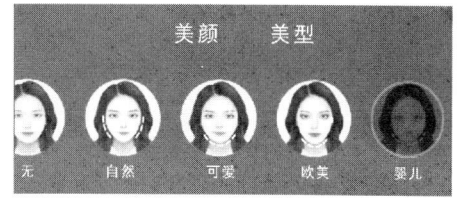

图 7-51　设置视频美颜和美型

3. 设置背景音乐和音量

点击 按钮,设置视频的背景音乐。根据视频内容选择软件提供的热门音乐或者搜索其他音乐,确定曲目,通过左右滑动截取音乐素材,如图7-52所示。点击 按钮,调整视频原声和背景音乐声的音量大小,如图7-53所示。

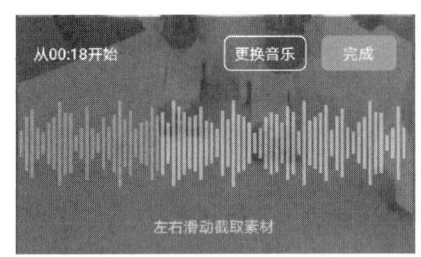

图7-52　截取音乐素材　　　　图7-53　调整音量

4. 改变视频播放速度

改变视频播放速度,可以得到有趣的画面效果。点击 按钮可以设置1~5倍的播放速度。

5. 添加字幕文字

点击 按钮,可以为视频添加字幕文字。选择软件提供的字幕样式/输入字幕文本/设定字幕在视频中出现和消失的时间,如图7-54、图7-55、图7-56、图7-57所示。

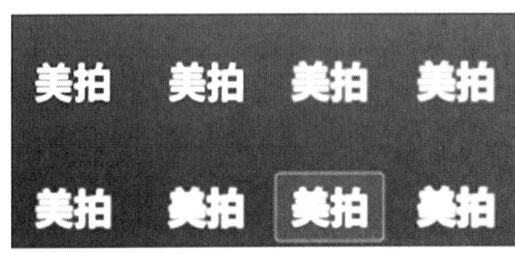

图7-54　美拍字幕样式　　　　图7-55　输入字幕文本

图7-56　设置字幕出现时间　　　图7-57　设置字幕消失时间

6. 视频剪辑

拍摄的视频如果中间有错误，或者想要改变视频的节奏，需要借助工具对视频剪辑。选择剪辑工具，把视频分割成多段，选择要删除的片段，点击"删除"按钮（如图7-58所示），如果要调换视频顺序，就长按视频，拖动到要放置的位置后释放。

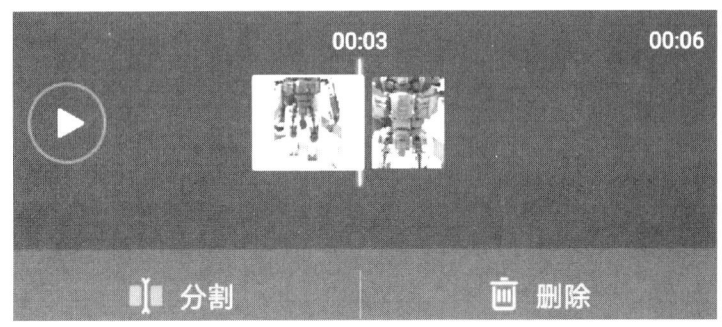

图7-58 视频剪辑

7. 视频的保持和发布

视频编辑完成后，选择视频分类、设置标题、填写简介后就可以保存到本地并发布到美图账号里。

终身学习，从大的方面，关乎一个国家、一个民族的前途和命运；从小的方面，影响一个人的成长、进步、成功和幸福。彼得·德鲁克曾说过："我所认识的、在漫长的生活岁月中能够保持效能的所有人，几乎都和我一样在不断地学习……他们把继续学习植根于自己的生活之中。他们也许没有做迄今我已经坚持了60年的事，也就是说，每隔三四年自修一门新学科。他们在不断探索，并不满足于自己以往所做的事。他们对自己的最低要求就是做得更好……"古希腊哲学家赫拉克利特（Heraclitus，500 B.C.）说过：The only thing constant is change itself，世界上唯一不变的事物就是变化本身。终身学习是一种生存的状态，当一个人一直处于学习的状态时，就永远是一个新的人、年轻的人。笔者的博士生导师今年已经80岁，但他仍旧保持学习，对新鲜事物抱着开放的态度，去学习，去研究，去实践，在教育技术这一领域中保持长青。

"告诉我的我会忘记，给我看的会记住，让我参与的我会理解。""纸上得来终觉浅，绝知此事要躬行。"数字化学习是一种思想、行为和习惯。当一项技能不能成为我们的习惯时，就无法给我们的生命带来转变；而习惯，是需要练习固化的。爱因斯坦说过，当你把受过的教育都忘记，剩下的就是教育。

数字化学习是互联网时代的重要学习形态，是终身学习的必备手段和催化剂。希望大家通过本书的学习，把个人知识管理、信息素养等数字化学习的意态和方法形成习惯，内化为潜意识的行动。借助于数字化学习资源、工具和服务，围绕着社会和个人需求，建立个人的知识管理体系，提升信息素养、个人知识管理能力、学习能力和核心竞争力。

【参考文献】

［1］马九克. 微课视频制作与翻转课堂教学［M］. 上海：华东师范大学出版社，2016.

［2］新视角文化行. 典藏：Premiere Pro 视频编辑剪辑制作完美风暴［M］. 北京：人民邮电出版社. 2014.

［3］黄慕雄. 电视节目制作（第二版）.［M］. 广州：暨南大学出版社. 2018.

［4］蔡跃. 微课课程设计与制作教程［M］. 上海：华东师范大学出版社. 2014.

［5］赵国栋. 微课、翻转课堂与慕课实操教程［M］. 北京：北京大学出版社. 2015.

［6］洋铭讲师组. 微课视频拍摄指南［M］. 北京：人民邮电出版社. 2017.

［7］徐亮. 视频红利：从制作到传播［M］. 北京：机械工业出版社. 2017.

［8］李宇宁. 小手机大电影（零基础玩转手机短视频） ［M］. 北京：清华大学出版社. 2018.